新科技革命视域下劳动关系治理现代化研究

Research on Modernization of Labor Relations Governance from the Perspective of New Scientific and Technological Revolution

⊙ 孙 璇 著

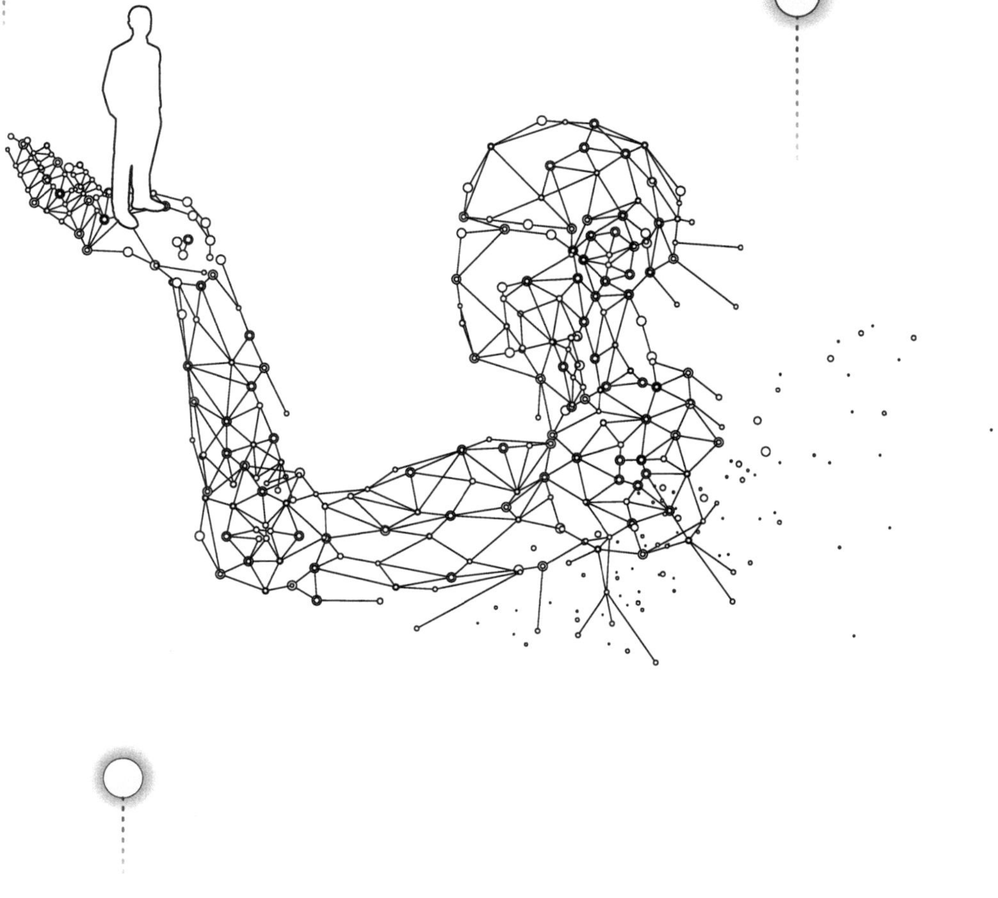

光明日报出版社

图书在版编目（CIP）数据

新科技革命视域下劳动关系治理现代化研究 / 孙璇著 . -- 北京：光明日报出版社，2022.6

ISBN 978-7-5194-6604-6

Ⅰ . ①新… Ⅱ . ①孙… Ⅲ . ①劳动关系 – 管理 – 研究 – 中国 Ⅳ . ① F249.26

中国版本图书馆 CIP 数据核字（2022）第 085499 号

新科技革命视域下劳动关系治理现代化研究

XINKEJI GEMING SHIYU XIA LAODONG GUANXI ZHILI XIANDAIHUA YANJIU

著　　者：孙　璇

责任编辑：黄　莺　　　　责任校对：蔡晓亮

封面设计：小宝工作室　　责任印制：曹　净

出版发行：光明日报出版社

地　　址：北京市西城区永安路 106 号，100050

电　　话：010-63169890（咨询），010-63131930（邮购）

传　　真：010-63131930

网　　址：http：//book.gmw.cn

E - mail：gmrbcbs@gmw.cn

法律顾问：北京市兰台律师事务所龚柳方律师

印　　刷：北京建宏印刷有限公司

装　　订：北京建宏印刷有限公司

本书如有破损、缺页、装订错误，请与本社联系调换，电话：010-63131930

开　　本：170mm × 240mm

字　　数：280 千字　　　　印　　张：17

版　　次：2022 年 6 月第 1 版　　印　　次：2022 年 6 月第 1 次印刷

书　　号：ISBN 978-7-5194-6604-6

定　　价：78.00 元

自序

劳动问题是马克思主义理论体系的重要研究主题，劳动关系是生产关系最基本、最重要的组成部分。长期以来，中国共产党人以马克思主义为指导，在中国革命、建设与改革的实践历程中探索劳动关系的治理，将马克思主义劳动观发展到了新的境界。习近平新时代中国特色社会主义思想的确立为党探索劳动问题提供了科学的理论指导和思想指南，在正确把握新时代社会主要矛盾的基础上，将马克思主义劳动观同共产党领导下的劳动问题治理实践紧密结合起来，植根于中国国情和社会主义制度优势，形成了中国特色社会主义劳动治理理论与模式，推动了马克思主义劳动观中国化发展。

新科技革命是新的科学理论的突破和科学范式的转变下，新技术的发明、应用与扩散对生产力与生产方式带来巨大革命性变化的历史进程。新科技革命反映了新世纪以来人类认识和改造自然能力的显著提升，促进了人类智能水平和劳动能力的新发展。随着新一轮科技革命蓬勃兴起，人工智能、大数据、物联网、云计算等前沿技术迅猛发展，带来生产力的新跃升与生产方式的新变革，将生产方式带向智能化、网络化和数字化的新境界，创造了智能经济、共享经济、数字经济等新产业和新业态，孕育了平台资本等新的资本形态，生成新的资本积累、扩张的特征和逻辑，推动了新产业、新业态的劳动形态变革，产生了网约车司机、外卖送餐员、共享单车管理员、人工智能工程师、大数据分析师、电子竞技运营师、无人机驾驶员、数字化管理师等新职业，形成了劳资之间新的互动方式和利益关系，使得新科技革命视域下的劳动关系呈现出新的复杂特征，为劳动关系治理带来了新的挑战。

劳动关系治理现代化是国家治理体系和治理能力现代化的重要组成部分，也是坚持和完善中国特色社会主义制度的必然要求。植根中国国情和中国特色社会主义制度优势是我们开展理论研究所必须一以贯之的坚持。纵观党领导下我国劳动关系的发展史，以人民为中心的指导思想和实事求是、一切从实际出发的原则和宗旨贯穿其中，书写了调节劳动关系的中国模式和中国经验。新科技革命下劳动关系治理实践极其复杂艰巨，中国国土之广袤、人口之庞大、群体之纷繁、经济变革之疾速、多元利益之复杂为劳动关系治理带来了艰巨的挑战，既要坚持马克思主义劳动正义思想，在新时代引领劳动关系健康有序发展，又要妥善处理好国家竞争力、经济发展与社会公平之间的关系；既要在新科技革命的战略机遇期把握科技发展核心竞争力、激发产业发展活力、实现科技进步下的生产力跃升，又要推动劳动关系矛盾调处机制创新、构建和谐稳定的劳动关系、促进劳动法制现代化，将劳动关系治理引向现代化、法治化、制度化的格局，促进国民经济有序稳健发展、社会阶层和谐共处和社会治理良性运转。

目 录

绪　论

劳动关系问题是具有历史范畴的命题，在不同的生产力水平、不同的生产方式下呈现出不同的历史形态和时代特征。近代科学诞生以来的400多年的时间里，发生了多次科技革命，技术进步所引发的生产方式变革促使劳动关系呈现出特定的时代特征。21世纪以来，新一轮科技革命蓬勃兴起，人工智能、大数据、物联网、云计算等前沿技术迅猛发展，被逐步推广应用于各行业领域，带来生产力的新跃升与生产方式的新变革，引发了劳动关系的新矛盾，为构建和谐劳动关系带来了新的挑战。

一、研究背景与意义

随着新科技革命发展进程不断提速，新一代信息通信技术、人工智能技术、机器人技术等前沿技术协同交织，共同应用于生产过程，将生产方式由自动化带入智能化、网络化和数字化的新境界，创造了智能经济、共享经济、数字经济等新产业和新业态，吸引了大量劳动力参与到新的经济形态中，创造了庞大的产值和市场规模。截至2018年年底，我国数字经济规模达31万亿元，约占GDP的1/3。2018年我国共享经济市场交易额为29420亿元，共享经济参与者人数约为7.6亿人，提供共享经济服务的劳动者人数约为7500万人。[①] 新

① 数据来源于国家信息中心分享经济研究中心《中国共享经济发展年度报告（2019）》。

产业和新业态孕育了新的资本形态，如共享经济中的平台型高科技资本滴滴出行、“饿了么”、美团、摩拜等，数字经济中的高科技资本百度、阿里巴巴、腾讯等，以及智能经济中的高科技资本科大讯飞、云从科技等，这些新经济领域的资本形成了迥异于传统工业资本的资本结构、组织形态和生产方式，生成新的资本积累、扩张的特征和逻辑，推动了新产业、新业态的劳动形态变革，产生了网约车司机、外卖送餐员、共享单车管理员、人工智能工程师、大数据分析师、电子竞技运营师、无人机驾驶员、数字化管理师等新职业，形成了资本与劳动之间新的互动方式和利益关系，使得新科技革命视域下的劳动关系呈现出新的复杂特征，也凸显了当下迫切需要系统而深入地探索这个新论题的重要意义。

长期以来，党始终将劳动问题作为治国理政的关键着眼点和落脚点，切实关心工人阶级和广大劳动群众的利益福祉，维护广大劳动群众的合法权益，积极探索劳动关系治理机制创新。党的十九大报告宣告了我国发展的新历史方位，在中国特色社会主义进入新时代的历史观中明确了以人民为中心的发展思想，擘画了不断促进人的全面发展、实现全体人民共同富裕的发展蓝图。党的十九大报告提出，推动互联网、大数据、人工智能和实体经济深度融合，在中高端消费、创新引领、绿色低碳、共享经济、现代供应链、人力资本服务等领域培育新增长点、形成新动能，使人人都有通过辛勤劳动实现自身发展的机会。完善政府、工会、企业共同参与的协商协调机制，构建和谐劳动关系。党的十九届四中全会明确了坚持和完善中国特色社会主义制度、推进国家治理体系和治理能力现代化的总体目标，强调要构建和谐劳动关系，促进广大劳动者实现体面劳动、全面发展。2020 年 10 月，党的十九届五中全会《决议》明确了贯彻尊重劳动、尊重知识、尊重人才、尊重创造方针，强调要保障劳动者待遇和权益，健全劳动关系协调机制。必须以党的十九大和十九届二中、三中、四中、五中全会精神以及习近平总书记有关新科技革命发展、民营经济发展及和谐劳动关系等重要论述为指导，提高劳动关系问题的研究站位、拓宽研究视野，在新时代坚持以人民为中心，立足于人民对美好生活的向往，植根于当代中国实践推进劳动关系问题研究。

在理论意义上，本选题有助于坚持马克思主义的科学原理和方法论，打破现有劳动关系研究相对缺乏马克思主义研究范式的局限，从历史唯物主义和辩证唯物主义的视域探索劳动关系问题，系统归纳新科技革命的技术群发展动态规律及其对劳动关系带来的变革影响，以“新科技革命”为研究切入点丰富当代中国劳动关系的研究。在实践意义上，本选题坚持问题导向，将劳动关系研究放置于新时代中国特色社会主义的现实场域中，揭示我国劳动关系变革中的问题所在，并在此基础上提出推动劳动关系治理体系与治理能力现代化的对策建议，有助于为人力资源与社会保障、科技、教育、司法等相关部门出台适应新科技革命发展趋势的就业政策、劳动保障政策、科技创新和职业技术人才发展政策以及劳动法律法规革新等提供对策参考；有助于为坚持劳动者的主人翁地位、切实维护劳动者权益、妥善调节劳动关系提供富有参考价值的策略建议。

二、国内外研究综述

21 世纪以来，国内外学术界将研究触角和视野投射在新科技革命及其经济社会效应上，有关新科技革命、“第四次工业革命”、劳动变革的学术思考和探究成果颇丰，成为国内外学界的热点论域和论辩基点，不同地域、不同学科和流派的学者们从多元视角、多维视域，沿袭不同的理论框架和方法论，将新科技革命及其对劳动关系影响的研究逐步带向纵深，积累了大量具有丰富启发和借鉴意义的研究成果。

（一）国外研究述评

国外学界对新科技革命的相关研究大多聚焦于“第四次工业革命”、科技进步对就业的冲击、新科技革命背景下劳资两极分化及劳动剥削等问题，不同的学者和研究机构基于实证研究、模型建构和历史分析等不同方法，从不同的维度和视域提出了各自的分析、结论和趋势判断。

1. “第四次工业革命”相关研究

“第四次工业革命（The Fourth Industrial Revolution）”是近年国外学界对新一轮科技革命引发的产业变革的话语表达，旨在诠释当下前沿科学技术进步驱动下全球经济社会前所未有的变革进程。一是结构主义和比较分析的观点，强调新的产业变革并不是第三次工业革命的延伸，而是在速度、广度、深度以及系统性影响等方面具有自身变革性特征的新一轮工业革命。WEF 的创始人和执行主席施瓦布（Schwab，2016）回顾了前三次工业革命，指出第一次工业革命由铁路建设和蒸汽机的发明触发，引领人类进入机械生产的时代；第二次工业革命由电力和生产线的出现实现了规模化生产；第三次工业革命（也被称为计算机革命、数字革命），是由半导体技术、大型计算机、个人计算机和互联网的发展推动的。他认为当前世界正处于第四次工业革命的开端，它在多元的前沿技术的突破性进展和融合中，正在以指数级的发展速度和影响力对全世界带来颠覆性变革。[①]戴维斯（Davis，2018）等比较了四次工业革命，指出第一次工业革命用水和蒸汽实现了机械化生产，第二次工业革命带来了电力和大众化生产，第三次工业革命带来了电子信息技术和自动化生产，第四次工业革命则实现了物理、数字和生物领域的技术融合。[②]美国政治经济学家罗斯托强调第四次工业革命在广度和系统影响方面的变革性特征，指出第四次工业革命与正在经历革命性的变化的基础科学领域高度相关，可以迅速地传播到快速工业化的国家并成为基础性产业实现跨越发展的关键。[③]另一种观点则侧重揭示“第四次工业革命”的技术特征。Sang-Chul Park（2018）认为第四次工业革命的特征是超自动化和超联通性。超联通性是利用人工智能、物联网和机器人等技术强化人与人、人与机器、机器与机

---

① ［德］克劳斯·施瓦布．第四次工业革命［M］．北京：中信出版社，2016：Ⅺ，4.

② Nicholas Davis, Richard Samans. *Towards a Human-centered Model of Economic Growth, WEF* [EB/OL]. 世界经济论坛网站，2017-06-30.

③ Rostow W. *The Fourth Industrial Revolution and American Society: Some Reflection on the Past for the Future* [M]// Furino A, Ed. Cooperation and Competition in the Global Economy: Issues and Strategies. UK: Ballinger, 1988: 172—181.

器之间的联结和即时联系。不仅是国家层面，更是全球层面利用信息通信技术实现的超联通性。[①] 麦斯纳（Mesnard）认为人、机器与数据之间无所不在的联系定义了第四次工业革命，这一变革是由摩尔定律决定的。数字技术的指数性质带来的巨大转变不仅局限于制造业，还涉及与知识及服务相关的所有就业领域，从而给社会带来了深刻的挑战。[②]

2. 新科技革命的就业影响研究

新科技革命的快速发展对全球经济社会发展带来了扩散或连锁的影响，有关技术进步对就业的影响是正面效应还是负面效应，国外学界秉持两种不同的立场和观点。

一类观点认为新技术将创造新的就业岗位、实现就业资源优化配置并增进劳动者的自由。世界经济论坛（WEF，2017）的报告认为新科技革命会使劳动者从中受益。"零工经济"（Gig Economy）、共享经济、平台经济中弹性化的劳动模式使劳动者有更多的工作选择自由，能决定他们为谁工作、怎样工作、何时工作以及工作的节奏，由"工作与生活的平衡"转向"工作与生活的融合"。[③] 劳动者的工作将得到智能辅助系统的支持，这种辅助系统具有自我调节的自主性，有利于实现去中心化的管理，并让劳动者自主调节工作负荷，享有更多自主决策的自由并更活跃地参与工作。[④] 阿西莫格鲁（Acemoglu，2017）等认为技术进步会不断创造新的工作需求，从而在新旧工作的迭代中创造就业的均衡增长路径。[⑤] 基亚基奥（Chiacchio，2018）等主张技术进步的溢出效应会提升劳动力需求，他认为从长期来看，随着经济社会各领域对

---

① Sang-Chul Park. *The Fourth Industrial Revolution and Implications for Innovative Cluster Policies* [J].AI & Society，2018, 33: 433—445.

② Mesnard, X. *What Happens When Robots Take Our Jobs? World Economic Forum* [EB/OL]. 世界经济论坛网站，2016-01-30.

③ WEF. *Future of Work and Skills* [R].Davos, 2017: 4—6.

④ BDI, Berger R. *The Digital Transformation of Industry*. [EB/OL]. 罗兰贝格官网，2015-03-15.

⑤ Acemoglu D, Restrepo P. *The Race Between Machine and Man: Implications of Technology for Growth, Factor Shares and Employment* [J]. NBER Working Paper，2017: 35—37.

技术变革的普遍适应，效率增长效应会对就业市场有积极影响，不能仅仅直接预估自动化对就业的替代，还要考虑生产率效应的影响，自动化带来的生产率增长会产生溢出效应，例如其他产业可能会由于制造业劳动力富余而形成劳动力需求增长。① 韦尔默朗（Vermeulen，2018）等认为技术进步会在新部门、支撑性部门和供给部门创造大量就业，技术性失业是暂时的过渡现象，当下出现的自动化浪潮只是暂时的技术性失业的过渡期，是和以往一样的结构性变革。所谓人工智能和机器人等技术导致人类劳动终结的观点过于聚焦自动化应用的部门而忽略了新部门。② 还有一些研究以机器人应用为例主张技术进步会造福于劳动者。格雷茨（Graetz，2015）等以工业机器人应用为例提出技术进步将造福于高技能工人，他们基于 1993—2007 年 17 个国家的经济数据，提出工业机器人应用会提高劳动生产率，增加产品附加值，使一国国内生产总值增长，并且不会显著降低总的就业，能提高工人工资，对高技能工人的处境相对有利。③ 不少研究主张科技进步有利于增进劳动者的自由发展。德海茨（Dehaze，2016）认为技术进步下的超连接性使得工作地点变得无关紧要，员工得以掌握自己的日程安排和工作环境。流动性不仅意味着人员的流动，还包括通过最新的技术和新的管理实践创造更多新的工作机会。无论对公司还是对国家而言，吸引人才对于促进知识增长和建立在精英管理基础上的专业能力增长都至关重要。④ 库兹韦尔（Kurzweil，2005）认为新科技将大大促进人类的劳动自由和解放，未来云计算和人工智能技术将实现人类大脑与云端连接，不断地提升人类的智能水平，将促进人类的

---

① Chiacchio F, Petropoulos P, Pichlel D. *The Impact of Industrial Robots on EU Employment and Wages: A Local Labour Market Approach* [J]. Bruegel Working Paper, 2018: 2—3.

② Vermeulen B, Kesselhut J, Pyka A, Saviotti PP. The Impact of Automation on Employment: Just the Usual Structural Change? [J].Sustainability, 2018, 10: 3—4.

③ Graetz, Georg，Guy Michaels. *Robots at Work* [J]. CEP Discussion Paper, 2015, 1335: 32—33.

④ Dehaze A. *How Will Technology Change the Future of Work, World Economic Forum* [EB/OL]. 世界经济论坛网站，2016-01-30.

解放。[①]

另一类观点认为新科技发展的就业创造效应有限，自动化技术和智能机器人等新科技的就业替代效应显著，将会对人类劳动尤其是中低技能劳动力带来难以预估的负面冲击。克里奈克和斯蒂格利茨（Korinek，Stiglitz，2017）指出技术进步会从两个层面导致技术性失业，一是通过效率工资的影响，二是作为过渡性的影响。技术变革会创造新就业，但是市场不会自动技术变革，创造就业的速度通常滞后于消灭就业。[②]伯恩齐奥（Bonciu，2017）基于历史变迁视角指出虽然前三次工业革命都为劳动力转移创造了新的就业空间，但第四次工业革命并没有创造出足够的新空间，虽然在人工智能、能源和生物科技等领域会有大量新就业需求，但是无法创造能吸纳大规模劳动力的就业空间。[③]普利亚诺（Pugliano,2018）认为自动化将消除劳动密集型的日常工作，而且其速度将超过新的就业机会的出现。[④]萨克斯（Sachs,2015）等强调机器人的替代作用，认为工业机器人不是与劳动者形成互补，而是远胜于劳动者并替代他们。[⑤]巴拉特（Barrat，2013）认为人工智能技术是有史以来人类技术发展的顶峰。随着人工智能技术发展越来越接近人类智能，许多人类劳动濒临消失或被机器替代。[⑥]柯林斯认为在劳动数字化进程中，资本无法用新增就业来补偿劳动者，未来有工资收入的劳动者将只是少数活跃劳动力。他认为资本主义发展无法承受超过50%的失业率，因而将导致21世纪资本主义

---

① Kurzweil R. *The Singularity is Near: When Humans Transcend Biology* [M]. New York: Viking Press, 2005: 227—253.

② Korinek A, Joseph ES. *Artificial Intelligence and Its Implications for Income Distribution and Unemployment* [J]. the NBER Conference "The Economics of Artificial Intelligence", 2017: 29.

③ Bonciu F. *Evaluation of The Impact of The 4th Industial Revolution on the Labor Market* [J]. Romanian Economic and Business Review, 2017(12): 11.

④ ［美］约翰·普利亚诺.机器人来了：人工新科技革命背景下的人类生存法则［M］.北京：文化发展出版社，2018：35.

⑤ Sachs J D, Benzell G, Lagarda G. *Robots: Curse or Blessing? A Basic Framework* [J]. NBER Working Paper, 2015, 21091: 17—19.

⑥ James B. *Our Final Invention: Artificial Intelligence and the End of the Human Era* [M]. New York: St. Martin's Press, 2013: 136.

的系统性危机。[①] 许多研究进一步指出技术进步将加速劳动者的分化。OECD报告分析指出低学历劳动者比高学历劳动者更有可能被自动化替代，低学历劳动者要承担技术变革下更多培训及再培训的职业调整成本，不仅如此，在如今技术变革速度日新月异的环境下，低学历劳动者更难以形成相对于机器的比较优势。[②] 施瓦布（Schwab，2016）指出就业市场将逐渐分化为“低技能的低薪工作”和“高技能的高薪工作”，这可能导致社会不平等加剧和社会冲突的增长。随着人工智能技术不断进步，服务业、零售业和行政岗位等一些女性的主要就业领域也面临被自动化取代的风险，可能会进一步扩大性别差距，加剧社会不平等。[③] 雷杰（Raj，2016）则进一步提出高学历就业也将受到冲击，认为不但自动化将持续取代制造业或蓝领工作，人工智能的发展也将不断替代熟练劳动力和高学历工作。

3. 新科技革命视域下的劳动关系研究

国外学界对新科技革命中的劳动关系研究主要聚焦于劳资两极分化和劳动剥削两方面，大多数研究认为新科技革命会加剧劳资贫富分化和劳动剥削。卡鲁索（Caruso，2018）指出技术变革本身无法实现劳动者阶层的生活改善，科技变革继续便利了资本不懈追求的目的——减少劳动力的使用和工资成本、限制劳工民主权力、强化劳动监管、增进资本积累（通过垄断和“赢者通吃”）、掌控所有权和管理权等。资本通过“数字化泰勒制”、垂直化、市场化和个体化来阻碍劳动者参与民主管理和对劳动自主化的追求。工业 4.0 下的技术革新发展并不会改变这一规律，劳动关系也不会发生实质性变化。随着数字化技术发展，劳动者远程工作、弹性工作以及人机关系越来越个性化，

---

① Collins R. *The End of Middle-class Work: No More Escapes* [M]// Wallerstein I, Collins R, Mann M, Derluquian G, Calhoun C(eds). Does capitalism have a future?. Oxford: Oxford University Press, 1993：37—70.

② Arntz M, Gregory T, Zierah U. *The Risk of Automation for Jobs in OECD Countries: A Comparative Analysis* [J]. OECD Social, Employment and Migration Working Papers, 2016, 189: 25.

③ ［德］克劳斯·施瓦布. 第四次工业革命［M］. 北京：中信出版社，2016：45—47.

工会的谈判能力和劳动者集体行动能力也会受到限制。[①]以共享经济下的平台劳动为典型，一些学者聚焦平台资本对劳动的剥削，认为平台工作形式使得劳动者的集体行动能力被削弱，并且需要被迫任由平台调整费率、被平台控制。[②]平台劳动者与资本之间的力量明显失衡，劳动者面临着收入减少和地位下降的风险。平台资本对全职劳动者的控制力度更大，劳动者成为"不稳定无产者"。资本从组织上改变了剥削劳动的方式，从传统的工厂雇佣劳动制向平台隐性剥削方式过渡，使得平台资本的权力大大地超越了平台劳动者。（Rosenblat & Stark, 2016；Scholz, 2016; Acevedo, 2016）

（二）国内研究述评

国内学界对新科技革命的相关研究大多聚焦新科技革命的概念内涵、技术特征、生产变革效应以及新科技对就业结构、劳动转型、劳动者能力发展、劳动关系的影响等问题，从正面和负面效应、宏观和微观视域等不同的维度提出了各自的观点。

1. 新科技革命的发展态势及其变革性影响研究

关于新一轮科技革命的发展及其现实影响，国内学界主要从新科技革命的概念、内涵、技术特征、生产变革效应等方面展开研究。何传启（2011）提出了科技革命的判断标准包括是否明显改变了人们的生活观念、是否明显改变了生活和生产方式、对社会影响的人口覆盖率是否超过 50%，他认为新一轮科技革命是科学革命和技术革命的融合，并与信息革命和时空革命有部分交叉，必然改变人类的生活观念、生活方式和生产方式，改变科技结构和世界结构，影响文明进程和国家兴衰。[③]赵若玺等（2017）从科技革命的迭代和延续性指出新一轮科技革命本质上是 20 世纪后半叶科技革命的延续与拓

① Caruso L. *Digital innovation and the fourth industrial revolution: epochal social changes?* [J]. AI & Society, 2018, 33: 379—392.

② Cockayne D. *Sharing and Neoliberal Discourse: The Economic Function of Sharing in the Digital on-Demand Economy* [R]. Geoforum, 2016: 77.

③ 何传启．第六次科技革命的机遇与对策［N］．中国科学报，2011-05-05（A02）．

展，引发生产方式发生根本性变革，数字智能化将成为主流的模式。[①]张圣兵（2018）提出新科技革命的技术特征及其生产变革效应，认为以新一代互联网技术、大数据、云计算、智能系统等为代表的高新技术在生产中得到广泛应用，形成了高度智能化的生产模式，推动了工业产品质量和种类的大幅提升，极大地提高了生产力水平，对传统产业产生了颠覆性、革命性的影响。[②]冯昭奎（2016）诠释了新科技革命的技术特征，认为它的一个突出特点是不仅包括机器人、人工智能、3D 打印等一大批新技术的崛起，而且其中仅仅一项技术就足以在制造业内引起一场革命。[③]尹锋林等（2018）从新科技革命的关键驱动技术指出，在新科技革命时代，人工智能技术和信息网络技术代表着科技发展趋势并推动整体科技发展的关键性驱动技术，将成为其他技术进步和应用的基础工具，新科技革命最主要的特点是人类科技进步将越来越呈现出迭代加速发展的势头。[④]刘湘丽（2018）从新科技革命的产业变革效应角度指出以物联网、大数据、机器人及人工智能等技术为驱动力的第四次工业革命重塑了人力与机器力结合的劳动形式和要求，提高了中国制造业的生产率，减少了能源浪费和污染排放，促进了产业与环境间的协调发展，改善和优化了经济结构。[⑤]卫兴华、田超伟（2017）以生产力要素为切入点指出第四次科技革命中新的先进的生产力要素正在兴起，改变传统的生产方式，形成新的生产和管理模式，创造了促进经济发展的新动力，要密切关注当代的新生产力要素发展情况，推动新生产力要素的发展及其在生产中的应用。[⑥]王君等

---

① 赵若玺，徐治立．新科技革命会带来什么样的产业变革［J］. 人民论坛，2018(15)：83—85.

② 张圣兵，刘伟杰，周绍东．新科技革命推动的生产方式演进——基于马克思主义政治经济学视角的解读［J］. 改革与战略，2018（6）：23—31.

③ 冯昭奎．中国的机器人产业发展与新科技革命［J］. 人民论坛·学术前沿，2016（15）：6—21.

④ 尹锋林，肖尤丹．以人工智能为基础的新科技革命对知识产权制度的挑战与基于［J］. 科学与社会，2018（4）：23—33.

⑤ 刘湘丽．第四次工业革命的机遇与挑战［J］. 新疆师范大学学报（哲学社会科学版），2019（1）：123—130.

⑥ 卫兴华，田超伟．论《资本论》生产力理论的深刻内涵与时代价值［J］. 中国高校社会科学，2017（4）：21—31.

（2017）以人工智能技术进步为例提出新科技从提高劳动生产率和资本生产率两方面创造了资本节约型和劳动节约型技术进步。

2. 新科技革命视域下的劳动转型和就业变革研究

关于新科技革命对劳动和就业的影响，国内学界相关研究数量颇丰，研究深度不断拓展，主要围绕新科技对就业结构的影响、如何促进劳动转型、对劳动者发展的影响等展开研究。

一是主张新科技革命促进就业的研究。该类观点认为技术进步会创造大量就业。丁晓钦、程恩富（2016）指出随着技术进步和其广泛运用，资本的有机构成不断提升，会释放更多的需求，吸纳更多的劳动力到生产体系中来。[①] 纪雯雯（2017）认为在新科技革命的动态变化中，有些工作岗位将会消失，同时新就业形态不断涌现，创造了创业带动就业的可能。许多研究以平台经济、共享经济为例，认为技术进步显著促进就业并提高就业质量。[②] 张成刚（2018）通过实证研究指出共享经济的发展有利于创造新的就业岗位，有利于推动非正规就业正规化发展，带动弱势群体的就业增长，有利于促进社会流动并激励劳动者的能力发展，共享经济平台就业呈现出低门槛、高灵活性、去劳动关系化的特点，用工关系呈现出松散化、弹性化、多重化、开放性与虚拟化的特征。[③] 杨伟国等（2018）提出数字经济中的工作关系将发生巨大变化，工作岗位职责正在不断解构为微小的工作任务，传统的集中于雇主场所的工作形式开始走向分布式工作形式，工作内容模块化、层次化和元素化，工作时间以更小的时间长度为单位、形成更加自由随意的工作交易模式，借助数字化网络实现水平分工管理，大量出现新的劳动合作关系，比如劳务派遣、人才租赁、人力资源与组织的合作等，数字平台使得越来越多的工作

① 丁晓钦，程恩富．共享发展：中国特色社会主义政治经济学的新话语——兼论分享经济、劳动与资本的双修复［N］．光明日报，2016-07-06（15）．

② 纪雯雯．数字经济与未来的工作［J］．中国劳动关系学院学报，2017（6）：37—47.

③ 张成刚．共享经济平台劳动者就业及劳动关系现状—— 基于北京市多平台的调查研究［J］．中国劳动关系学院学报，2018（3）：61—70.

兼具灵活与控制性，还推动了多元参与的工作模式。[①] 刘君（2017）认为共享经济不仅改变经济发展方式和传统产业结构，影响企业的组织结构形式和劳动管理方式，还改进着企业与劳动者的劳动契约和要价地位，扩大了资源配置效率和市场就业空间，提升了劳动者劳务给付的自主性和灵活性。[②] 相当多的研究以智能机器人、智能制造为例分析技术进步对劳动带来的正面影响，对人工智能等新技术应用对劳动带来的影响进行解构与解读，一部分学者认为人工智能和机器人等新技术将使劳动力市场出现结构性改变，将有利于促进就业和实现劳动者自由全面发展。郭英楠等（2018）认为虽然人工智能在工业领域中的应用和发展将会导致一批一线生产工人被挤出劳动市场，但替代作用的存在会诱发激励作用，未被淘汰的劳动力将会被迫提升与人工智能协同工作的能力，在一些人工智能应用较为缓慢的行业领域，将维持人类劳动为主、机器为辅的工作模式。[③] 李亢（2018）指出从长期和短期影响综合判断，人工智能对就业的影响总体是积极的，以正面影响为主，新创造的就业岗位将远超过被机器替代的岗位，局部区域、行业、岗位会出现暂时的结构性失业，但不会维持大规模和长期失业。[④] 潘文轩（2018）认为人工智能要真正实现对人类劳动的替代，必须综合考量经济、技术和社会三个层面的影响，人工智能比人类更高质量地完成工作是替代人类劳动的首要技术条件，从经济来看，人工智能投入实际运用的条件是使用人工智能系统的成本需要低于人工成本，从社会条件来看，需要考虑社会基本价值取向因素，因此人工智能引发大规模全面性失业的可能性很小，反而会带来就业质量改善的机遇。[⑤]

---

① 杨伟国，王琦．数字平台工作参与群体：劳动供给及影响因素——基于 U 平台网约车司机的证据［J］．人口研究，2018（4）：78—90.

② 刘君．顺应互联网时代发展构建我国共享经济的新型劳动关系——关于构建新时代网络劳动关系的思考［J］．工会信息，2017（24）：7—11.

③ 郭英楠，殷宗迪．人工智能对社会就业的影响分析［J］．信息系统工程，2018（7）：111—113.

④ 李亢．人工智能背景下的就业现状与对策［J］．中国法律评论，2018（2）：190—194.

⑤ 潘文轩．人工智能技术发展对就业的多重影响及应对措施［J］．湖湘论坛，2018（4）：145—153.

朱巧玲（2018）指出智能机器人代表着生产工具的进步，由于具有较强的精准度、较高的工作效率、较长的工作时间和较低的成本，人工智能的生产应用大幅提高了生产效率和生产水平，推动了生产关系的变革，会促使劳动力结构逐渐从体力向脑力和智力、从低技能向高技能、从规则性向非规则性转型，使人类获得更多发展自身智力成本和休闲的机会。①

二是认为新科技革命显著冲击和威胁就业机会和就业质量的观点。张车伟等（2017）认为创新经济对就业产生了挤压效应，带来失业冲击，同时对劳动者就业总量和结构也产生影响，使劳动市场技能与需求不匹配的矛盾更加凸显。②王文珍等（2017）以平台劳动为例指出平台经济发展促使用人单位向小微化、非正规化转型，提高了灵活用工的使用频率，降低了劳动关系的稳定性，对集体协商和民主参与制度提出了挑战。③许多研究深入阐析了智能机器人应用对就业的负面冲击。聂倩（2018）认为随着人工智能科技的发展，越来越多的行业、工厂将会被颠覆，转型成无人工厂，人工智能所威胁的就业岗位高度集中在低收入、低技能、教育程度较低的人群，尤其是我国数以亿计的农民工群体。④何玉长等（2017）从马克思劳动价值论剖析智能劳动的价值创造，认为无论是劳动对象、劳动资料还是劳动主体都发生了显著变革，智能劳动者是智能劳动中的决定因素，但智能劳动中的物质要素的影响却越来越大，甚至导致智能化工具替代了人力。⑤王永章（2018）认为智能革命带来社会物质产品急剧增长，但是智能生产的总产品的总价值量越来越少，由

① 朱巧玲，李敏．智能化背景下机器人和人的发展关系探讨［J］．改革与战略，2017（3）：12—16.

② 张车伟，王博雅，高文书．创新经济对就业的冲击与应对研究［J］．中国人口科学，2017（5）：2—11.

③ 王文珍，李文静．平台经济发展对我国劳动关系的影响［J］．中国工人，2017（1）：4—12.

④ 聂倩．人工智能时代下机器替代农民工的政治经济学思考［J］．焦作大学学报，2018（2）：63—66.

⑤ 何玉长，宗素娟．人工智能、智能经济与智能劳动价值——基于马克思劳动价值论的思考［J］．毛泽东邓小平理论研究，2017（10）：36—43.

此引发“财富系统膨胀”与“价值系统萎缩”之间的冲突和失衡。[①]

3. 新科技革命对劳动关系影响研究

一是新科技革命中的企业责任和劳资博弈问题研究。一些研究从结构主义和制度主义视角考察新科技革命背景下的劳动关系问题，对企业责任、劳资博弈、劳动权益等问题展开了深入探究。朱巧玲等（2017）分析了企业对技术性失业的责任，认为企业在利益最大化的目标导向下，促使劳动者处于被动地位，劳动者的技能水平无法适应现代化生产要求，导致“技术性失业”越来越普遍，应促进人机规范发展，维护劳动者的合法权益，帮助劳动者度过技术性失业，更好地适应智能制造所带来的变革。[②]潘文轩（2018）主张企业采用工作分享制和开发劳动填补性技术来促进就业，主张让更多劳动者共同分享工作，尽可能减少技术性失业，企业应坚持以劳动者为主体的导向来研发和使用人工智能技术。要更多地开发劳动填补性技术，以此弥补人类劳动力的相对劣势，企业要尽力构建人机协同的生产和服务模式，促进劳动者与人工智能技术的结合。[③]刘伟杰等（2018）提出技术进步背景下劳动关系会出现分化现象，参与到“智能的机器体系”中的工人逐渐有“精英化”的趋势，将在劳动关系中占有一定的主动权或讨价还价的能力，有利于提升工资水平并争取参与股份分红和企业治理。而低技能劳动者将成为技术进步中的“被歧视者”。[④]涂永前（2018）指出技术变化和经济增长并不一定能实现共享。这一方面取决于技术变革的性质和速度，另一方面取决于工人与资方进行谈判的能力。[⑤]张颖（2018）认为技能型劳动者具有与资本所有者讨价还价的能

---

① 王永章．马克思劳动价值在人工智能时代的指导意义［J］．北方论丛，2018（1）：114—118.

② 朱巧玲，李敏．智能化背景下机器人和人的发展关系探讨［J］．改革与战略，2017（3）：12—16.

③ 潘文轩．人工智能技术发展对就业的多重影响及应对措施［J］．湖湘论坛，2018（4）：145—153.

④ 刘伟杰，周绍东．新科技革命与劳动者阶层分化——马克思主义政治经济学视角的解读［J］．财经科学，2018（10）：49—59.

⑤ 涂永前．人工智能、就业与我国劳动政策法制的变革［J］．河南财经政法大学学报，2018（1）：1—11.

力，劳动者的博弈能力会逐步增强，促使劳动关系向有利于劳动者的方向发展。①

二是共享经济中的劳动关系问题研究。随着共享经济等新产业和新业态的蓬勃发展，其劳动关系问题研究渐成热点，包括共享经济下劳动关系认定问题和劳动权益问题等。关于共享经济对劳动和就业的正面效应，丁晓钦、程恩富（2016）指出“共享经济”理念下的劳动修复以通过公有资本修复来实现更多经济利润为基础，提升社会经济利润总量，进而将经济利润以公平合理的分配制度实现全民共享，从而有利于各级劳动修复，有益于劳动人民实现其个人价值和全面发展，完成高级劳动修复。②姜奇平（2016）认为分享经济中，由于资本可复制而劳动不可复制，从新经济长远发展来看，将导致二者地位的此消彼长，随着知识与劳动的结合，满足消费者需求的知识将成为财富权力的主要来源，分享经济等新经济业态在客观上为劳动者提供了共同富裕的机会，劳动者通过分成，改变了劳动力单纯获取工资的地位，有助于推动实现人的自由而全面的发展。③

关于共享经济中的劳动关系认定问题，学界有不同的观点主张。姜奇平（2016）指出在分享经济的新经济业态下，如果工人和资本所有者共同利用资产，那么他们就是分成的关系，而不是雇佣关系，这一点是自工业革命以来最大的一种利益结构上的变化。④胡凌（2017）认为在分享经济中，劳动者和平台之间不具有雇佣关系，数字信息技术使得劳动价值的产出可以切割成小块，传统劳动形态可能会从总量上减少，平台对劳动者能做更精细的监控。⑤闻效仪（2018）认为共享经济中的各种产品依然是借由传统劳动关系生产出

① 张颖，张文东.“机器换人”对劳动关系的影响研究［J］. 现代经济信息，2018（12）：12.

② 丁晓钦，程恩富. 共享发展：中国特色社会主义政治经济学的新话语——兼论分享经济、劳动与资本的双修复［N］. 光明日报，2016-07-06（15）.

③ 姜奇平. 分享经济的政治经济学及其政策含义［J］. 中国信息化，2016（4）：7—11.

④ 姜奇平. 互联网对传统经济的影响［J］. 领导科学论坛，2016（5）：34—52.

⑤ 胡凌. 分享经济中的数字劳动——生产、分配和法律回应［J］. 中国劳动，2017（8）：11—13.

来的，不能简单地依据劳动者技能可以出售给多个雇主就判定劳动关系被改变，其依然处于一种管理关系和人身关系中。[①]郑雯（2018）提出网络服务平台的劳动关系认定标准应当不拘泥于传统的从属性认定标准，应对多元化的劳动关系进行回应。[②]熊伟（2018）认为新经济形态的发展改变了劳动力与生产资料的组织方式，劳动关系逐渐转变为灵活多样的形态，对劳动关系的认定和规制提出了新要求，需要劳动法律制度做出回应，运用从属性理论对分享经济下雇佣关系的实际样态加以具体判断，为必要范围内的契约劳动者提供一定程度的倾斜性保护是适当的，但这有赖于从属性具体判断指标的明确化。[③]林摯（2018）指出共享经济的劳动关系认定采取相对宽松的标准，这会对社会的稳定发展以及互联网平台规范秩序的引导起到积极作用，但缺点是就业服务质量参差不齐，不利于保证整体就业质量。如果坚持劳动关系认定标准从严，容易过于苛责用人单位，尤其是新兴行业尚处在探索阶段，假如对其施加高压则不利于其发展。[④]蒋大兴等（2017）认为共享经济下劳动关系类型可以分为传统的雇主雇员关系、完全不存在雇佣关系的独立资源提供者与劳动关系不确定的企业与资源提供者个人之间关系三个大类。[⑤]孟现玉（2018）认为平台经济下劳动关系认定标准要进行重塑，平台虽然创造了劳动的灵活性和自主性，但也限制了劳动给付的形式和内容，尽管平台不直接控制劳动者，但平台对劳动者的间接控制手段具有很强的隐蔽性，很容易让大众误以为劳动者拥有极大自主权。[⑥]

---

① 闻效仪．正确认识和把握共享经济对劳动关系的影响［J］．工会博览，2018（10）：22—23.

② 郑雯．共享经济视阈下的劳动关系认定研究［J］．海南金融，2018（7）：49—54.

③ 熊伟，贺玲．劳动关系确认理论之反思——以网约车平台公司与注册司机之关系认定问题为视角［J］．西南民族大学学报，2018（9）：101—105.

④ 林摯，曾竞．如何破解互联网平台劳动关系难题［N］．经济参考报，2018-05-30（8）.

⑤ 蒋大兴，王首杰．共享经济的法律规制［J］．中国社会科学，2017（9）：141—162.

⑥ 孟现玉．平台经济下劳动关系认定标准的重塑［J］．河南财经政法大学学报，2018（3）：82—89.

许多研究聚焦共享经济中资本对劳动剥削的新方式。黄再胜（2017）提出劳动关系发展的两大日趋明显的趋势：一是资本与劳动的对立关系被网络社交化、娱乐化表象所遮蔽；二是传统雇佣关系向纯粹市场交易关系的转向不利于劳动者权利保障，反而进一步加深了资本对劳动的剥削。① 吴清军等（2018）认为新型的分享经济平台和劳动者群体的出现改变了传统的组织关系和雇佣关系，平台对劳动控制相比于传统劳动过程控制显得更加碎片化，劳动者对平台与平台规则存在主动认同与被动接受的复杂感受与工作体验。② 唐亚汇等（2017）指出分享经济爆发式增长的背后，揭示了资本逐利性的泛滥以及对资本规制手段的匮乏。应对分享经济不同类型和模式分类规制，采取柔性治理和多方协商方式，加快调整分享经济运行与行政法规的内在冲突，并应用新技术手段来提升规制能力。刘皓琰等（2017）认为以信息技术为支撑、以平台为核心组织的新型经济模式究其本质是服务于资本为其实现更大范围内控制所运用的手段，且资本剥削与控制的范围更大、方式也更隐蔽。③ 杨文华（2018）认为平台促进了劳动力分化，一方面知识工人正在凭借自身的技术和智力资本，摆脱物力资本的束缚，赢得劳动关系中的主动权，另一方面低端劳动者尽管在工作时间和工作场所等获得了劳动自主权，但受限于人力资本水平而难以改变自身的经济地位，使其在劳动关系中长期处于低位徘徊的状态。④

综上所述，近年国内外学界对新科技革命视域下的劳动和就业问题的研究渐成热点、成果颇丰，从理论和实证层面拓展了劳动问题研究的视野。关于新科技革命背景下劳动关系的总体走向，现有研究多认为技术替代效应、

---

① 黄再胜. 数字劳动与马克思劳动价值论的当代阐释［J］. 湖北经济学院学报，2017（6）：5—11.

② 吴清军，李贞. 分享经济下的劳动控制与工作自主性——关于网约车司机工作的混合研究［J］. 社会学研究，2018（4）：137—162.

③ 刘皓琰，李明. 网络生产力下经济模式的劳动关系变化探析［J］. 经济学家，2017（12）：33—41.

④ 杨文华，何翘楚. 平台经济业态下去集体化劳动关系的生成及治理［J］. 改革与战略，2018（1）：39—44.

技术性失业和劳动关系的灵活化、复杂化等特征加剧了劳资矛盾，加速了劳资两极分化和劳动者内部分化，也对劳动者争取分享技术进步的“红利”带来了挑战，但高技能型的劳动者有机会提高同资本谈判博弈的能力。总体而言，现有研究尚存在以下两个方面的不足与局限：一方面是对新科技革命视域下就业问题的研究较多，而对新科技革命中的劳动关系研究不足，多局限于劳动者的单方视角，欠缺从资本以及劳资关系的维度深入辩证地探索，也缺乏从整体和系统层面上把握新科技革命视域下劳动关系的总体变化特征、存在的问题和发展趋向的研究。另一方面，现有相关研究缺少马克思主义劳动观的研究视角，多局限于就业问题的劳动经济研究范式，一些研究粗浅、碎片化地运用马克思主义理论来分析新科技革命中的劳动变革和劳动关系变化，欠缺从历史的视角梳理劳动关系的历史发展规律，未能联系地、辩证地把握劳动关系问题，因而也为本书主题的研究留下了丰富的探索空间。

第一章

马克思主义劳动与资本理论及其当代发展

马克思主义劳动与资本理论在马克思、恩格斯和列宁等伟大的思想家的划时代理论先导和思想引领下，打破了西方古典经济学者的阶级局限和思想误区，将劳动与资本关系研究带向了历史唯物主义和辩证唯物主义的视域，使得劳动与资本理论在科学性、系统性和历史性等方面都达到了新的高度。中国共产党人以马克思主义为指导，在中国革命与建设的实践历程中探索劳动关系的调节，将马克思主义劳动与资本理论发展到了新的境界。

第一节　马克思主义经典作家的劳动与资本理论

马克思、恩格斯、列宁等经典作家从各自的时代视野和历史视域系统阐释并揭示了劳动与资本关系的内涵、发展规律和趋势，为探究劳动关系问题奠定了坚实的理论基础与方法依据。

一、马克思的劳动与资本理论

恩格斯曾在《卡尔·马克思》中高度评价了马克思永垂科学史册的两大

贡献，其中一大贡献就是马克思“彻底弄清了资本和劳动的关系”，即“在现存资本主义生产方式下，资本家对工人的剥削是怎样进行的”[①]。植根于对资本主义机器大工业时期生产关系的考察，马克思浓墨重彩、鞭辟入里地对资本主义社会雇佣劳动关系展开了论述，以辩证唯物主义和历史唯物主义视域揭示了劳动与资本关系的内涵、本质和发展规律。

（一）劳动与资本互相产生、互相制约的关系

马克思敏锐地把握了资本主义条件下的劳动关系不同于以往任何时代的特征，资本主义生产条件下的劳动也不复封建时期和工场手工业时期的劳动，而是发生了历史前所未有的变革，劳动者拥有了人身自由和劳动力的所有权，劳动力成为了商品，传统劳动转变为雇佣劳动，由此产生雇佣劳动与资本之间的关系。马克思以辩证唯物主义的视域揭示了雇佣劳动与资本之间互为前提、互相产生、互相制约的关系。马克思认为，“劳动力并不向来就是商品。劳动并不向来就是雇佣劳动”[②]。奴隶劳动和农民劳动等劳动形态先于资本而存在，而雇佣劳动则是资本主义制度的产物，是同资本相伴相生的存在。马克思指出，“资本以雇佣劳动为前提，而雇佣劳动又以资本为前提”。雇佣劳动“生产着同它敌对的权力——资本”[③]。资本与雇佣劳动之间既相互产生，又相互制约。马克思认为资本是积累起来的劳动，因为资本的各个组成部分包括原料、生产工具及生活资料，都是劳动的产物。当积累起来的劳动支配活劳动以后，资本就产生了。因而从雇佣劳动积累着资本的各个构成部分并参与到资本积累和周转的过程中来看，资本是积累的雇佣劳动的产物。同时，“劳动力必须不断地作为价值增殖的手段并入资本，不能脱离资本”[④]，劳动力的再生产也成为资本再生产的组成部分。资本的积累和扩张需求会不断地扩大对雇佣劳动的需求，从而生产出更多的劳动者。“如果资本不雇佣工人，工人

---

① 马克思恩格斯选集：第 3 卷［M］. 北京：人民出版社，2012：724.
② 马克思恩格斯选集：第 1 卷［M］. 北京：人民出版社，2012：332
③ 马克思恩格斯选集：第 1 卷［M］. 北京：人民出版社，2012：341—344.
④ 马克思 . 资本论：第 1 卷［M］. 北京：人民出版社，2004：709.

就会灭亡。如果资本不剥削劳动力，资本就会灭亡。”[①] 资本与雇佣劳动互相依存、互相产生的关系有其历史必然性，它是人类社会从建立在土地基础上的封建制发展到资本主义私有制的必然结果。马克思认为，封建所有制和资本主义私有制的差别表现为资本和土地的差别，但这并不是两种制度之间的本质差别。在资本和雇佣劳动产生以前，建立在农业生产基础上的封建社会以土地为核心构成了贵族、土地主与农民之间的封建生产关系，唯有在封建制度走向崩解、资本主义制度取而代之的制度背景下，资本摆脱了封建制度对资本和劳动力的束缚，促使劳动转变为雇佣劳动，资本才在雇佣劳动的基础上成为真正意义的资本。资本与劳动之间的生产关系就成为区别于封建社会生产关系的主要生产关系，资本主义社会代替封建社会的结果就是产生了资本与劳动之间的社会生产关系，具有历史的必然性。马克思从资本主义社会私有财产关系的角度解构了劳动和资本的关系，进一步阐明了以私有财产为基础的资本主义制度是劳动与资本之间相互关系生成的现实背景，私有财产是劳动异化的现实土壤。马克思认为，资本主义社会私有财产的关系包含了“作为劳动的私有财产的关系”以及“作为资本的私有财产的关系”[②]，两种私有财产的关系在劳动力商品市场和商品生产过程中发生了交集，资本主义社会的劳动与资本的关系就是两种私有财产之间互相联系、互相作用的关系。建立在私有制基础上的劳动与资本的关系是无产阶级和资产阶级对立的基础。

在资本主义私有制的背景下，劳动与资本互相产生的关系还表现为工人和资本离开了任何一方都丧失了独立存在的条件和依据。工人的存在需要依赖资本，资本对工人存在并规定着工人的生活的内容。“资本只有在同劳动交换，只有引起雇佣劳动的产生，才能增加。雇佣工人的劳动力只有在它增加资本，使奴役它的那种权力加强时，才能和资本交换。”[③] 没有雇佣工人的劳动，就没有积累的劳动——资本的存在，没有雇佣工人使用生产资料进行产品生产，资本就无法实现价值增殖；同样，没有资本的存在，也就没有对集

---

① 马克思恩格斯选集：第 1 卷［M］. 北京：人民出版社，2012：344.
② 马克思恩格斯全集：第 3 卷［M］. 北京：人民出版社，2002：283.
③ 马克思恩格斯选集：第 1 卷［M］. 北京：人民出版社，2012：344.

中起来的劳动力的需求，劳动者的劳动力就不会大规模地转化为劳动力商品，劳动力无法进入资本流通和周转的过程，劳动者也不会转变为雇佣工人。

（二）劳动的异化及劳动与资本的对立关系

马克思从资本主义社会劳动力商品化、贫困化的事实出发，展开对劳动关系问题的审视，用“异化”的概念深刻揭示了工人阶级在劳动中丧失劳动产品、在劳动中遭受折磨、丧失类本质、处于被资本家支配的处境，反映了劳动与资本不仅仅是互为前提、互相产生的关系，而且在二者的异化关系中不断走向两极化和对立化的现实。

马克思在《1844年经济学哲学手稿》一文中先以引而不发的手法论述了资本主义私有制下劳动过程的四个方面发生的深刻变化，并以这四种变化来作为他判断劳动与资本关系实质的论据。同《资本论》以商品作为论述出发点一样，马克思首先以劳动产品为切入点剖析了资本主义私有制下劳动者与劳动产品关系的变化，即异化劳动的第一个规定性。劳动者的集体劳动创造出了庞大数量的商品，在机器大工业生产模式下，劳动产品不再是某个或某几个劳动者的劳动成果，而是由大量劳动者附庸在整个机器流水线上产生的整体生产成果，因而劳动者生产的产品越多，能占有的产品就越少，劳动者在生产产品中耗费的体力和脑力劳动越多，他所创造出来的产品就越不属于他，劳动者占有的对象就越少，劳动者的消费能力越低下，社会地位越低贱，在劳动中被折磨得越畸形。产品不仅成为工人无法占有和支配的对象，而且产品反而成为束缚工人阶级的对象，工人丧失了劳动的生活资料和维持肉体生存的生活资料，在“这两方面成为自己的对象的奴隶”①，工人同自己的劳动产品的关系成为“异己的对象的关系”；马克思进一步剖析了资本主义私有制下劳动活动的变化，也就是异化劳动的第二种表现。对工人而言，劳动不是自由地发挥体力和智力的自愿活动，而成为满足劳动以外需要的手段，劳动不是自主地恰当掌握劳动力的耗费方式和耗费量的过程，而是使劳动者肉体

① 马克思恩格斯选集：第1卷［M］. 北京：人民出版社，2012：52.

受折磨、精神遭摧残的活动，劳动活动本身越发耗费工人的体力，劳动时间越长，工人休息的机会越少。劳动不是属于自己的活动，而是服务于他人的活动。异化劳动的第三个表现是人的类本质变化，虽然在《1844 年经济学哲学手稿》中马克思对人的类本质的分析还带有人本主义的色彩，尚未从唯物史观的视角揭示劳动异化的本质，但是他跳出了劳动的中微观视角，不局限于“就劳动方式谈劳动”或“就劳动过程谈劳动”，而是将劳动回归到“人与自然关系”的本源上，就实践的意义而言，劳动对人的意义本应是“自由的有意识的活动”，“通过实践创造对象世界，改造无机界”[①]，揭示了劳动是使人类区别于仅仅维持生存的动物的类的标志，而资本主义异化劳动使得人的类本质活动“降格”为维持个人生存的手段，因而也丧失了区别于动物的“类本质”。异化劳动的前三个特征的必然结果是第四个特征——“人同人相异化”，既然劳动异化使劳动产品、劳动本身及人的类本质都成为人的异己存在物而同人相对立，那么必然存在一个占有劳动产品、能控制劳动并使人的类本质异化的主体，这个主体不同于劳动者，“同劳动疏远，站在劳动之外”[②]，即迥异于劳动者并同劳动者相对立的资本家。资本主义社会劳动异化就是劳动者从产品、生命活动、类本质和劳动关系这四个规定上发生全面异化现象的历史过程，也就是劳动与资本之间异化关系的反映。

马克思揭示了劳动与资本异化关系的结果就是社会阶级的二元分化，即资产阶级和无产阶级。马克思从异化中看到了劳动与资本的对立，把劳动的异化看作异化的生产关系。虽然马克思在这时还没有提出人同生产资料的关系，但从本质上说，他已经比较接近于提出对抗性生产关系这一概念。[③]异化劳动生产了资本家，生产出了资本与劳动的对立关系，也生产了工人的贫困化、商品化和非人化的命运。异化劳动加速了资本主义社会的阶级分化，整个社会分化为二元阶级，并且是高度对立的二元阶级，资产阶级有资本和生

---

① 马克思恩格斯选集：第 1 卷［M］. 北京：人民出版社，2012：57.

② 马克思恩格斯选集：第 1 卷［M］. 北京：人民出版社，2012：60.

③ 曹亚雄. 马克思的劳动观的历史嬗变［M］. 北京：中国社会科学出版社，2008：36—37.

产资料，工人阶级没有财产或生产资料。在资本主义制度下，工人的劳动异化，只有通过同资本家的实践的、现实的关系才能表现出来。[①] 工人阶级要么在劳动中维持生存、苟延残喘，要么在阶级对立和斗争中改变命运，异化劳动则加剧了劳资阶级对立的矛盾，马克思进一步揭示了异化劳动下劳动关系发展的趋势——工人解放，工人的解放则依赖于私有财产制度和对雇佣工人的奴役制度的毁灭，获得解放的手段“是通过工人解放这种政治形式来表现的……因为工人的解放还包含普遍的人的解放”[②]。

（三）劳动对资本的从属关系

劳动对资本的从属关系是劳动在资本增殖过程中从属和依附于资本的关系，从另一方面看也是资本对劳动的支配关系。劳动对资本的从属关系随着资本主义生产方式的变革进程而发展变化。在资本主义发展的不同阶段，产生了两种劳动对资本的从属形式——劳动对资本形式上的从属和劳动对资本实际上的从属。劳动对资本形式上从属的关系主要产生和发展于资本主义萌芽时期，是指劳动与资本尚未形成“政治上或社会上固定的统治和从属的关系”[③] 的状态。该时期资本尚未完全依靠集中劳动力的方式进行生产，资本同散居在大城市和农村的家庭工人大军建立了生产联系，这时的资本更多的是扮演“包买商”的角色，向各处独立的和分散的劳动者收购劳动产品，赚取销售价与收购价之间的差额。该时期劳动过程的工艺和以往一样，主要依靠劳动者掌握劳动工具技巧的高低来决定生产，工人们并未集中在一起以机器为核心共同劳动，但是以资本为中心而实现形式上的联合，即只是集中了劳动产品而没有集中劳动过程，工人的劳动尚不具备较强的协同性，这种生产方式同行会手工业并没有本质区别。

随着第一次工业革命加速了直接生产中大规模运用机器的进程，生产工艺和劳动过程都发生了显著变化，工人的分散性劳动难以为继，资本进一

① 曹亚雄．马克思的劳动观的历史嬗变［M］．北京：中国社会科学出版社，2008：36.
② 马克思恩格斯选集：第 1 卷［M］．北京：人民出版社，2012：61.
③ 马克思恩格斯选集：第 2 卷［M］．北京：人民出版社，2012：827—828.

步把工人集合在固定场所内进行集体劳动，从而便于资本的监督和劳动的分工，该时期资本的数量规模和与之相适应的劳动力的数量大大增加了，生产过程中的统治和从属关系越来越明显，以往生产的独立性逐步丧失，资本不断“提高劳动的连续性和强度”，不断地增加产品产量，出现了“对剩余劳动的强制”，形成了“对并入资本的劳动拥有所有权和来自劳动过程本身性质的统治和从属关系”[①]，劳动对资本的实际上的从属在创造相对剩余价值的过程中发展起来了。马克思还进一步揭示了劳动对资本形式上的从属是劳动对资本实际上的从属的先驱，而后者“成为在新的生产部门中采取第一种形式的基础”[②]。

劳动对资本的实际从属正是在相对剩余价值生产得以顺利发展的一切形式中发展起来的。相对剩余价值生产是劳动对资本实际上从属的基础。[③]资本主义生产方式的变革真正取代了工场手工业的生产方式并获得稳定获取相对剩余价值的方式，也就是劳动对资本的实际从属的起点。通过机器的发明和改进、大规模的雇佣劳动的使用和更高强度的劳动力的耗费，资本主义生产力取得了前所未有的跃升，劳动对资本的实际从属不断地深化。劳动从形式上从属于资本发展到实际上从属于资本的过程也就是资本改变了生产方式和劳动过程，创立了与生产力相适应的生产关系的过程。

（四）资本对劳动的支配关系

资本对劳动的支配关系是资本通过各种方式和手段来剥削和压迫劳动者，占有劳动者创造的剩余价值的关系，首先体现在延长工作日所创造的绝对剩余价值的生产中。马克思认为，资本主义生产的实质是剩余价值的生产。[④]资本通过延长工作日，使工人进行大量的剩余劳动，从而创造出更多的剩余价值，也就构成资本主义制度的一般基础。在绝对剩余价值的生产中，资本对

---

① 马克思恩格斯选集：第 2 卷［M］. 北京：人民出版社，2012：835.
② 马克思恩格斯选集：第 2 卷［M］. 北京：人民出版社，2012：839.
③ 马克思恩格斯全集：第 48 卷［M］. 北京：人民出版社，1985：18.
④ 马克思 . 资本论：第 1 卷［M］. 北京：人民出版社，2004：582.

劳动的支配关系直接而鲜明地反映在工作日的变化中。工作日是马克思揭示资本攫取绝对剩余价值秘密的重要线索和考察劳资矛盾发展演化的重要焦点。在《资本论》中，马克思深入考察了 19 世纪欧洲工人的被迫过度延长工作日的悲惨劳动处境。当时英国的《工厂法》规定工人一周前五天每天工作 12 小时，从早上 6 点工作到晚上 6 点，每周六工作 8 小时，平均一日工时为 10 小时，而马克思所考察的欧洲工人的实际工时远远超过了法定工作日的上限，导致大量工人负荷过重甚至“过劳死”。资本家按照劳动力的日价值购买了劳动力，从而占有了劳动力在一个工作日内的使用价值。[①]资本家购买了劳动力商品以后就具有了要求劳动者在一日之内为他劳动的权力。在劳动力商品化的过程中，劳动者把工作日内的劳动力使用权让渡给资本家，也就为资本家想方设法在工作日剥削和支配劳动者创造了条件，因为工作日越延长到接近劳动力承受的极限，剩余劳动越多，劳动创造的价值也越多。工作日受制于劳动力的身体界限和道德界限，“一个人在 24 小时的自然日内只能支出一定量的生命力”，劳动者需要“在体力、健康和精神的正常状态下来劳动”[②]，但是资本家为了攫取更多的绝对剩余价值，不断通过延长工作日的方式来造成耗竭劳动者的生命力以及道德失调的后果，由此引发劳动者的反抗。劳资之间围绕工作日斗争的实质就是资本家借助延长工作日来占有劳动者创造的剩余价值、实现资本增殖的过程，同时也是劳动者反抗过度延长的工作日对生命力的耗劫，从而将零散、不自觉的抗争发展为集体、自觉自为的抗争的过程。

资本对劳动的支配关系还体现在资本采用机器生产而占有劳动者创造的相对剩余价值的过程中。“机器工人”是马克思对工业革命期间从事机器大工业生产的劳动者的代称，他不仅以机器为重要线索揭示了工业革命中蒸汽动力技术、纺织技术、炼铁技术等技术进步推动生产力发展的时代特征，揭露了广大工人阶级在机器大工业生产中沦为“机器工人”的阶级命运，而且揭示了资本主义生产方式下机器已然成为资本的物质存在形式和劳资双方的矛

① 马克思．资本论：第 1 卷［M］．北京：人民出版社，2004：269.

② 马克思．资本论：第 1 卷［M］．北京：人民出版社，2004：269—270.

盾焦点，资本主义生产关系在扭曲的“人机关系”中推动社会矛盾不断走向尖锐化的社会发展规律。

历史唯物主义视域是马克思观察“机器工人”现象的出发点和落脚点。他从生产力与生产关系的辩证关系、工场手工业到机器大工业的生产方式变革历程出发，深刻阐析了“机器工人”产生的时代背景与背后的推动力量。16世纪中叶到18世纪，西欧正处于工场手工业占据统治地位的生产阶段，当时“劳动生产率不仅取决于劳动者的技艺，也取决于他的工具的完善程度”①，“取决于每个工人使用工具时的力量、熟练、速度和准确”②。工场手工业的劳动资料主要包括切削工具、钻具、凿具和锤具等各种手工工具，生产过程主要依靠劳动者掌握劳动工具技巧的高低来决定，资本只集中了劳动产品，而没有集中劳动过程。工场手工业本身的狭隘的技术基础发展到一定程度，就和它自身创造出来的生产需要发生矛盾。③在工场手工业后期，科技进步使得劳动资料从简单的手工工具转变为蒸汽机、纺纱机等较为复杂的机器设备，机器改变了社会生产的支配原则，机器大工业把工具变成机器，把手工作坊变成工厂④，手工业劳动就被机器劳动所取代，手工业工人也被“机器工人”所取代。

机器的生产和应用是工场手工业后期到资本主义萌芽时期生产力发展的客观要求。机器本身代表着科学的力量，是科学转化为现实生产力的结果。马克思认为，科学“是一种在历史上起推动作用的、革命的力量”⑤，“应该把科学称为生产力的另一个可变要素”⑥，科学一旦进入生产过程，就会转变为现实生产力。工业革命期间，半自动化的机器是“大工业特有的生产资料”⑦。蒸汽动力技术、纺织技术、炼铁技术等科学技术应用于生产中，转变为大规模

---

① 马克思．资本论：第1卷［M］．北京：人民出版社，2004：395.
② 马克思．资本论：第1卷［M］．北京：人民出版社，2004：393.
③ 马克思．资本论：第1卷［M］．北京：人民出版社，2004：426.
④ 马克思恩格斯选集：第1卷［M］．北京：人民出版社，2012：101.
⑤ 马克思恩格斯选集：第3卷［M］．北京：人民出版社，2012：1003.
⑥ 马克思恩格斯选集：第49卷［M］．北京：人民出版社，1982：495.
⑦ 马克思．资本论：第1卷［M］．北京：人民出版社，2004：439.

运用机器的生产力。纺织技术进步创造了珍妮纺纱机，它能同时驱动12~18个纱锭，织袜机能同时驱动几千枚织针，从而大大超越了传统纺纱工人使用纺车等简单机械工具的生产效率。蒸汽动力技术创造了蒸汽机，它利用煤和水的化学反应来产生巨大的动力，大大超越了人力或马力充当动力的效率，创造了蒸汽动力驱动下机器大工业的强大生产力。“大工业把巨大的自然力和自然科学并入生产过程，必然大大提高劳动生产率”①。“在机器生产中”，“主观分工的原则消失了”，各个生产环节的衔接和接续问题“由力学、化学等在技术上的应用来解决”②。机器主导了生产的绝大多数流程，人在生产中仅能发挥补充和配合的作用。“当工作机不需要人的帮助就能完成加工原料所必需的一切运动，而只需要人从旁照料时，我们就有了自动的机器体系。”③新的生产力发展要求和生产方式变革不但用机器淘汰了手工业工具和简单机械，同时也用中低技能的“机器工人”替代了技能全面、手工艺灵巧的手工业工人，进而用机器代替了劳动者在生产中的核心地位。

马克思认为，机器生产相对剩余价值的过程，就是机器的使用导致劳动力贬值的过程。再生产劳动力的费用变得便宜使得工人进一步强化了对机器生产和资本的依附性。围绕着机器的生产和分工使得工人的劳动技能不再稀缺，工人围绕机器的简单劳动很容易在工人的内部竞争中被替代，从而导致劳动力的贬值，一些工人被机器排挤出来，成为过剩的劳动人口，与此同时不熟练的工人替代了熟练工人，女工和童工代替了男性劳动力，形成了一个庞大的产业后备军。同时，随着新机器的不断发明和改进，工人成为了“机器工人”，随着“机器工人”操作机器的技巧和经验积累，工人劳动的速度和强度都急剧地增加。“机器的每一次改进变成一种加紧吸吮劳动力的手段”④，工人成为“服侍机器”的角色，不是工人运用劳动资料，而是劳动资料支配工人，机器生产加速了生产过程中智力劳动与体力劳动的分离，机器成为智

① 马克思.资本论：第1卷［M］.北京：人民出版社，2004：444.
② 马克思.资本论：第1卷［M］.北京：人民出版社，2004：437.
③ 马克思.资本论：第1卷［M］.北京：人民出版社，2004：438.
④ 马克思.资本论：第1卷［M］.北京：人民出版社，2004：480.

力劳动的象征支配着工人，工人“被当作活的附属物并入死机构”[①]，在高温、高噪声、高生产危险性和高强度的工厂环境中劳作，机器使得工人阶层不断陷入被贬值、被替代、过劳和贫困化的深渊，也激发了工人反抗资本借助机器来支配和统治自己的斗争。

（五）劳动同资本的抗争关系及理想社会的劳动关系

马克思从辩证唯物主义的维度揭示了劳动与资本的矛盾就是资本剥削劳动者以实现资本增殖和劳动者反抗资本支配的矛盾发展过程。为了使资本增殖，资本家一方面通过延长工作日占有工人创造的绝对剩余价值，另一方面通过变革劳动过程的技术条件和社会条件从而变革生产方式，来占有工人创造的相对剩余价值，并让工人陷入被机器替代的失业、贫困、疾病和挣扎在生存线上的苦难，由此引发了劳动同资本的抗争关系。因而马克思认为无产阶级反对资产阶级的斗争是和它自身的存在同时开始的。劳动同资本的抗争关系既是资本家想方设法占有劳动者创造的剩余价值、实现资本增殖的过程，也是劳动者从零散、不自觉、不彻底的抗争发展为集体、自觉自为、彻底的抗争的过程。

劳动同资本的抗争关系首先表现为工人反对机器、摧毁机器、烧毁工厂，从而力图维护传统生产方式的行动。马克思在《资本论》中回顾了 17 世纪至 18 世纪发生的几次工人暴动反对采用织带机、水力剪毛机、梳毛机等新机器的事件。随着工业革命如火如荼地开展和工场手工业的解体，机器应用的生产领域不断扩展，工人的劳动力价值不断贬值，在纺织业等大规模采用机器的生产领域，工人失业和贫困的进程非常急剧，许多织布工人由于失业而饿死街头，“在英国蒸汽织机把 80 万织工抛向街头……现有的一定数量的工人事实上已经被机器代替或排挤”[②]。捣毁机器是自工场手工业时期延续下来的工人同资本家斗争的一种直接形式。但是由于机器的应用便利了资本家用熟练

① 马克思 . 资本论：第 1 卷［M］. 北京：人民出版社，2004：486.
② 马克思 . 资本论：第 1 卷［M］. 北京：人民出版社，2004：494.

程度低的工人代替熟练程度高者，用女工和童工来代替成年男工，资本家不再容易因为大量成年熟练工人的集体罢工而耽误生产，也从而不再容易对工人妥协，因而传统熟练的成年男工发起的摧毁机器的抗争行动逐步地失效了。马克思深刻地总结了工人阶级捣毁机器的抗争行动失败的原因在于工人还没有把机器和机器的资本主义应用区分开来，因而工人初期的抗争行动仅仅针对机器这一资本的物质存在形式，当工人学会把抗争从生产资料转向社会制度，抗争行动才有利于让工人阶级赢得真正的解放。无产阶级由对机器的斗争转向对资本家阶级的斗争，这是无产阶级走向成熟的第一步。劳动对资本的抗争最初还采取经济斗争形式，工人们由于无法忍受过低的工资、过高的劳动强度和过于恶劣的生产条件而进行罢工，提出提高工资、缩短劳动时间、改善劳动条件等条件。但是马克思认为罢工等行动同只破坏机器的抗争一样，都是不彻底的斗争，没有认识到产生问题的真正原因，因而这种抗争无法扭转资本支配劳动的趋势和方向，像使用止痛剂一般暂缓问题却不能消除病根，必须意识到工人阶级遭受压迫的真正根源——资本主义私有制，意识到工人阶级的解放必须完全废除雇佣劳动制度。

马克思深入分析了1848—1849年的欧洲革命的失败教训，揭示了资产阶级国家是资产阶级意志的代表，成为镇压无产阶级的工具，因而不打碎旧的国家机器只是一种不切实际的幻想。无产阶级要获得解放，就必须建立无产阶级政党、建立无产阶级政权。马克思和恩格斯于1847年推动创立了世界上第一个无产阶级政党——共产主义者同盟，并为其撰写了纲领《共产党宣言》，提出“一切阶级斗争都是政治斗争”[①]，并号召无产者在无产阶级政党指导下，用暴力推翻资产阶级并建立无产阶级政权，从而废除资本主义私有制。马克思认为大工业的发展集聚起庞大规模的无产阶级并日益强化了他们的集体力量，随着大工业推动交通工具的发展，各地无产阶级进一步被会合起来，开展全国性的阶级斗争。

劳动对资本的抗争取得胜利也意味着劳动对资本超越的开始。在马克思

① 马克思恩格斯选集：第1卷［M］. 北京：人民出版社，2012：409.

看来，劳动与资本的矛盾构成了资本主义制度发展和灭亡的主要矛盾，废除私有制是工人阶级解放的根本出路。首先，要改变社会性质，通过建立公有制，让资本成为全体社会成员的公共财产。马克思认为，私有财产的消灭必须从根本上进行，无产阶级要通过自己的政治统治逐步地夺取资产阶级的全部资本，通过剥夺资本的地产、废除继承权、征收高额税收、没收并由国家控制关系国计民生的金融资产、运输业资产等，实现资本社会性质的根本性变革。其次是扬弃雇佣劳动。马克思认为，雇佣劳动本身只是一个历史范畴；雇佣劳动的历史性是由劳动力成为商品的历史性决定的。“一旦没有资本，也就不再有雇佣劳动了。”[①] 由于雇佣劳动和资本是相伴相生的，消灭私有制必然会同时改变劳动的性质。通过消灭资本主义私有制来改变资本的社会性质并不是要扬弃劳动本身，而是要扬弃被剥削压榨的资本主义雇佣劳动，使之改变依附于私有资本才能进行劳动的社会性质。雇佣劳动依赖于资本是因为资本主义私有制使得资本独占了生产资料，劳动者不得不依附于资本进行劳动。扬弃了雇佣劳动的共同劳动是建立在公有制基础上的社会共同劳动，由于无产阶级国家把一切生产工具集中在国家手里，并且通过控制金融业、运输业等国计民生性产业，“按照共同计划增加国家工厂和生产工具”[②]，尽快推动生产力的高度发展，生产资料的共同占有、共同控制使得劳动者不需要再依附于私人资本才能进行劳动，单个人的劳动一开始就成为社会劳动，联合起来的生产者将合理地调节他们和自然之间的物质变换，将消除脑力劳动与体力劳动的对立，实现自觉合理的劳动分工，人们不需要通过产品的交换来维持生存，而是由联合起来的个人进行自由交换，分配方式将从按劳分配转变为按需分配，社会必要劳动时间降低到最低限度，人们具有充足的自由时间从事政治、艺术、科学等活动，使得劳动不再是维持生存的手段和受他人支配的被动活动，劳动成为扩大、丰富和提高工人生活的一种手段，成为生活的第一需要。

① 马克思恩格斯选集：第 1 卷［M］. 北京：人民出版社，2012：417.
② 马克思恩格斯选集：第 1 卷［M］. 北京：人民出版社，2012：422.

二、恩格斯的劳动与资本理论

1867年《资本论》第一卷在德国出版时，恩格斯深刻指出，“资本和劳动的关系，是我们全部现代社会体系所围绕旋转的轴心”①。恩格斯盛赞马克思基于劳动与资本理论揭示了资本主义社会运行规律，同时在探索劳动与资本关系的本质、资产阶级的宿命和社会主义社会劳动者的发展前景等诸多方面极大地丰富和发展了马克思主义劳动与资本理论。

（一）劳动与资本的对立统一关系

恩格斯以历史唯物主义的视角回顾了工业革命以前的劳动形态，在历史溯源中揭示了资本主义社会雇佣劳动与资本的产生和变迁历程。他以英国工业革命的生产力发展为切入点，深入分析了珍妮纺纱机等新机器在劳动中的应用导致生产方式变革的过程，机器生产提高了劳动生产率，使得劳动产品价格下降、市场需求上升，由此刺激了劳动力的需求增长，促使分散的劳动者变成了雇佣工人，雇佣劳动从以前的例外和辅助办法变成资本主义生产的通例和基本形式，从辅业变成了工人唯一的终身职业。由于机器替代了工具，机器劳动全面替代了手工劳动，工厂就替代了手工作坊，以前的商人就转变为工厂主，大资本家替代了作坊的师傅，工人仅能通过雇佣劳动维持生存，失去了生产资料和土地等名义上的财产，使得劳动者无产阶级化。

恩格斯用辩证的、运动的观点阐明了劳动关系的本质。他认为从历史层面看，“劳动是整个人类生活的第一个基本条件”，“劳动创造了人本身”②。从生产层面看，“劳动是生产的主要要素”③。同时他承认亚当·斯密提出的“资本是积蓄的劳动”的观点，并进一步揭示了资本与劳动互为前提、在运动中对立统一的关系。他反对资产阶级经济学家以静止的、片面的观点看待资本与劳动，坚持运动的、辩证的观点，认为劳动与资本在产生之初就具有同一

---

① 马克思恩格斯选集：第2卷［M］. 北京：人民出版社，2012：70.
② 马克思恩格斯选集：第3卷［M］. 北京：人民出版社，2012：988.
③ 马克思恩格斯选集：第1卷［M］. 北京：人民出版社，2012：33.

性，但是在资本的运动过程中，资本与劳动之间有分有合、既对立又统一。资本和劳动的分开使得“人类分裂为资本家和工人”①，资本和劳动在短暂分开以后又迅速地统一，资本在生产中“变成了劳动的基质、劳动的材料”②，资本以土地和劳动为前提，劳动通常以资本为前提，二者在互为前提的生产过程中交织融合。恩格斯反对把资本看作静态的物，主张从资本的运动中揭示劳动与资本的对立统一关系，他认为如果没有劳动，没有资本的运动，那么资本就是虚无。从资本运动的实现看，劳动与资本是统一的。而就私有制下的雇佣劳动制度而言，资本的运动又导致劳动本身发生了分裂，由于雇佣劳动制度使得资本利用工资来取得稳定支配劳动的方式，从而使资本这一“劳动的产物以工资的形式与劳动相对立”③。

恩格斯揭示了私有制导致劳动分裂、同资本对立的本质原因，他批判地指出，私有制产生了商业活动，商业竞争驱使着资本通过商业活动的贱买贵卖来获取利益，导致劳动与资本的分裂，同时私有制导致土地和劳动的分裂，使得土地、劳动和资本三种要素彼此斗争，同时使得这三种要素内部互相竞争，破坏了原来自然合理的关系。随着资本与资本的竞争、劳动与劳动的竞争、土地与土地的竞争加剧，生产力出现显著的过剩，导致经济危机和经济停滞，使得人民群众的生活陷入困顿。

（二）资本对劳动的支配关系

恩格斯认为，“资本就是对他人无酬劳动的支配”④。资本对劳动的支配关系随着工业革命的发展而不断演化，资本利用分工、延长工作日、机器替代和排挤等方式来攫取工人创造的剩余价值，使工人全方位地受资本支配并在机器排挤和生产过剩的经济危机中陷入困苦境地。

---

① 马克思恩格斯选集：第 1 卷［M］. 北京：人民出版社，2012：32.
② 马克思恩格斯选集：第 1 卷［M］. 北京：人民出版社，2012：32.
③ 马克思恩格斯选集：第 1 卷［M］. 北京：人民出版社，2012：33.
④ 马克思恩格斯选集：第 3 卷［M］. 北京：人民出版社，2012：220.

1. 资本通过分工和采用机器促进劳动简单化、机械化和贬值化

恩格斯认为早在工场手工业时期，分工将手工劳动者的手艺分解成各种局部操作，使得每个工人的劳动都局限于局部操作。其后，“科学日益使自然力受人类支配。这种无法估量的生产能力，一旦被自觉地运用并为大众造福，人类肩负的劳动就会很快地减少到最低限度”①。机器的资本主义应用使得资本购得了大部分机器，集中起大量的劳动力，构建起以机器为核心的工厂制度，通过细化分工来让“每个工人的活动变成一种非常简单的、时刻都在重复的机械操作”②，机器的采用使工人成为机器的附属物，因为分工而被机器所奴役。导致劳动力的平均价格降低到必要的生活资料的最低限度，仅提供工人维持自身劳动能力并不致灭绝必需的生活资料的数量。

2. 资本想方设法延长工作日来获取更多的剩余价值

恩格斯认为，围绕工作日的斗争从自由工人在历史上出现起一直延续到现在，资本家为了自己的利润、工人为了健康、二者围绕工作日展开斗争。工人所进行的超过必要劳动时间以外的剩余劳动是剩余价值和利润的源泉，“是资本继续不断增大的泉源”③，而资本家则日益接近封建贵族的不劳而获状态，不仅日益脱离生产活动，而且用纯经济的方式成为和贵族一样获得固定收入的阶级。工人劳动超过劳动力价值以外的无酬劳动成为资本家等一切不劳动的社会成员维持生活的来源。恩格斯从雇佣工人与工业资本的关系延伸开来，进一步揭示了除了工业资本以外的其他资本形式如何获取剩余价值，工业资本家最初从食利的借贷资本等那里获取了原始资本，向其购得生产资料和劳动力商品，利用劳动者的剩余劳动获得剩余价值，工业资本家“随后以地租、商业利润、资本利息、捐税等形式在各类亚种资本家及其仆人之间进行分配的全部剩余价值”④。即按一定的经济规律将剩余价值在整个资本家阶级中进行分配，构成资本家的地租、利润、资本积累的基础，至于分配的比

① 马克思恩格斯选集：第1卷［M］. 北京：人民出版社，2012：39.
② 马克思恩格斯选集：第1卷［M］. 北京：人民出版社，2012：296.
③ 马克思恩格斯选集：第2卷［M］. 北京：人民出版社，2012：73.
④ 马克思恩格斯选集：第3卷［M］. 北京：人民出版社，2012：202.

例取决于利率，利率调节着剩余价值在工业资本家和食利的借贷资本家之间的分配。

3. 资本利用新发明和改进的机器不断地排挤工人

恩格斯深刻揭示了资本主义的内在矛盾即整个社会生产的无政府状态迫使资本强制性地采用机器，先是机器的采用使得大量“手工劳动者被少数机器劳动者所排挤”①，其后是机器的改进进一步排挤大量的机器劳动者，使得劳动者供过于求，从而形成庞大的产业后备军，在生产扩张的时候，产业后备军供资本随意支配，他们的存在还威胁到现役劳动军的收入，拉低他们的工资。在生产过剩乃至经济崩溃的时候，他们被抛到街头，要靠救济维持生存。

4. 资本生产过剩的经济危机导致工人极度贫困化

恩格斯指出，工业革命一方面使得大工业生产短期内迅速增长，另一方面也使得市场经济过于激烈，大量资本涌入市场，导致生产过剩的经济危机，使得大量工厂倒闭、工人失业并陷入极度贫困的境地。恩格斯认为，资本主义生产形成了固有的恶性循环，自1825年资本主义爆发第一次普遍危机以来，危机几乎每隔十年重复出现一次，一旦经济危机爆发，产品过剩并滞销积压，银根紧缩、交易停顿、工厂停工或破产拍卖，劳动者失业并流落街头，其后经济进入停滞阶段，大批过剩积压的商品被贱价卖出，经济恢复以后工业生产由逐步复苏到快马加鞭地扩张，再度陷入过度竞争和生产过剩的旧循环，这种生产过剩——经济危机——停滞——繁荣等循环往复的剧烈周期波动一方面制造了大量失业工人后备军，另一方面又不时地在采用机器或是激烈竞争导致的工厂倒闭中造成大批工人失业并把他们抛向街头。机器的资本主义应用一方面是资本财富前所未有的集中和超过市场需求的大量产品过剩，另一方面是占绝大多数人口的劳动者的无产阶级化和贫困化，从而最终将造成一种使资本主义经济走向灭亡的冲突。

① 马克思恩格斯选集：第3卷［M］. 北京：人民出版社，2012：661.

（三）劳资对抗关系

恩格斯认为资本主义社会劳动与资本之间的对抗关系自工业革命初期就开始了。他考察了19世纪三四十年代英国工人阶级暴力反抗机器的斗争行动，指出工人阶级自工业革命初期就通过捣毁工厂、砸碎机器等行动开始了对资产阶级的反抗，一些资本家采取压低工资、雇佣“工贼”和反对工人救济的做法激发了工人阶级的仇恨，导致工人炸毁工厂的暴力行动频繁发生。“但是这种反抗形式也只是零散的，它局限于一定的地区，并且仅仅针对现存关系的一个方面。”[①] 恩格斯揭示了工业革命初期工人暴力砸毁机器的反抗行动的局限和制约，认为这种针对机器的暴力反抗行动无法阻止资本对机器的采用，工人必须找到法律和结社等新的反抗形式。其后工人阶级抗争行动开始进入以集体化的力量同资本进行协商谈判的发展阶段，恩格斯肯定了当时工人阶级利用工联组织的集体行动在一定程度上维护了自身的合法权益，认为工人集体行动的前提是工联组织的成立和工会会员的集结，集体行动的手段和武器则是集体罢工。工人首先通过积极争取自由结社权并广泛成立各行业工联组织，通过同资本家谈判工资标准制定、限制招收学徒、要求工厂主救济失业工人等来争取自身的权益，如果资方不同意就采取罢工的抗争行动。恩格斯认为罢工是工人阶级打破沉默的宣示，因为如果不采取罢工，就意味着“承认资产阶级在商业繁荣时期有权剥削工人，而在萧条时期又有权让工人饿死”[②]。罢工有利于“保护各个工人使其免遭资产阶级的暴行和歧视”[③]，但是工人阶级利用工联组织开展的抗争行动总是会遭遇资产阶级的抵制和破坏，例如工厂主利用没有加入工联的工人来破坏工人的罢工等集体行动，对此恩格斯指出资产阶级会利用工人阶级之间的竞争、一些工人和另一些工人的对立而产生的阶级分裂来制约工人的罢工行动，资产阶级还会进一步利用手中的权力来将工会会员告上法庭以削弱工会的力量。因而恩格斯深刻指出，“工

---

① 马克思恩格斯选集：第1卷［M］. 北京：人民出版社，2012：106.

② 马克思恩格斯选集：第1卷［M］. 北京：人民出版社，2012：110.

③ 马克思恩格斯选集：第1卷［M］. 北京：人民出版社，2012：107.

会的历史充满了工人的一连串的失败，只是间或有几次个别的胜利”①。恩格斯指出，“工人阶级通过工会进行谈判和罢工的抗争行动在商业危机期间会出现失灵，由此导致工会降低工资标准或解散的后果”。通过全面分析工会的角色和罢工的有效性，恩格斯揭示了劳资对抗关系初期工人采取捣毁机器、炸毁工厂的暴力行动以及工联谈判和罢工行动具有较大的局限性。恩格斯曾高度评价 19 世纪 40 年代英国宪章运动，认为它是“反抗资产阶级的强有力的形式”②，它改变了以往抗争行动的零散状态，推动斗争的普遍化，提升了工人阶级抗争的自觉性，是联合起来的工人阶级对资产阶级政权的进攻。恩格斯以历史的视域和发展的观点看待劳资对抗关系发展进程，通过对劳资对抗关系初期的不成熟、薄弱和局限性的分析，进一步深刻指出，无产阶级应当组建有自身目的的独立的政党，并利用政治自由、集会结社的权利和新闻出版自由的武器，用暴力推翻资产阶级统治从而建立自己的政权，为工人阶级指明了联合起来开展彻底反抗资产阶级的革命运动的发展方向。

（四）资产阶级的宿命与社会主义社会劳动者的前景

恩格斯认为，随着生产力的发展，生产资料和生产实质上发生了社会化的性质转变，社会化生产和资本主义私有制的不相容性就越发鲜明，“新的生产力已经超过了这种生产力的资产阶级利用形式”③，资本主义生产方式已无法驾驭生产力发展的要求，例如交通运输等行业发展需要社会化的生产资料和生产方式，私人资本主义的生产方式无法适应这些规模化、社会化生产的要求。而经济危机的周期性爆发则进一步暴露了资本无法驾驭新生产力要求的缺陷。因而恩格斯主张资本主义生产方式和资本主义私有制都必须让位于适应新生产力发展要求的、“以现代生产资料的本性为基础的产品占有方式” ④，从而消除社会生产的无政府状态，形成按照社会总体和社会成员的需要对生

① 马克思恩格斯选集：第 1 卷［M］. 北京：人民出版社，2012：108.
② 马克思恩格斯选集：第 1 卷［M］. 北京：人民出版社，2012：119.
③ 马克思恩格斯选集：第 3 卷［M］. 北京：人民出版社，2012：655.
④ 马克思恩格斯选集：第 3 卷［M］. 北京：人民出版社，2012：667.

产进行社会的有计划的调节。

恩格斯认为，在社会主义社会，原本由资产阶级把持的全部资本、农业、工业、运输业和交通等将由社会占有，生产力的充分发展会促使私有制自行灭亡，阶级差别将消失，旧的分工将被消灭，资本主义社会生产的无政府状态所导致的产品过剩、浪费和破坏现象将被消除，资本主义社会各类资本家不劳而获、瓜分剩余价值并挥霍生活资料的状况将不再存在，劳动与资本的对立以及旧社会的各种交往形式将被消除，劳动同自己的产物工资的对立也将被消除。未来社会的"劳动就不再是奴役人的手段，而成了解放人的手段，生产劳动就从一种负担变成一种快乐"①。为了实现这一愿景，他主张劳动者建立独立的无产阶级政党，利用政治自由、集会结社的权利和新闻出版自由等武器实现无产阶级的政治统治，实行生产资料由社会占有，将一切以往统治阶级的独占品变成全社会的共同财富，促使社会集中化程度增长，从而消除生产力发展的障碍，生产由全社会为了共同利益、按照共同计划、根据全体社会成员的需要、在社会全体成员的参加下来推动，在实行明智分工的条件下，劳动者共同使用全部生产工具，生产满足全体社会成员需要的充足的社会产品。同时，通过社会化的生产来促使劳动者充分而自由地运用和发展自身的体力和智力，劳动真正成为人类生存的必要条件，任何社会成员都不能将自身的劳动责任推卸给他人，每个社会成员都能在劳动中自由地发挥自身的力量和才能，全体社会成员按照共同的协议来分配全部产品，从而保障全体社会成员享有富足的物质生活和充裕的生活必需品，每个人都有充分的闲暇时间去发展自身的科学、艺术、社交等。

三、列宁的劳动与资本理论

列宁继承和丰富了马克思主义思想，精辟地提出了帝国主义理论并总结了19世纪末20世纪初世界资本主义发展格局与趋势，在此基础上提出了俄国工人争取阶级解放的形势、任务与无产阶级政党的使命，深刻阐明了无产

① 马克思恩格斯选集：第3卷［M］. 北京：人民出版社，2012：681.

阶级专政的基本任务，提出了社会主义社会成员平等占有生产资料、劳动平等和工资平等的发展愿景。

（一）帝国主义阶段的垄断与金融资本的发展

基于对 19 世纪末 20 世纪初主要资本主义国家发展变迁的观察，列宁提出 20 世纪资本主义发生了新旧交替的转折，“从一般资本统治到金融资本统治的转折点”[①]。金融资本的统治，即帝国主义是资本主义的最高阶段。列宁认为，这一资本主义发展的转折点的显著特征也是资本主义的一般特性，体现为三种“分离”——第一种分离是资本的占有同资本在生产中的使用发生了分离，第二种分离是货币资本同工业资本发生了分离，第三种分离是不参与生产的食利阶层和直接参与生产的资产阶级相分离。列宁概括了帝国主义的一大特征——生产和资本高度集中的垄断组织的形成，并在经济生活中起决定作用。随着资本主义大工业的蓬勃发展，大量劳动者被雇佣到大企业进行集中生产，大企业贡献了多数的产值、产生了大部分的能耗，同时形成了远超中小企业的劳动生产率。19 世纪六七十年代是资本主义自由竞争发展的顶点，但随着“生产集中发展到一定阶段，可以说就自然而然地走到垄断”[②]。大企业之间彼此达成协议，产生了垄断的趋势。19 世纪六七十年代以后，垄断资本扩张并进入大发展时期，成为全部经济生活的基础之一，资本主义发展由工业资本自由竞争的阶段进入垄断资本大量存在的帝国主义阶段。

垄断资本具有联合制、结盟、技术装备优良等特征。垄断资本的“联合制”特征就是“把不同的工业部门联合在一个企业中”，这些部门形成了产业链分工合作关系，部门之间具有高度紧密的互补性，强化了应对市场波动风险的能力，也提升了企业的规模和实力。垄断资本之间形成了紧密的联盟，彼此商定销售条件和支付期限，共同预估市场容量并瓜分这些市场，由于他们控制了原料、技术等核心资源并达成同盟，因而会联手抬高商品价格而获

① 列宁选集：第 2 卷［M］. 北京：人民出版社，2012：612.
② 列宁选集：第 2 卷［M］. 北京：人民出版社，2012：585.

取高额利润，对联盟以外的竞争者则通过剥夺原料、劳动力、销路、信贷和压低价格等方式来强迫他们服从垄断同盟。他们斥巨资购买新发明专利权并大规模采用机器，非常重视技术的研发和改进，因而垄断资本往往技术装备优良。

金融寡头的形成是帝国主义的第二大特征，即在金融资本的基础上银行资本和工业资本长合在一起。列宁深刻考察了20世纪初金融资本的发展特征，提出了金融资本源自“生产的集中和从集中生长起来的垄断，以及银行和工业日益融合或者说联合在一起”①，“是和工业家垄断同盟的资本融合起来的少数垄断性的最大银行的银行资本”②。列宁认为，20世纪是从一般资本统治到金融资本统治的转折点，也是从旧资本主义到新资本主义的转折点。金融垄断资本的形成是资本主义银行业的发展过程中出现集中现象的必然结果。大银行借助遍布全国的网点系统来掌握全社会的业务状况，能够借助信贷手段对其他企业施加影响，要么帮助企业增加资本，要么通过吞并小企业或入股及债务关系等来将小企业并入自己的集团，随着金融资本走向集中、形成少数垄断金融资本，工业资本对少数金融垄断资本的融资依赖更深了，使得金融资本提高了对工业资本的渗透和支配，资本主义垄断组织发展必然走向金融寡头的统治。少数金融寡头资本通过创办企业、发行证券和办理公债等来获得高额利润，在经济繁荣的时候，金融寡头通过发行证券获取巨额利润，经济衰退的时候则通过处置破产企业和改组企业来攫取利润。垄断资本会进一步通过开拓世界市场来资本输出，利用落后国家低廉的土地、劳动力和原料来攫取高额利润，随着资本输出的增加而形成国际垄断同盟并瓜分世界。

（二）帝国主义阶段的资本输出与瓜分世界领土

列宁对帝国主义阶段过剩资本的形成、输出的前提条件和根本目的等问题进行了深入阐述，深刻地揭示了资本过剩的内外因素，阐明了资本输出对

① 列宁选集：第2卷［M］. 北京：人民出版社，2012：613.

② 列宁选集：第2卷［M］. 北京：人民出版社，2012：650.

母国、东道国的影响，反映了在特定历史条件下，帝国主义国家对经济落后的殖民地、附属国的剥削与被剥削、控制与被控制的关系。

列宁认为资本输出是帝国主义的第三大特征。资本输出有其前提条件，即推动或吸引资本输出的内外因素。资本输出的外部因素有两方面，一方面是在帝国主义阶段各个国家之间尤其是资本主义强国与落后国家之间的不平衡发展格局下，不发达国家资本少、地价和工资低、原料便宜、铁路等工业发展条件已有保证，且“已经卷入世界资本主义的流转”①，客观上为发达国家资本输出提供了有利可图的投资空间。另一方面是发达资本主义国家经过大工业发展已经形成了资本家的垄断同盟，由此产生了大量的过剩资本，资本主义制度下过剩资本不会被用来造福本国民众，且由于国内资本主义发展过度成熟、有利可图的投资空间不足、大多数劳动者贫困而无购买力，由此推动了发达资本主义国家的垄断资本试图向外寻求更多获取利润的空间；资本输出的内部因素就是资本主义不变的通过占有劳动者创造的剩余价值来实现资本增殖的欲望。

瓜分世界的资本家国际垄断同盟的形成是帝国主义的第四大特征。列宁指出，发达资本主义国家大举将资本输出到殖民地和附属国等落后国家，一方面通过金融资本密布全世界的银行网点来向落后国家发行公债或贷款，为这些国家兴建铁路、兴办工业提供资本并向外输出过剩的产品；另一方面，发达国家的垄断同盟在世界市场上形成了国际卡特尔等国际垄断组织，在世界各地设置了分支机构，为瓜分国际市场开展了激烈斗争，一些垄断资本通过收购或强强联合来扩充资本实力以打败竞争对手，一些垄断组织之间达成为瓜分利润而瓜分世界的合同并划分势力范围，一些私人垄断组织和国家垄断组织交织在一起，成为“最大的垄断者之间为瓜分世界而进行的帝国主义斗争中的一些环节”②。

列宁认为，资本主义从自由竞争向垄断资本主义过渡过程是资本主义在

① 列宁选集：第2卷［M］．北京：人民出版社，2012：627.
② 列宁选集：第2卷［M］．北京：人民出版社，2012：636.

世界范围内争相夺取殖民地、瓜分世界领土的过程中彼此矛盾逐步尖锐化的过程。垄断资本通过竞争和霸占全世界原料产地，并在殖民地市场上用垄断的手法排除竞争者来巩固自身的生产，由此，列宁总结了帝国主义的第五个基本特征，即最大资本主义大国已把世界上的领土瓜分完毕，全部殖民地中86%集中在6个大国手里,81%集中在3个大国手里。① 在瓜分世界的过程中，一方面推动了资本主义在殖民地和海外国家的迅速发展，由此崛起的一些新兴资本主义大国加入瓜分世界的竞争中，另一方面各国在殖民地的利益分配不均导致各资本主义强国之间的矛盾尖锐起来。

（三）帝国主义的寄生性与落后国家劳动者的解放

列宁精辟地将帝国主义阶段资本主义的变化概括为“寄生性”的特征，他认为垄断产生于自由竞争的资本主义一般环境，但垄断本身与自身发展的一般环境具有不可调和的矛盾，“必然产生停滞和腐朽的倾向”②。垄断会阻碍技术进步，产生不参与经营的食利者阶层，这些食利者完全脱离了生产，坐收比工业资本和对外贸易更高的利润，即从原来局限于国内以工业生产中资本压迫和剥削劳动为主的方式，转变为世界范围内帝国主义压迫和剥削落后国家的方式，也为殖民地劳动者的“经济解放以及后来的政治解放做好了准备”③。

列宁认为，帝国主义国家通过资本输出、瓜分殖民地和寄生性加重了对殖民地劳动者的剥削，对殖民地国家加紧民族压迫，实施民族压迫、兼并的破坏民族独立的举动，由此使得殖民地国家争取民族独立的解放运动兴起。一方面是垄断、寡头统治、极少数最富强国家剥削弱小国家的特点反映了帝国主义的寄生性和腐朽性，将激发落后国家劳动者反压迫和民族独立运动的发展；另一方面是帝国主义强国之间为了抢占和瓜分世界也加剧了对抗，多重因素交织得出的结论是“帝国主义是过渡的资本主义，是垂死的资本主义”④。

① 列宁选集：第2卷［M］. 北京：人民出版社，2012：669.
② 列宁选集：第2卷［M］. 北京：人民出版社，2012：660.
③ 列宁选集：第2卷［M］. 北京：人民出版社，2012：666.
④ 列宁选集：第2卷［M］. 北京：人民出版社，2012：686.

（四）俄国工人争取阶级解放的斗争与无产阶级政党的使命

列宁深入阐释了19世纪末俄国无产阶级崛起的背景和谋求阶级解放的有利条件，指出俄国主要工业部门已进入机器大工业阶段，实现了生产社会化的同时也产生了城市无产阶级这一新的社会力量。列宁认为，在资本主义发展的较低阶段，由于工人劳动的分散性和小规模化，无法实现一致性的阶级认识和力量的整合，唯有到资本主义发展的高级阶段，即大机器工业阶段，会产生帮助工人同资本进行“斗争所必需的物质条件和社会力量”①。列宁指出，无产阶级谋求自身解放的有利条件是无产阶级完全脱离了旧社会，它的劳动条件和生活环境促进了阶级的组织并迫使他们走向政治斗争的舞台。“俄国工人是俄国全体被剥削劳动群众唯一和天然的代表”②。列宁提出无产阶级斗争的对象、任务和指导思想，强调既要反对封建农奴制度、推倒这些反动支柱，又要以此为基础开展反资产阶级的斗争，“以便战胜劳动者的主要敌人即资本”，因为资本总是“同反动派勾结起来压迫工人，更加厉害地阻止工人运动的出现”③。他强调无产阶级在斗争中要深刻认识到小资产阶级的两重性，虽然小资产阶级反对封建制度的残余，但是它总是设法恶化劳动者的状况并阻挠其解放斗争。列宁阐明了无产阶级政党如何引领和帮助无产阶级开展斗争，主张俄国的社会民主党要把斗争的希望寄托在无产阶级身上并把自己的纲领归结为发展无产阶级的阶级自觉，全力吸引和帮助无产阶级进行政治斗争。一方面要在工人中开展宣传工作，宣传科学社会主义学说，以使工人全面了解现代社会经济制度、社会阶级关系以及工人在斗争中的作用和历史任务；另一方面要在工人中进行鼓动工作，社会民主党要参与工人为工作日、工资、劳动条件等而和资本家发生的一切冲突，帮助工人认清问题本质、提出明确要求，加强对共同的阶级利益和共同事业的认识。社会民主党要协助俄国工人运动的发展和组织，将工人运动原本较为分散又缺乏指导的斗争状态，转

---

① 列宁选集：第1卷［M］. 北京：人民出版社，2012：80.
② 列宁选集：第1卷［M］. 北京：人民出版社，2012：79.
③ 列宁选集：第1卷［M］. 北京：人民出版社，2012：73.

变为全体无产阶级集中的、有组织的斗争，推翻资本主义社会制度，“消灭以压迫劳动者为基础的社会制度”①，“斗争的最终目的是由无产阶级夺取争取并组织社会主义社会”②。列宁认为社会民主党在领导无产阶级的阶级斗争中既有社会主义的表现，又有民主主义的表现，前者的斗争对象是资本家阶级，以推翻资本主义制度并建立社会主义制度为目标；后者的斗争对象是专制制度，目标是实现政治自由并推动政治制度和社会制度的民主化。关于无产阶级革命的指导思想，列宁高度评价了马克思主义思想，认为这一理论对世界各国社会主义者的不可遏止的吸引力“就在于它把严格的和高度的科学性同革命性结合起来……把二者内在地和不可分割地结合在这个理论本身中”③，同时强调无产阶级政党要以先进理论为指导，才能充分发挥无产阶级先进战士的作用。关于无产阶级的斗争手段和方式，列宁认为工人运动必须在全面充分代表工人阶级利益的基础上，将反资本的经济斗争和政治斗争融合在一起，组织各种利益代表，并同其他政党在一定场合采取共同行动。

（五）无产阶级专政与社会主义社会的劳动

列宁认为由于世界资本主义已经发展到帝国主义阶段，只有社会主义革命才能改变帝国主义和帝国主义战争，将人类从绝境中解救出来。无产阶级革命要求一切先进国家的工人阶级结成紧密联盟并采取尽可能一致的革命行动。无产阶级专政是被压迫者先锋队组织成为统治阶级来镇压压迫者。列宁认为无产阶级专政的基本任务是剥夺地主和资产阶级，将其一切工厂、生产资料和流通手段收归国有，工农联盟实行共耕制和发展大规模社会主义农业。列宁对于无产阶级专政时期的民主与自由进行了精辟论述。他认为资本主义社会的民主是残缺的、贫乏的、虚伪的民主，无产阶级专政时期的民主是除了压迫者、剥削者、资本家以外的人民享有的民主，这一时期的民主仅是形式上的平等，因而首先要对压迫者、剥削者、资本家采取一系列剥夺自由的

① 列宁选集：第1卷［M］. 北京：人民出版社，2012：79.
② 列宁选集：第1卷［M］. 北京：人民出版社，2012：273.
③ 列宁选集：第1卷［M］. 北京：人民出版社，2012：83.

措施，使民主制度“第一次成为穷人的、人民的而不是富人的民主制度”[①]。但是随着共产主义社会阶级差别消失，国家消亡，“民主迅速地成为不需要的东西，愈迅速地自行消亡”[②]。列宁认为在共产主义社会的第一阶段，即共产主义高级阶段以前，社会主义国家对社会成员的劳动量和消费量进行监督，并且监督的重点是剥夺和监督资本家，列宁主张要将银行国有化、将垄断组织收归国有、取消商业秘密、使居民加入消费合作社并强迫资本家参加各种联合组织。同时，全体社会成员在正确遵守劳动标准的条件下同等地劳动并同等领取报酬，社会将成为劳动平等和报酬平等的工厂。列宁深刻论述了苏维埃政权的性质和特征，指出“苏维埃是新型的国家机构”，拥有同人民密切联系、军事实力强大的工农武装力量；苏维埃政权的机构成员按人民意志选举产生并可以撤换；苏维埃为被压迫阶级先锋队提供了组织形式并发动、教育、训练和领导广大群众；苏维埃能将议会制和直接民主制的长处结合起来，比资产阶级议会制更具有世界历史意义的进步性。列宁主张先在富人中然后逐步在全体群众中推行“劳动手册制度”，要让资本家重新为国家服务，实行普遍劳动义务制和“不劳动者不得食”，对劳动数量和产品分配实行计算和监督，要尽量广泛地发扬一切劳动者在创造性的组织工作中所表现的独创精神。列宁主张无产阶级在夺权政权以后的根本任务就是提高劳动生产率，首先是通过发展重工业来保证大工业的物质基础，其次是通过提高大众的文化教育水平、纪律、工作技能和改善劳动组织来提高劳动生产率，克服工人在职业上和地区上的散漫性和分散性，反对行会的狭隘性和局限性，实行劳动集中制度，在工会的作用下广泛动员一切有劳动能力的群众参与社会工作。社会主义国家要通过不断发展生产力、提高劳动生产率，实现工作日的缩短，促进全体社会成员实现占有生产资料的平等、劳动平等和工资平等，等等，才能“从形式上的平等进到事实上的平等，即实现‘各尽所能，按需分配’的原则”[③]，通过广泛实行科学的社会生产和分配，使全体劳动者实现幸福的生活。

---

① 列宁选集：第3卷［M］. 北京：人民出版社，2012：190.
② 列宁选集：第3卷［M］. 北京：人民出版社，2012：192.
③ 列宁选集：第3卷［M］. 北京：人民出版社，2012：201.

第二节　中国共产党人对劳动问题的探索

自中国共产党成立以来，中国共产党人植根于中国国情和经济社会发展的阶段性特征，从理论上不断丰富和发展马克思主义理论，在实践中探索出富有中国特色的调节和发展劳动关系的道路。

一、新民主主义革命时期中国共产党人对劳动问题的探索

辛亥革命以后，中国民族资本主义工业快速发展起来，带动了无产阶级的成长壮大。到 1919 年，中国产业工人规模已达 200 万人左右，大多分布于国际资本主义在华工商业、清朝官僚开办的工商业和民族资产阶级工商业中，除了产业工人，还有大量手工业工人、运输服务业的劳工等，广大工人群众普遍靠出卖体力艰难维持生存，深受帝国主义、民族资产阶级和封建主义的三重压迫。

1920 年 7 月，苏俄、意大利、保加利亚、南斯拉夫等国工会在莫斯科建立了国际赤色工会联合会。1921 年 7 月，第一次国际赤色工会代表大会在莫斯科召开，赤色职工国际正式成立，成为共产国际领导下指导世界各国工人运动的国际组织。1921 年冬，赤色工会联合会远东分部成立并开始指导中国工会发展，向工会工作者邮寄出版物，宣传俄国革命和国际工人运动的经验。1921 年 1 月，赤色工会联合会远东分部派人同共产国际的代表一起帮助上海共产主义小组开展工作，同时选派干部去莫斯科学习，我国许多著名工人运动领袖，如任弼时、罗亦农、萧劲光、汪寿华等，都曾被派到莫斯科东方共产主义劳动大学学习。同时，赤色工会还帮助建立中国劳动组合书记部并出版刊物，还计划在北京、广州、上海、汉口、武昌、烟台、唐山、南京、抚顺等地举办工人学校。[①]

---

① 唐玉良．赤色职工国际与中国工运相互关系的初步探讨［J］．中国工运学院学报，1989（3）：25—30.

1921年7月，中国共产党在上海召开第一次全国代表大会，当时赤色职工国际的代表参加了大会并做了赤色职工国际宗旨的报告。大会通过了《中国共产党的第一个决议》，该《决议》提出以主要精力建立工会组织并指导工人运动的重要方针。在党的领导和组织下，全国工人罢工运动蓬勃兴起。1922年1月12日，香港中国海员举行大罢工。[①] 中国共产党在广州组织成立了香港罢工后援会，发表了《敬告罢工海员书》，积极对罢工运动给予支持和引导，坚定支持香港海运工人的斗争行动，号召全国工人支援香港海员大罢工，并组织广东党支部和团组织负责全力接待和支援返穗工人。3月8日，港英当局和轮船资本家答应了香港海员的基本诉求，香港海员罢工取得了胜利，中国共产党领导的工人运动形成第一次高潮，有力地推动了中国工人运动的高涨。同年，时任中共湖南支部书记、中国劳动组合书记部湖南分部主任的毛泽东到安源进行社会调查。在中共党组织领导下，在安源路矿工人中建立起社会主义青年团组织和共产党支部，并成立了工人俱乐部。其后由于工人俱乐部被查封，受日本帝国主义控制的路矿当局拖欠工人工资，在党的领导下，安源路矿1.3万余工人全面开展大罢工，反抗官僚买办企业的压榨。[②] 其后经斗争和谈判，路矿当局答应了工人提出的13项条件，安源路矿罢工的胜利成为中国工运史上的一个重要里程碑。

1922年5月，第一次全国劳动大会在广州召开，会议通过了《第一次全国劳动大会宣言》《罢工援助案》《八小时工作制案》《全国总工会组织原则决议案》等10项决议案，明确了工人运动的发展方向，并强调工人阶级要联合起来。1922年5月，赤色职工国际为中国第一次全国劳动大会的召开发表了《告中国工人书》，号召中国工人和工会参加国际无产阶级的共同斗争。

1922—1923年，在中国共产党的领导下，全国工人罢工接连取得胜利进展，包括山海关造桥厂、唐山南厂、开滦煤矿、启新洋灰厂、京绥铁路车务和正太铁路、京汉铁路等工人罢工斗争此起彼伏，陆续取得了斗争进展。

① 杨德山，韩宇．中共党史简明读本［M］．北京：华文出版社，2016：11.
② 杨德山，韩宇．中共党史简明读本［M］．北京：华文出版社，2016：12.

1923 年 6 月 12—20 日，中国共产党第三次全国代表大会在广州召开，确立了联俄、联共、扶助农工的三大革命政策，促进了第一次国共合作的实现。中共三大召开以后，共产党的组织规模和党员队伍不断壮大。1925 年 5 月，党领导和支持下的各地工会组织的工人约有 54 万人。[①] 1925 年 1 月 11—22 日，中国共产党第四次全国代表大会在上海召开，第一次明确了无产阶级在民主革命中的领导权问题，强调民主革命必须依靠无产阶级这一最有革命性的阶级，并使其获得领导地位才能够取得胜利。在这一方针的指导下，中国共产党更加明确了紧密团结和依靠工农群众，并更有力地指导工人运动的壮大和发展。在 1925—1927 年，共产国际和赤色职工国际号召世界各国工人阶级开展“不许干涉中国”的示威游行和募捐，声援中国的反帝罢工运动。据国际济难会记载，该会当时为中国工人募集罢工基金 100 万马克，其中五分之一来自苏联。[②]

1925 年 2 月，在中国共产党的领导下，上海 22 家日商纱厂近 4 万名工人为反对日本资本主义压榨举行了罢工行动。中共中央专门组织了领导这次罢工的委员会，同时迅速地动员各地党组织召集工会等团体共同呼应和声援上海工人的罢工斗争，提出了反对帝国主义的口号，并发动群众在上海租界举行游行，同时进行了声势浩大的反对帝国主义的总罢工、总罢课和总罢市。1925 年 5 月，第二次全国劳动大会召开，会议正式成立了中华全国总工会并决定中华全国总工会加入赤色职工国际，以加强与世界无产阶级之间的联系与团结。中华全国总工会的成立和赤色工会的组织标志着工人运动在工会组织的领导下改变了原始分散的斗争状态，开始进一步走向党领导下、工会组织下的集中的、有组织的斗争行动。

1925 年 6 月，广州和香港爆发了省港大罢工，以声援和支持上海最先发起的反帝爱国运动，香港各工会举行工团联席会议并举行联合大罢工，广东

① 杨德山，韩宇．中共党史简明读本［M］．北京：华文出版社，2016：27.

② 唐玉良．赤色职工国际与中国工运相互关系的初步探讨［J］．中国工运学院学报，1989（3）：25—30.

各界群众 10 万余人在广州集会并举行示威游行。[①] 在省港罢工委员会主持下，成立了 2000 多人的工人武装纠察队，封锁香港并同港英当局对峙，其后港英当局迫于压力经谈判同意了结束罢工的条件。1926 年，省港大罢工历时 16 个月宣告结束，成为 20 世纪 80 年代以前世界工运史上时间最长的一次大罢工，沉重打击了英帝国主义的气焰，显示了中国工人阶级的伟大力量。

伴随着中国工人运动发展，赤色职工国际加强了对中国工运的具体指导。赤色职工国际“四大”和“五大”都通过了关于中国工运的专门决议，对于支持和帮助我国工会发展和工人运动纠正错误、坚持斗争起了积极作用。

1928 年党的六大召开以后，明确指出要指导无产阶级日常经济和政治斗争，反对反动工会，组织革命工会领导工人日常生活的经济斗争以团结群众。到 1929 年年底，中国共产党领导的工人组织持续发展，党在工人阶级中的影响进一步扩大，全国赤色工会会员及其影响下的工人群众，共有近 4 万人。[②] 在中共六大制定的工运策略指引下，在各地党组织和工会的领导下，全国万人以上的罢工斗争不断开展，工人同资本家的经济斗争数量也逐步增长。

1940 年前后，毛泽东发表了《中国革命和中国共产党》和《新民主主义论》等重要理论文章，第一次旗帜鲜明地提出新民主主义理论，系统科学地分析了中国的社会性质和中国革命发展的基本规律。在《中国革命和中国共产党》一文中，毛泽东第一次科学阐明了资产阶级民主革命的阶段性特征，将其划分为旧民主主义革命和新民主主义革命，并最早提出新民主主义的科学概念和内涵，指出新民主主义革命不同于旧民主主义革命，是在无产阶级领导下的人民大众的反帝反封建的革命，同时明确提出新民主主义的政治纲领和经济纲领，经济上要没收帝国主义和官僚买办大银行、大工业、大商业，收归国有并建立国营经济，要发展有益于国计民生的私人资本主义经济和富农经济。[③] 为推动抗日根据地的经济发展，中共倡导在保障群众基本利益的前提下，实行劳资两利、公私兼顾、合理负担的方针，以合理调节抗日时期各

① 杨德山，韩宇 . 中共党史简明读本［M］. 北京：华文出版社，2016：32.
② 杨德山，韩宇 . 中共党史简明读本［M］. 北京：华文出版社，2016：47.
③ 杨德山，韩宇 . 中共党史简明读本［M］. 北京：华文出版社，2016：71.

阶级和阶层的利益。1947年12月25—28日，中共中央在陕北米脂县召开会议。毛泽东在《目前形势和我们的任务》的报告中，明确了新民主主义革命的三大经济纲领，包括没收封建阶级的土地归农民所有、没收垄断资本归新民主主义的国家所有、保护民族工商业。报告提出新民主主义国民经济必须紧紧围绕“发展生产、繁荣经济、公私兼顾、劳资两利”的总目标。① 1949年6月30日，毛泽东在《论人民民主专政》一文指出，中国社会各阶级包括工人阶级、农民阶级、城市小资产阶级和民族资产阶级等，在共产党的领导下建立自己的国家，一方面对人民内部实行人民民主制度，另一方面对地主阶级和官僚资产阶级实行专政。二者相结合就是人民民主专政。工人阶级是领导力量，工农联盟是基础力量，② 进一步明确了革命胜利以后，人民民主专政的共和国的阶级构成、领导力量、基础力量以及对待资产阶级的策略。

二、新中国成立至改革开放前中国共产党人对劳动问题的探索

（一）新中国成立初期中国共产党人对劳动问题的探索

新中国成立以后，中国共产党坚持在社会主义制度的巩固和发展中调节劳动关系，在实践中以社会主义建设与工人阶级利益为核心，坚持国营经济的领导地位和工人阶级的主人翁地位，根据新民主主义阶段和新中国成立初期工业化发展的历史和实践要求来调整对待资本的立场，并对同新民主主义发展要求不相适应的资本开展了改造实践。

新中国成立初期推动经济工作开展的过程中，党内部分干部在对待资产阶级的立场上存在一定的认识误区，错误地认为建立政权以后就要立马消灭资产阶级，尽快实现社会主义，甚至有观点主张发展国营经济就要排挤私营经济。面对党内的立场分歧，毛泽东同志在党的七届三中全会期间进一步明确了对民族资产阶级的态度和立场，提出“不要四面出击”的策略方针，明确反对党内认为“可以提早消灭资本主义实行社会主义”的“左”的倾向，

① 杨德山，韩宇．中共党史简明读本［M］．北京：华文出版社，2016：90.

② 杨德山，韩宇．中共党史简明读本［M］．北京：华文出版社，2016：95—96.

明确了该时期党对民族资产阶级的政策是既团结又斗争，并以团结为主；同时，明确了对待资本的态度是节制资本而不是消灭资本。毛泽东强调，要通过合理调整工商业和税收来改善同民族资产阶级的关系。[①]

在《新民主主义论》中，毛泽东同志曾明确阐述了新中国成立后新民主主义的经济构成，阐明了对待各种类型资本的正确原则与策略。对待官僚资本，即控制着全国经济命脉的资本，既有帝国主义买办资本成分又有国家垄断大资本色彩的资本，主要采取“节制资本”、避免其操纵国计民生并收归国有的策略。毛泽东强调要走“节制资本”和“平均地权”的路，一方面不能让少数资本“操纵国民生计”，“节制资本”的原则早在国共合作的国民党第一次全国代表大会宣言上就已提出，主要将银行、铁道、航路等原本由官僚资本或外国资本占有的领域收归国有，同时明确了从官僚资本和外国资本改造而来的国营经济的属性是社会主义的，国营经济的地位是整体国民经济的领导力量。[②]1947年，毛泽东同志明确了新民主主义革命的三大经济纲领，阐明了新中国的经济构成，一方面是国营经济作为新中国经济构成的领导成分，另一方面还包括集体化的农业经济、小工商业者经济和私人资本主义经济。[③]按照新民主主义革命的经济纲领，没收官僚资本并组建国营经济，采取“原职、原薪、原制度”的原则，采取自上而下、原封不动、整套接收的策略，以整套接收、逐步改革的机制来稳定有序地推动国营经济的建立，也有利于企业内部职工的就业和权益的稳定。当时在新解放的城市，由军管会派出代表，按照官僚资本企业原属系统来有条不紊地接受，将原企业变为全民所有的国营企业。当时共计接管了金融系统的2400多家银行、工矿系统的2800多家企业以及交通运输、招商局系统的企业和一些内外贸易公司。[④]通过保持官僚资本企业原有的组织架构和

① 中共中央党史研究室．中国共产党历史：第2卷（上）[M]．北京：中共党史出版社，2011：63—64.

② 毛泽东．毛泽东选集：第2卷[M]．北京：人民出版社，1991：678.

③ 中共中央党史研究室．中国共产党历史：第2卷（上）[M]．北京：中共党史出版社，2011：13.

④ 中共中央党史研究室．中国共产党历史：第2卷（上）[M]．北京：中共党史出版社，2011：53.

生产体制，通过企业民主改革和生产改革并实施工人阶级监督生产的机制，将官僚资本企业改造成社会主义性质的国营企业。

新中国成立初期，对待官僚资本以外的私人资本主义，尤其是不操纵国计民生的私人资本主义，中国共产党的主要政策是不禁止私人资本的发展并在一定程度上实现其自由发展、维护其合法权益。在《论联合政府》中，毛泽东曾指出，要保障不操纵国计民生、有益于国民生计的私人资本主义经济的正当私有财产。[①]要对民间工业给予扶持，在借贷、原材料购买和产品销售方面给予便利。[②]究其原因，一方面是新民主主义制度的任务是解除以往民族压迫和封建压迫对私人资本主义发展的束缚并停止对人民财产的破坏，另一方面是当时中国生产力发展落后的历史现实。因而处理好公私资本的关系成为处理好私人资本问题的首要原则。首先要明确国营经济与其他资本之间的关系，即区分不同经济成分之间的主次地位和经济影响力。1948 年 9 月中共中央政治局会议上，毛泽东阐明："在我们社会经济中起决定作用的东西是国营经济、公营经济……农村个体经济加上城市私人经济在数量上是大的，但是不起决定作用。"[③]经济建设的根本方针是公私兼顾、劳资两利、城乡互助、内外交流，应鼓励并扶持有利于国计民生的私营资本，在必要条件下引导私人资本向国家资本主义方向转变。[④]新中国成立初期对待资本主义的总体态度是"节制资本"和"公私兼顾"，即"对于资本主义采取恰如其分的有伸缩性的限制政策"[⑤]。

新中国成立初期，一些投机资本在新解放城市哄抬物价、投机倒把，中国共产党果断开展了打击不法投机资本的斗争，包括 1949 年查封上海证券大楼并逮捕一批投机商，在武汉、广州等城市查封地下钱庄和街头兑换店等，

① 毛泽东．毛泽东选集：第 3 卷［M］．北京：人民出版社，1991：1058.

② 毛泽东．毛泽东选集：第 3 卷［M］．北京：人民出版社，1991：1064.

③ 中共中央党史研究室．中国共产党历史：第 2 卷（上）［M］．北京：中共党史出版社，2011：13.

④ 中共中央文献研究室．建国以来中重要文献选编（第 1 册）［M］．北京：中央文献出版社，1992：1—2.

⑤ 毛泽东．毛泽东选集：第 4 卷［M］．北京：人民出版社，1991：1430—1433.

不但严厉打击了非法金融投机资本，还加强了市场管理，引导私营银行和钱庄将资本投向生产事业，普遍进行工商登记，严格监管市场交易，严禁商业投机活动。同时，采取发行公债、整顿税收、紧缩通货、成立统一的内外贸易专业公司等措施，加强国营经济在市场中的力量，打破了一些资本家囤积粮食等物资并破坏经济社会秩序的行径，并使得刚刚建立的国营经济增强了实力，开始掌握稳定市场的主动权。①

新中国成立初期，中国共产党坚持全心全意依靠工人阶级的方针，在恢复生产中保障工人阶级的权益，在工厂民主改革中强化工人阶级的权利，在制度建设中为工人阶级赋权增能。在国营经济的组建过程中，通过明确工人阶级的领导地位并大力推动工厂民主管理，大大提高了工人阶级的政治地位和社会地位。首先，通过建立工厂管理委员会、实行工厂民主管理来改革官僚资本时期遗留下来的不合理制度。在国营工矿企业中建立起厂长、总工程师和同等数量的职工代表参加的工厂管理委员会，并通过民主选举建立职工代表会议，采取整顿劳动组织、提拔有生产经验和群众基础的职工干部等机制。② 以民主改革机制确立了工人在国营企业中的领导地位，有力地提高了工人阶级在国营企业生产经营管理中的代表权、话语权和监督权，较好地调动了工人恢复和发展生产的积极性和主动性。其次，通过开展思想教育工作加强工人阶级的内部团结。在工矿企业中普遍开展思想教育，克服残余旧制度的影响，坚持以团结为主的原则，广泛召开座谈会、谈心会，采取批评与自我批评的方式，鼓励工人阶级克服旧思想和旧作风的不良影响，化解内部心结矛盾，强化内部团结，在企业中建立起民主团结协作的新型劳动关系。

（二）20 世纪 50—70 年代中国共产党人对劳动问题的探索

在 20 世纪 50 年代初，一些私营企业的生产经营滞后于市场变化，一味

① 中共中央党史研究室．中国共产党历史：第 2 卷（上）［M］．北京：中共党史出版社，2011：51—52.

② 中共中央党史研究室．中国共产党历史：第 2 卷（上）［M］．北京：中共党史出版社，2011：55.

盲目扩大生产，导致产品过剩滞销。为化解私营工商业的经营难题，党的七届三中全会提出，坚持公私兼顾、劳资两利，根据是否有利于国计民生，对不同的私营资本采取扶持、帮助转产等不同措施，通过调整公私商业的营业范围、规定合理的销售差价、调整金融政策等措施，来帮助私营企业稳定生产经营，促进了有利于国计民生的私营工商业的恢复和发展。同时，对当时由私营企业生产经营困难引发的资本家停产欠薪、遣散工人等问题，政府及时介入，主张私营企业生产必须确认工人阶级的民主权利，必须有利于发展生产，同时主张用协商和政府仲裁等方式来解决劳资纠纷。[①]在这样的劳动关系调节原则下，一方面建立劳资协商机制来推动化解劳资矛盾，例如通过协商来鼓励资方积极经营并防范资方抽逃资金和欠薪遣散的行为，同时鼓励工人投入生产劳动并暂时克服困难，以暂时轮流歇工、减少工薪等方式来共克时艰；另一方面，采取一系列促进就业的措施来救济已失业的工人，如组织工人参加市政工程建设来以工代赈等。

在合理调整城市工商业以后，出现了部分资本以行贿等非法手段来获取利润甚至侵吞国家资产的现象。面对这种严重情况，中央决定在党政机关开展“三反”斗争和“五反”运动。[②]一是坚持依靠工人阶级的方针，团结工人、市民和守法企业家，并抽调干部、工人等组建工作队或调查组，形成以工人阶级为主体的统一战线。二是区别对待、分而治之。对一些行贿、偷漏税、侵占国家资产、盗窃国家情报、偷工减料严重的资本家严惩不贷，对一般违法的资本家则给予坦白立功的机会，同时秉持“对工业从宽、商业从严，普通商业从宽、投机商业从严”的原则，有力地打击了资本家的“五反”行为。但是，运动的开展不可避免地对经济社会生活带来严重冲击，导致市场环境萧条，许多地区的生产和税收大幅下降，劳资关系与公私关系趋于紧张。党和政府及时采取措施，在新的基础上调整工商业并调节劳动关系。一方面

① 中共中央党史研究室．中国共产党历史：第 2 卷（上）［M］．北京：中共党史出版社，2011：115.

② 中共中央党史研究室．中国共产党历史：第 2 卷（上）［M］．北京：中共党史出版社，2011：163.

通过调整私营企业经营范围、价格差和税收等手段来恢复资本生产经营以稳定就业；另一方面保护私营工商业财产，保留资本家的经营管理权，同时赋予工人监督资方守法经营的权利，从而有效地缓和劳资关系和公私关系，稳定了工人就业。

1953 年，党中央提出了过渡时期总路线。一方面适应国家工业化建设发展的需要，推动私营企业的公私合营改造，将私营企业改造为高级国家资本主义形式的公私合营企业，使企业从私有变为公私共有，资本家不再处于支配地位，公方和工人群众一起掌握企业的领导。[①] 为顺利推动公私合营，党和政府采取让资本家继续获取企业分红和股息赎买，减少了资本家的消极抵抗现象，同时充分发挥私人资本主义在扩大生产、增加税收、改进经营和技术、培养和训练工人等方面的积极作用。同时，对私营工商业者进行反对唯利是图行为的守法经营教育，引导其配合党和政府的“利用、限制、改造”政策。另一方面，采取集中调配劳动力、吸纳工人参与建设、激励工人增产节约等一系列措施来推动形成有利于工业化的生产劳动格局，由各级劳动部门和工会统一招工，在劳动管理中采取统一的工资标准等；鼓励开展增产节约劳动竞赛，动员全党、全国人民增加生产、提高产品质量、节约原材料、降低成本、重视安全生产、提高劳动生产率和经营管理水平、重视技术革新、改进劳动组织，发扬工人阶级勤劳勇敢、艰苦奋斗的光荣传统，发挥工人阶级参与工业化和国家建设中的主力军作用，提高了职工的劳动积极性和创造性，推动工业化建设取得快速进展。

20 世纪 50 年代人民公社运动后，针对运动中出现的盲目反对发展商品生产、反对按劳分配和资产阶级法权等思想上的“左”倾错误，以毛泽东同志为核心的党中央强调要继续发展商品生产和商品交换，保持按劳分配原则，批判了试图过早地以按需分配取代按劳分配、在发展不成熟的时候勉强进入共产主义的空想，在全党统一对生产、分配和社会主义发展阶段的认识。此

① 中共中央党史研究室．中国共产党历史：第 2 卷（上）[M]．北京：中共党史出版社，2011：239.

外，针对实践中出现的对工资制、等级制等“资产阶级法权”的盲目否定思想，毛泽东同志指出，必须保护一部分对社会主义有用的资产阶级法权，使之为社会主义服务。[①] 他明确了要破除资产阶级法权中的“三风五气”、等级过分悬殊、“老爷态度”等，而工资等级、上下级关系、国家一定的强制等资产阶级法权中有益于我们生产和劳动的部分，则不应破除。

1964 年，党中央推行劳动制度和教育制度改革，即在各省的大中城市中实行两种劳动制度和两种教育制度——全日制的劳动制度和教育制度、半工半读或半农半读的劳动制度和教育制度。这一方面有益于普及教育，以全日制、半工半读或半农半读等多元教育途径提高劳动者的教育水平并进一步消除脑体劳动差别；另一方面有益于减轻国家和企业的负担，增强企业用工的灵活性。制度的出台推动了许多企业形成合同工、临时工和季节工等多元用工方式，增加了劳动者的就业机会，也有力地激发了企业的活力。20 世纪 60 年代，全国兴起学习和推广大庆劳动制度的风潮，有力地推动了工业领域劳动制度改革，大庆油田创造出工人和基层单位的“五好”标准和干部“三定一顶”的劳动制度，有力地推动了全国工业领域劳动制度改革，也涌现出了更多更有创新性和可推广性的劳动制度改革模式、创新技术范式和劳模典型，例如以“两参一改三结合”为基本精神的“鞍钢宪法”“孟泰储焦槽”、金属切削技术“群钻”以及劳模王崇伦等，不但有力地提升了工业生产的效率和质量，而且激发了工人阶级管理企业的主人翁精神和创新创造的活力。

1972 年前后，在周恩来的主持下，政府强调恢复和发展生产并进行企业管理整顿。1971—1972 年召开的全国计划会议决定要整顿企业管理，反对无政府主义。在企业管理上，提出健全完善“七项制度”和“七项指标”，开展社会主义劳动竞赛，还出台了政策强化企业领导体制、激励劳动分配并强化劳动奖励，包括企业强化党委领导下的厂长负责制，强化生产指挥系统，推行工资加奖励制度，并允许少数重体力劳动实行计件工资，通过管理整顿、

① 中共中央党史研究室．中国共产党历史：第 2 卷（下）[M]．北京：中共党史出版社，2011：517.

劳动竞赛与劳动激励，有力地推动企业管理与产品质量提升。1975 年，邓小平主持中央日常工作以后开始全面展开整顿工作，在经济领域，以“工业二十条”来推进实现四个现代化，同时提出要整顿企业，建立健全以责任制为核心的生产管理制度；明确了不能脱离现阶段的物质条件和精神条件搞平均主义等。[①] 这些举措对当时工业整顿与发展产生了积极影响，有助于恢复正常的生产和社会秩序，促使国民经济逐步由停滞、下降转向回升。

三、改革开放以来中国共产党人对劳动问题的探索

（一）20 世纪 70 年代末至 80 年代党对劳动问题的探索

针对“文革”后经济领域存在的思想混乱，党的十一届三中全会决定把工作重心转移到社会主义现代化建设上来，把注意力转移到生产斗争和技术革命上来，改革经济管理体制的方针，强化企业整顿标准，明确企业要以生产为中心，坚持以责任制为核心的各项规章制度，大力提高企业管理水平，[②] 主张采用现代化的管理方法，给企业一定的独立性，兼顾中央、地方和企业的积极性，提出增加地方的权力尤其是企业的权力等政策方针，有力地推动了工作重心的转移和生产的恢复。

1978 年 3 月，邓小平在全国科学大会上的讲话强调了科学技术是生产力，鼓励广大劳动者提高科学文化水平并创造更大的劳动生产率。邓小平呼吁劳动者凭借较高的科学文化水平、先进的劳动技能和丰富的生产经验在现代化生产中发挥更大的作用。现代科技发展和四个现代化的发展要有更多的人从事科研工作，造就更宏大的科学技术队伍。[③] 同年，邓小平对社会主义分配原则做出精辟论述，明确了按劳分配的性质是社会主义的，并要按照职工劳动好坏、技术高低、贡献大小和政治态度等来评定工资级别，实行考核制

---

① 中共中央党史研究室 . 中国共产党历史：第 2 卷（下）［M］. 北京：中共党史出版社，2011：934.

② 中共中央党史研究室 . 中国共产党历史：第 2 卷（下）［M］. 北京：中共党史出版社，2011：998.

③ 邓小平文选：第 2 卷［M］. 北京：人民出版社，1994：88—89.

度，采取有奖有罚、奖罚分明的机制。[①]当时引发了国内经济理论界对按劳分配问题的热烈讨论，在实践中如何体现按劳分配原则、如何实行计件工资和奖金等劳动报酬形式等问题都得到了充分讨论。1978 年 5 月，国务院发出通告要求贯彻逐步改善职工生活的方针，有条件、有步骤地实行奖励和计件工资制度。1978 年 9 月邓小平在视察鞍钢后指出，“社会主义要表现出它的优越性”。“要在技术上、管理上都来个革命，发展生产，增加职工收入。”[②]通过坚持按劳分配原则，出台多元劳动激励机制，有效地调动了广大职工的生产积极性。

1978 年 10 月召开的工会第九次全国代表大会上，邓小平提出要建立适应现代化经济需要的企业管理方式，实行党委领导下的厂长或经理负责制，要推动企业实行民主管理，企业各层级干部要由工人选举产生，企业的重大问题要通过召开职工代表大会或职工大会集体讨论，企业领导干部要自觉接受职工的批评和监督。各企业工会要努力保障工人的福利，要密切联系群众，为工人的民主权利奋斗，要教育工人艰苦奋斗、大公无私、严守纪律、服从调动、爱厂如家，并主张工会干部必须在这些方面成为模范。[③]这些重大主张有力地推动了现代化建设的企业管理制度改革，提升了工人的民主管理权利并明确了工会的职能和重要作用。

面对改革开放初期经济建设资金不足、知识和经验有限的问题，党和国家主张利用外资和发挥原工商业者的作用，鼓励华侨、华裔回国办工厂，并允许采取补偿贸易的方法和进行中外资合营。在发挥原工商业者的作用方面，党主张有真才实学的人应该使用起来，能干的人就当干部。[④]1980 年，为了进一步推动工厂管理现代化，使党委集中力量做好思想政治工作和组织监督工作，邓小平提出试点并逐步推广实行工厂管理委员会、公司董事会、经济联合体的联合委员会领导和监督下的厂长负责制、经理负责制，同时进一步

---

① 邓小平文选：第 2 卷［M］. 北京：人民出版社，1994：101—102.
② 邓小平文选：第 2 卷［M］. 北京：人民出版社，1994：130.
③ 邓小平文选：第 2 卷［M］. 北京：人民出版社，1994：135—138.
④ 邓小平文选：第 2 卷［M］. 北京：人民出版社，1994：156.

推广和完善各企业事业单位职工代表大会或职工代表会制度，通过调节和利用外资、原工商业者并完善企业管理现代化和提升职工权益等举措，有力地调节了劳动关系并激发了各主体参与现代化建设的活力。

20 世纪 80 年代，邓小平在视察广东、福建、上海等地后提出建立经济特区、实行开放政策，并强调企业改革要搞活国营大中型企业，把所有权和经营权分开，调动企业积极性，要实行企业下放、政企分开。[①] 同时，主张要以企业联合、形成企业集团的方式来改变当时电子和汽车等产业分布分散和质量不高的问题，以改组为企业集团的方式来强化力量。随着 20 世纪 80 年代全球信息技术革命的蓬勃兴起，电子工业等新兴产业的发展成为我国推动四个现代化建设的关键领域。时任电子工业部部长江泽民同志提出要高度重视电子工业的发展，促进四化建设。他指出，搞自动化，主要不是为了把人顶替下来，而是为了提高产品质量、生产效率和经济效益，用同样多的劳动消耗创造更多的物质财富，满足人民群众不断增长的物质文化需要。搞自动化可以促使职工队伍结构从体力劳动型向智力劳动型转变。[②]

20 世纪 80 年代末，针对改革开放后由“先富带动后富”政策所引发的对社会分配不公现象的讨论，江泽民同志指出当时存在两种分配不公现象，一种是平均主义反对能力和贡献不同的人的收入拉开差距；另一种是少数人靠非法手段获取非劳动收入、捞取不义之财。他指出只有通过改革大幅度提高劳动生产率和经济效益，才能从根本上解决分配中存在的平均主义现象和收入差距过大的问题，并进一步提出要处理好企业和职工的分配关系、国家和企业的分配关系以及脑力劳动和体力劳动的分配关系，主张改革企业内的分配制度，恢复和强化工资奖金对提高效益的机理作用，探索各种按社会有效劳动时间进行分配的制度，合理拉开职工收入差距，使一些贡献大的工薪人员也能够先富起来，并指出复杂劳动的报酬应该高于简单劳动的报酬，要逐步提高知识分子待遇，缓解脑体倒挂的矛盾。[③] 关于工会的作用，江泽民

① 邓小平文选：第 3 卷［M］. 北京：人民出版社，1993：192.
② 江泽民文选：第 1 卷［M］. 北京：人民出版社，2006：7.
③ 江泽民文选：第 1 卷［M］. 北京：人民出版社，2006：53—54.

强调工会开展工作要坚持党的统一领导，同时工会要保持相对的独立性，应当成为一所提高全体职工群众思想觉悟的大学校，要组织工人群众参政议政，成为有领导、有纪律、有组织的发扬社会主义民主的渠道。①

（二）20 世纪 90 年代党对劳动问题的探索

1992 年，党的十四大报告提出进一步解放思想，加快改革开放和现代化建设步伐的纲领性目标，明确了社会主义市场经济体制的所有制结构是以公有制为主体，个体经济、私营经济、外资经济为补充，多种经济成分长期共同发展。②党中央提出要正确认识股份制这一现代企业的资本组织形式，同时应提倡和鼓励发展集体经济，着重发展资本、劳动力、技术等生产要素市场，建立和完善劳动力市场，形成人员合理流动的机制，提出以下岗分流、减员增效和实施再就业工程来解决国有企业富余人员问题。

关于加强职工合法权益，党中央强调在社会主义市场经济发展中要坚持全心全意依靠工人阶级的方针，提出推动工资制度改革，建立起符合机关、事业单位和企业各自特点的工资制度与工资增长机制；针对 20 世纪 90 年代出现的城乡就业问题，为解决失业、停产、半停产、隐性失业和就业不充分以及大量农村剩余劳动力等问题，党中央提出政府和企业要开辟再就业渠道、组织职业培训、增加就业机会、推进再就业工程，做好国企富余人员分流和农村剩余劳动力就地、就近多渠道转移，引导城乡富余劳动力合理有序流动。③党中央强调要进一步密切企业党组织同职工群众的联系，主张依靠制度建设来实现把全心全意依靠工人阶级方针落实到企业，通过坚持完善企业职工代表大会制度、提高公司制企业的董事会和监事会成员中职工代表的数量、贯彻执行劳动法、商签集体合同等方式来实现劳动关系的和谐稳定。关于社会主义市场经济条件下的工会建设，主张工会要重点履行维护、建设、参与、教育等基本职能，重点维护职工的民主权利、物质利益和其他权益，克服工

---

① 江泽民文选：第 1 卷［M］. 北京：人民出版社，2006：66.
② 江泽民文选：第 1 卷［M］. 北京：人民出版社，2006：210—233.
③ 江泽民文选：第 1 卷［M］. 北京：人民出版社，2006：542—543.

会行政化倾向和官僚作风，使工会工作适应社会主义市场经济的发展形势和工人阶级队伍的发展变化。为促进社会主义市场经济的职工队伍建设，党中央强调科学技术是第一生产力，要加快提高劳动者的素质，培养大批人才，在思想上要坚持用邓小平理论和党的基本路线武装广大职工，加强对职工的爱国主义、集体主义、社会主义教育，努力建设“四有”职工队伍。①

（三）21 世纪初至 2012 年党对劳动问题的探索

21 世纪初，随着非公有制经济的蓬勃发展并在促进经济增长、扩大就业和活跃市场等方面发挥越来越重要的作用，党中央明确指出在坚持公有制经济主体地位的同时必须充分发挥非公有制经济的重要作用，对非公有制经济人士，要坚持团结、帮助、引导、教育的方针，要鼓励支持其爱国、敬业、守法、诚实劳动、合法经营，要教育其致富思源、报效祖国、奉献社会。②

关于保障广大劳动群众的合法权益，党中央提出要坚持发挥职工代表大会的作用，建立和完善平等协商、集体合同制度，通过厂务公开等形式扩大基层民主，确保劳动群众依法开展民主选举、民主管理、民主决策和民主监督。③要高度重视工会工作，进一步发挥工会的桥梁和纽带作用，切实维护职工群众的合法权益和具体利益。在分配制度上，十六大报告明确了要确立劳动、资本、技术和管理等生产要素按贡献参与分配的原则，完善按劳分配为主体、多种分配方式并存的分配制度，④并主张扩大中等收入者比重，提高低收入者收入水平，以避免分配过程中出现收入差距过大的问题，有利于理顺分配关系并发挥劳动群众的积极性。

中共十六大报告提出坚持尊重劳动、尊重知识、尊重人才和尊重创造的重大方针，主张一切为社会主义现代化建设作出贡献的劳动都应该得到承认

① 江泽民文选：第 2 卷［M］. 北京：人民出版社，2006：390.
② 江泽民文选：第 3 卷［M］. 北京：人民出版社，2006：206.
③ 江泽民文选：第 3 卷［M］. 北京：人民出版社，2006：245—246.
④ 江泽民文选：第 3 卷［M］. 北京：人民出版社，2006：550.

和尊重；[①] 应鼓励海内外各类投资者在我国的创业活动；应大力保护一切合法的劳动收入和非劳动收入，要树立适应于社会主义初级阶段基本经济制度的观念和机制，激发劳动、知识、技术、管理和资本的活力。

21 世纪初，国企职工下岗问题虽得到一定程度的解决，但是尚存下岗失业人员再就业困难、农村富余劳动力快速增长和劳动力素质不足等供需问题和结构性问题。党中央提出实行促进就业的长期战略，主张积极发展劳动密集型产业、激励企业扩大就业岗位供给、开发公益性就业岗位、鼓励灵活就业、自谋职业和自主创业，强化就业培训并提高劳动者的职业技能、提供就业援助、给予社保补贴和岗位补贴等政策，[②] 并通过促进中小企业发展、第三产业发展和开发国际劳务市场等结构调整政策来促进就业增长，同时，通过发展乡镇企业和服务业、强化信息服务和职业培训来解决农村富余劳动力转移问题。

2003 年，胡锦涛同志在全国再就业工作座谈会上提出了解决就业再就业问题的若干重要指导方针和政策。[③] 一是要以经济增长带动就业增长，不但经济发展和产业规划要突出创造和扩大就业的目标，而且要通过加快城镇化建设、发展乡镇企业和农村服务、发展社区服务以实现就地吸纳劳动力。二是要加快结构调整，注重发展劳动密集型产业、第三产业、中小企业，继续鼓励支持非公有制经济发展以充分促进就业和再就业。三是深化国企改革，实行主辅分离、辅业改制等多元方式分流富余人员。四是积极推进人力资源能力建设，推进素质教育、加强基础教育、调整职业教育结构，强化技术工人、高级技术工人和技师培养。五是提高对外开放水平，利用入世契机来扩大国际交换、吸引外商投资、发展加工贸易以扩大国内就业岗位供给。2007 年，党的十七大报告强调实施扩大就业的发展战略，提出了就业机制、就业结构、分配制度等方面的改革发展举措，[④] 提出支持自主创业、自谋职业等创业政策，

---

① 江泽民文选：第 3 卷［M］. 北京：人民出版社，2006：540.
② 江泽民文选：第 3 卷［M］. 北京：人民出版社，2006：508—509.
③ 胡锦涛文选：第 2 卷［M］. 北京：人民出版社，2016：78—82.
④ 胡锦涛文选：第 2 卷［M］. 北京：人民出版社，2016：643.

强化职业教育培训和农村富余劳动力的就业培训，促进人力资源市场统一规范发展，推动城乡平等就业，实施就业援助制度，完善落实农民工相关政策，建立企业职工工资正常增长机制和支付保障机制，整顿分配秩序并扭转收入分配差距扩大趋势。

2008年全球金融危机发生以后，为稳定国内就业形势，胡锦涛同志提出要实施更加积极的就业政策，全方位促进就业增长。① 一方面强调稳定企业生产经营以稳定就业，以多种方式鼓励和支持中小企业生产经营，防止大规模企业破产倒闭现象；另一方面提供更多公益性就业岗位、改善就业服务、增强劳动力培训、支持自主创业等举措来促进就业增长。针对国际金融危机下凸显和暴露出的发展方式粗放、经济结构不合理等问题，党中央提出要加快我国经济发展方式转变和经济结构调整的工作，主张非公有制经济加快发展转型，抓住国际产业调整重组机遇，加快科技进步和自主创新，重点发展现代农业、战略性新兴产业、现代服务业，提升市场竞争力和可持续发展水平，改善非公有制经济中资源依赖型、能源消耗型、加工贸易型企业比例过高、在产业分工中位置偏低的问题；同时，呼吁非公有制企业积极构建和谐劳动关系，按时发放工资，履行各种社会保险缴纳义务，加强劳动安全保护，改善员工工作生活条件，保障员工合法权益，加大人力资本投入，充分调动人才的积极性、主动性和创造性，为企业发展提供有力人才支持。

2010年，面对改革开放和社会主义市场经济发展的新形势，党中央提出了推动广大劳动群众实现体面劳动的方针。② 主张健全企事业单位民主管理制度、厂务公开制度，保障职工民主选举、民主决策、民主管理和民主监督等权利；实施积极的就业政策以促进充分就业，提高就业质量，改善劳动者尤其是一线劳动者的劳动报酬；完善劳动者的社会保障体系，健全医疗、法律、生活救助等方面的帮扶机制，健全劳动关系协调机制，健全党和政府主导的维权机制，完善劳动保护机制，让广大劳动群众实现体面劳动。同年，在推

---

① 胡锦涛文选：第3卷［M］. 北京：人民出版社，2016：145.

② 胡锦涛文选：第3卷［M］. 北京：人民出版社，2016：369.

动我国从人力资源大国向人才强国转变的战略目标指引下，党中央大力推动人才强国战略，提出要大力培养宏大的高素质专业技术人才队伍和门类齐全、技艺精湛的高技能人才队伍。[①] 针对非公有制企业人才培养，提出要重视非公有制经济组织、新社会组织人才的培育和创新型人才、应用型人才和复合型人才的培育，要按照建设学习型社会和实施终身教育的要求，形成有利于劳动者素质提升的培训机制、引导机制、评价机制和激励机制，培育高素质劳动者、专门人才和拔尖创新人才。

2012 年，以全面建成小康社会和全面深化改革开放为总目标，党的十八大报告强调要毫不动摇鼓励、支持、引导非公有制经济发展，保证各种所有制经济依法平等适用生产要素、公平参与市场竞争、同等受到法律保护；要实施更积极的就业政策和就业优先战略，促进就业和创业来鼓励多渠道多形式就业，健全人力资源市场、劳动标准体系和劳动关系协调机制，完善就业服务体系，加强劳动监察，实现劳动报酬增长和劳动生产率提高同步，初次分配和再分配都要兼顾效率和公平，推行企业工资集体协商制度，保护劳动所得。[②] 党的十八大报告根据中国特色社会主义发展的新历史条件和新形势，提出了全面建成小康社会和全面社会改革开放的目标下正确认识劳动问题的立场和方针，为贯彻落实有关非公有制经济发展的方针政策、调节劳动关系、巩固劳动者的主体地位和增进其主体权益提供了方向指引和政策导向。

（四）2012 年以来党对劳动问题的探索

党的十八大以来，在全面建成小康社会的目标指引下，以习近平同志为核心的党中央进一步深入探索劳动问题，在不断推进中国特色社会主义制度的完善和发展中不断深化对劳动关系问题的理论认识和实践探索。

对工人阶级和广大劳动群众历史角色和阶级地位的正确认识，是中国共产党人正确处理劳动关系问题的出发点和归宿。2013 年，习近平总书记在同

① 胡锦涛文选：第 3 卷［M］. 北京：人民出版社，2016：392.

② 胡锦涛文选：第 3 卷［M］. 北京：人民出版社，2016：641—643.

全国劳动模范代表座谈时深刻指出，必须充分发挥工人阶级在全面建成小康社会、坚持和发展中国特色社会主义中的主力军作用，焕发工人阶级的历史主动精神，调动劳动和创造的积极性，紧紧依靠工人阶级发展中国特色社会主义。[①] 习近平总书记深刻论述了发展中国特色社会主义进程中对劳动和劳动者应有的正确立场和态度，历史唯物主义地指出劳动创造中华民族历史，也必将创造中华民族的未来，指引了对劳动的历史意义及劳动创造的历史作用的正确认识。在这一劳动史观的基础上，习近平总书记呼吁全体党员深刻认识劳动是共产党人保持政治本色的重要途径、保持政治肌体健康的重要手段和发扬优良作风、自觉抵御“四风”的重要保障，同时鼓励工人阶级要增强历史使命感和责任感，自觉融入中华民族复兴的伟大事业中，把个人梦与中国梦紧密联系起来，以国家主人翁姿态为发展中国特色社会主义作贡献，进一步强调全社会要弘扬劳模精神、尊敬劳动模范，形成诚实劳动、勤勉工作的社会风气。关于提升劳动者素质和培育劳动群众队伍，习近平总书记强调提升劳动者的素质对国家和民族发展的重要性并勉励广大劳动者积累知识和才能，提升创造能力，刻苦学习钻研，掌握专业技术，要立足岗位学，向师傅学，向同事学，向书本学，向实践学，并主张培育一大批知识型、技能型、创新型的高素质职工。

党的十八大以来，党中央坚持以人民为中心的发展思想，高度重视就业问题，致力于促进充分就业和实现高质量就业，着力打破就业市场中的城乡分割、地区分割和行业分割现象以及各种就业歧视现象，强化扶持灵活就业和新就业形态，推动终身职业技能培训制度，推动青年就业创业，扫除制约广大劳动群众就业创业的体制机制和政策障碍，不断出台就业创业扶持政策。进一步维护劳动者权益，一方面建立健全党和政府主导的维权机制，重点解决收入分配、社会保障、技能培训、安全卫生等问题，关心农民工、困难职工和一线职工等群体，另一方面坚持中国特色社会主义工会发展道路，顺应时代和社会的发展变化，不断创新工会组织体制、运行机制、工作方法和活

① 习近平．习近平谈治国理政［M］．北京：外文出版社，2014：44—45.

动方式，强化服务意识、破除衙门作风，让职工群众认同和信赖工会和工会干部。

党的十九大的召开宣告了中国特色社会主义进入了新时代，习近平新时代中国特色社会主义思想的确立为我们党探索劳动关系提供了科学的理论指导和思想指南。党的十九大报告进一步明确了对待民营经济和各类市场主体的立场和认识，提出要支持民营企业发展并激发各类市场主体活力，倡导激发和保护企业家精神；同时，进一步明确了新时代构建和谐劳动关系、促进就业创业、完善收入分配和培育劳动者大军的方针政策，提出要完善劳动协商协调机制，构建和谐劳动关系；坚持就业优先战略和积极就业政策，鼓励创业带动就业，促进高校毕业生等青年群体、农民工多渠道就业创业；完善按要素分配的体制机制，促进收入分配更合理、更有序，履行好政府再分配调节职能，缩小收入分配差距；建设知识型、技能型、创新型劳动者大军，弘扬劳模精神和工匠精神，营造劳动光荣的社会风尚和精益求精的敬业风气。[①] 2019 年 11 月，党的十九届四中全会明确了坚持和完善中国特色社会主义制度、推进国家治理体系和治理能力现代化的总体目标，强调要构建和谐劳动关系，促进广大劳动者实现体面劳动、全面发展，进一步明确了在坚持和完善中国特色社会主义制度、推进国家治理体系和治理能力现代化的重要方针下推动构建和谐劳动关系的重要性。

随着新一轮科技革命和产业变革的兴起，我国新兴产业、新兴业态的蓬勃发展快速吸纳大量劳动力，党和政府因势利导，主张大力发展新兴产业，加快发展平台经济等新经济形态，持续释放吸纳就业潜力，同时通过创新监管手段、引导多方治理、加强劳动调解仲裁和劳动保障监察等方式，促进新产业和新业态健康发展，引导和支持劳动者参与新产业和新业态的就业创业活动，切实保护劳动者合法权益。2017 年，国务院出台政策明确了要适应新业态的就业特征，调整完善相关劳动法规政策，完善各类灵活就业人员参加

---

① 中国共产党第十九次全国代表大会文件汇编［M］. 北京：人民出版社，2017：37—38.

社会保险的相关政策；2018 年，中华全国总工会以开展“货车司机入会集中行动”为牵引，大力推进货车司机、快递员、护工护理员、家政服务员、商场信息员、网约送餐员、房产中介员、保安员等八类群体加入工会，并在若干省市开展试点行动。同年，国家发展改革委等 19 部委联合发布《关于发展数字经济稳定并扩大就业的指导意见》，提出要大力发展数字经济促进就业，加快完善适应数字经济的就业政策体系，并将依托互联网平台的灵活就业人员纳入社会保障覆盖范围，拓宽失业保险覆盖范围。为培育更多适应新兴产业发展要求的高技能产业人才，政府出台了教育、产业人才等领域相关政策，如《关于提高技术工人待遇的意见》《新时期产业工人队伍建设改革方案》《国家职业教育改革实施方案》等，致力于通过深化教育改革、促进产业劳动力转型等手段，培育推进适应新科技革命和产业变革的人才队伍，扩大人工智能、互联网、物联网、大数据、云计算等前沿领域人才培养规模，鼓励提升技能人才待遇，完善职业教育、职业资格认证体制，建设知识型、技能型、创新型劳动者大军，为实现“两个一百年”奋斗目标、实现中华民族伟大复兴的中国梦提供坚实的人才保障。

第二章

历次工业革命与劳动关系的历史演进

人类文明的星河中，闪耀着无数载入史册的科学发明和创造的璀璨星光。科学理论的每一次重大突破都引领着诸多重大技术成果的成功应用，屡屡成为推动人类社会生产力跃升的动力源，将新的生产资料引入生产的中心位置，推动生产方式向更现代化、更便捷高效的方向变革，不但将人与自然关系带向新的境界，更推动着生产关系的重构，引发劳动与资本之间的力量消长以及二者相互结合、互动和博弈关系的历史变迁。

第一节　第一次工业革命及劳动关系的发展演化

18 世纪 70 年代，第一次工业革命首先在英国发生，以蒸汽机和珍妮纺纱机等技术应用为标志，以资本主义工厂制度为生产特征，第一次工业革命开启了机器大工业的序幕。作为第一次工业革命的发源地，英国到 19 世纪上半叶已基本拥有了完整的工业体系，成为当时世界最发达的工业国家。恩格斯曾高度评价首先发生在英国的工业革命的世界历史意义，他认为，英国工人阶级的历史随着蒸汽机和棉花加工机的发明而开始，通过发明推动了工业革命并带动了整个市民社会的变革。[①] 第一次工业革命凭借动力技术和机械技术的突破性进展彻底地改变了工场手工业的生产方式，将资本主义生产带入了机器大工业的生产模式。

一、第一次工业革命中的科技进步与生产方式变革

（一）第一次工业革命中的科技进步

第一次工业革命的主导性技术是蒸汽动力技术和纺织机械技术，这两方面的技术革新带动了其他产业的技术创新，形成连锁反应式的创新集群现象。蒸汽动力技术和纺织机械技术为第一次工业革命发展奠定了坚实的技术基础，推动了棉纺织业、制铁业、交通运输业等工业革命的先导部门的蓬勃发展（见表 2–1）。

表 2–1　第一次工业革命的主导技术群及主导产业

主导技术	相关科学	技术产品	发明改进时间	发明者	技术主要应用产业
动力技术	牛顿力学和热力学	蒸汽机	1765—1782 年	詹姆斯·瓦特	煤炭业、制铁业、交通运输业、纺织业
机械技术	机械力学	珍妮纺纱机	1764 年	詹姆斯·哈格里夫斯	纺织业
		水力纺纱机	1769 年	理查·阿克莱	
		走锭纺纱机	1825 年	理查德·罗伯茨	
炼铁技术	化学	搅炼法	1784 年	亨利·科尔特	制铁业、铁路建筑业等

注：根据第一次工业革命科技发展史整理。

蒸汽机是 1765 年由詹姆斯·瓦特发明改进的。在瓦特发明改进蒸汽机以前就有商用的纽科门蒸汽机在煤矿业中被使用，但是这种蒸汽机耗煤量大、

① 马克思恩格斯选集：第 1 卷［M］. 北京：人民出版社，2012：87.

燃料成本过高、效率过低。18 世纪 60 年代，瓦特开始着手研究纽科门蒸汽机的缺陷，发现纽科门蒸汽机的热效率低是由于蒸汽在缸内冷凝造成的。1765 年，瓦特设计出采用分离冷凝器来改进纽科门蒸汽机的办法，在将理论转化为实际的过程中经历了多次实验失败，最终克服了大量实际困难，于 1769 年成功研制出第一台蒸汽机的样机，并在同年获得了专利。由于蒸汽机尚存一些缺陷，其后瓦特继续研制改良蒸汽机的联动装置，把单动式改为旋转运动的蒸汽机，并于 1781 年成功取得专利。① 1782 年，瓦特又成功地把单项汽缸装置改装成双向汽缸，并首次实现了把汽缸的蒸汽由低压变为高压。通过这三次技术进展，更低能耗、更高效率的蒸汽机被改造成功，并被广泛应用于英国的煤炭业、纺织业和制铁业等各大生产领域，1820 年蒸汽机被用于铁路运输，使得陆路交通发生变革，交通面貌焕然一新。

珍妮纺纱机是第一次工业革命中同蒸汽机同等重要的发明之一，是由英国北兰开夏郡的一位纺织工詹姆斯·哈格里夫斯于 1764 年制造的。② 相比普通的只有一个锭子的手摇纺车，珍妮纺纱机有 16~18 个锭子，而且一台机器只需要一个工人操作，因而纺纱的效率大大提升。其后，纺纱机被安装在大型工厂里使用，装上了飞梭并用水力来发动，由此进一步提高了纺纱效率。英国北郎卡郡的一个理发师理查·阿克莱于 1769 年发明了水力纺纱机，它和蒸汽机一样，成为 18 世纪机械领域最重要的发明之一。③1825—1830 年，理查德·罗伯茨研试成功全自动的走锭纺纱机，它是一种不再需要熟练工人操作的、由动力驱动的自动纺纱机。④ 同蒸汽动力技术相结合的织袜机、网织机、花边机、骡机、梳棉机、粗纺机等新发明先后问世，再加上化学技术的进步改善了漂白业、印花业和染色业的生产技术，极大地提高了纺织业的生产率。由于新机器生产的棉纱质量好、价格低，在许多用途上取代了麻和丝的地位，

① ［意］卡洛·奇波拉．欧洲经济史：第 3 卷［M］．北京：商务印书馆，1989：166.
② 马克思恩格斯选集：第 1 卷［M］．北京：人民出版社，2012：90.
③ 王立柱，张伟．资本来到人间：社会主义从空想到现实［M］．天津：天津人民出版社，2012：24.
④ ［意］卡洛·奇波拉．欧洲经济史：第 3 卷［M］．北京：商务印书馆，1989：156.

并大大提高了英国棉织品的市场竞争力。1760—1785年英国棉纺织业的产量扩大10倍，1786—1827年又增加10倍多。[①]

18世纪80年代，英国的炼铁技术发生了革新与突破，形成在熔铁时把掺杂在铁里面的碳素提炼出来的锻铁新方法——搅炼。这一新技术使得矿石的熔解由于使用热风而简化了，炼铁炉建造得比过去大50倍。[②]由于铁的生产成本大大降低，极大地推动了英国制铁业的发展，以铁来筑桥的技术取得了突破，从而带动了英国交通运输业的迅速发展，极大地便利了规模化生产所需要的原材料和商品的运输。

（二）第一次工业革命中的生产方式变革

18世纪70年代以前，欧洲商品生产的主要模式是替代了封建行会生产方式的工场手工业模式，工场手工业是介于家庭手工业与机器大工业之间的一种过渡性的工业生产方式，它以手工劳动为基础，既通过技术分工推动了生产工具的专门化，又通过工人的分工提高了劳动效率，为第一次工业革命奠定了坚实的基础，是传统工业与机器大工业的过渡。

工场手工业根据生产的组织方式可分为分散的工场手工业和集中的工场手工业。分散的工场手工业是工场手工业发展初期的主要生产组织形式，也称为“分料到户制”，即生产者在企业家的组织下分散在各自家庭中劳动，生产的产品交给商人，商人向劳动者支付报酬。集中的工场手工业起初主要分布在采矿业、冶金业等行业，这些行业需要将劳动者集中到矿山等生产空间集体劳动，需要劳动者合作使用较为庞大的机器设备，因而主要采取集中的生产组织形式。其后随着生产技术革新，分散的工场手工业逐渐无法满足新技术进步的生产需要，印刷业、玻璃业和纺织业等一些行业开始出现集中的手工业作坊，劳动者被集中起来共同分工合作，围绕着新发明或改进的机器进行生产，推动了工场手工业从分散走向集中。

---

① ［意］卡洛·奇波拉．欧洲经济史：第3卷［M］．北京：商务印书馆，1989：155.

② 王立柱，张伟．资本来到人间：社会主义从空想到现实［M］．天津：天津人民出版社，2012：27.

马克思认为推动工业革命发展的科学要素和技术要素是在工场手工业的基础上发展起来的，工场手工业为大工业提供了“直接的技术基础”[①]，“为机器体系对生产过程的划分和组织提供了一个自然基础”[②]。一些机器发明始于工场手工业时期，直到机器大工业时期蒸汽机等发动机技术发展成熟以后，这些机器才摆脱工场手工业时期的应用限制，真正被普遍应用。马克思以比较的视野揭示了工业革命对工场手工业时期生产方式的颠覆，他认为工场手工业中的劳动者需要进行主观分工，运用手工工具来完成劳动分工的每个工序和环节，而工业革命以后的机器生产中，“这个主观的分工原则消失了”，生产过程的分工和各工序环节的结合依靠“力学、化学等等在技术上的应用来解决”[③]，各个机器将产品生产各阶段自动衔接起来，彼此互相交接工序，同机器的数量、规模和速度成一定比例，实现了连续不断的生产过程，减少了生产加工的中断次数，显著提升了生产率。工业革命还改变了工场手工业时期本地化、闭塞的生产方式，极大地扩展了原材料的来源、劳动力的供给和生产的多样性。在《哲学的贫困》中，马克思揭示了工业革命实现了原材料产地的多样化扩展、劳动力的多地供给和产业链的世界分布等等。在机器大工业的发展下，生产的分工、交换和市场不再局限于本国，“完全依赖于世界市场、国际交换和国际分工”[④]。

马克思、恩格斯紧密围绕着机器及其生产影响展开对工业革命中生产方式变革的考察。马克思曾指出，“蒸汽、电力和自动走锭纺纱机甚至是比巴尔贝斯、拉斯拜尔和布朗基诸位公民更危险万分的革命家……产生了以往人类历史上任何一个时代都不能想象的工业和科学的力量”[⑤]。恩格斯考察了珍妮纺纱机、翼锭纺纱机、走锭精纺机等纺织业的新式机械的发明和改进，指出在棉纺业为典型的生产中，以机器为核心的工厂制度代替了以往工场手工业的

① 马克思 . 资本论：第 1 卷［M］. 北京：人民出版社，2004：439.
② 马克思 . 资本论：第 1 卷［M］. 北京：人民出版社，2004：436.
③ 马克思 . 资本论：第 1 卷［M］. 北京：人民出版社，2004：437.
④ 马克思恩格斯全集：第 4 卷［M］. 北京：人民出版社，1958：168—169.
⑤ 马克思恩格斯选集：第 1 卷［M］. 北京：人民出版社，2012：775.

生产制度，即“工厂制度成为棉纺业中唯一占统治地位的制度”[①]，机器大工业的生产效率冲击了手工作坊，工厂生产成为新的高效生产模式。恩格斯以棉纺织业等部门为例，揭示了机器的发明推动工厂制度成为主导性的生产制度，引发各生产部门的生产扩张、生产费用降低、产品价格下降等巨大生产变革。基于生产费用——产品价格——市场需求——劳动力需求的分析，恩格斯指出，新的机器发明降低了原材料成本和产品价格，由此促进了消费需求的增长，从而催生出更多的劳动力需求，促进劳动力工资的提高。马克思指出，机器大工业实现了多种机器的协作并构成机器体系。机器产生于工场手工业中又排除了工场手工业生产，机器是“大工业特有的生产资料”[②]，起初是同种机器的协作，表现为“同种并同时共同发生作用的工作机在空间上的集结”[③]，随着工业革命的发展和机器的发明改进，“一系列各不相同而又互为补充的工具机”[④]共同完成生产过程，就形成了超越简单机器协作的机器体系，一旦科技发展使得机器在生产过程中不需要人的辅助就能完成大部分生产，自动的机器体系就产生了。[⑤]以机器为核心的纺织业等部门的生产方式变革迅速地传导到其他相关部门，在这些部门引发力学和化学革命，促进该部门新机器的发明和应用，推动部门生产的规模化发展。不仅棉纺业，从属于棉纺业的其他生产部门如漂白、染色和印花等部门也随着机器的发明改进而实现了迅速扩张。不仅如此，大工业的发展推动机器生产部门等新部门的生产，使得大工业在坚实的技术基础上不断发展。机器制造业的兴起使得机械化生产遍及工业交通运输等部门，逐步实现了生产的社会化。[⑥]机器工业从纺织业迅速扩展到其他工业部门，发明家和工厂主会不遗余力地推动机器的发明和应用，工业中“机械力”使用的推动者是资本家，最大受益者是发明家和资本家。

---

① 马克思恩格斯选集：第1卷［M］. 北京：人民出版社，2012：92.
② 马克思. 资本论：第1卷［M］. 北京：人民出版社，2004：439.
③ 马克思. 资本论：第1卷［M］. 北京：人民出版社，2004：435.
④ 马克思. 资本论：第1卷［M］. 北京：人民出版社，2004：436.
⑤ 马克思. 资本论：第1卷［M］. 北京：人民出版社，2004：438.
⑥ 曹亚雄：马克思的劳动观的历史嬗变［M］. 北京：中国社会科学出版社，2008：2.

工业革命的生产方式变革推动英国经济的迅速成长。英国纺织业生产方式变革大幅提高了原料需求量和产品产量。用于纺纱的原棉进口由1701年的100万磅猛增到1802年的6000万磅，生铁产量由1788年的6.8万吨增加到1839年的134.7万吨（见图2–1）。英国的人均GDP从1800年开始大幅增长，从1800年的840美元上升到1875年的2633美元（见图2–2）。工业革命还促进了相关国家人口的迅速增长，而在工业革命之前英国人口增加很缓慢：

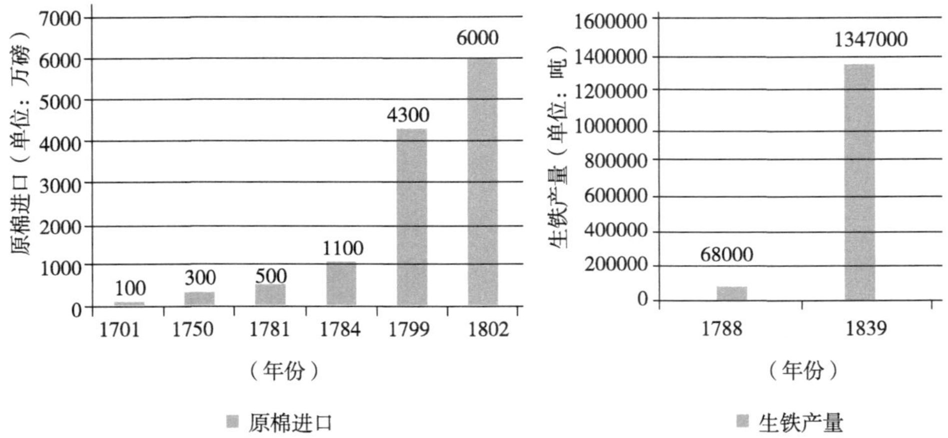

图2–1　1701—1802年英国原棉进口数量和1788—1839年英国生铁产量

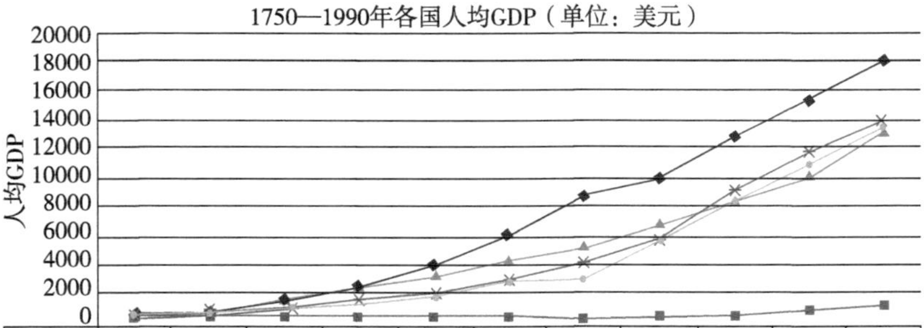

年份	1750	1800	1850	1875	1900	1925	1950	1960	1970	1980	1990
美国	637	870	1519	2581	3943	6034	8772	9895	12963	15295	18051
中国	630	630	630	630	630	630	500	568	697	973	1325
英国	605	840	1864	2633	3527	4362	5395	6823	8357	10167	13217
法国	665	752	1207	1612	2152	3110	4045	5823	9200	11756	13904
德国	652	738	1046	1488	2179	2974	3122	5843	8415	11005	13543

图2–2　1750—1990年美中英法德等国人均GDP

1600—1750 年，150 年间人口仅增加约 300 万人，平均每年增加 2 万人；工业革命之后，1750—1801 年，50 年间人口增加约 300 万人，平均每年增加 6 万人，英国和美国的人口都呈现大幅增加（图 2-3）。[①]

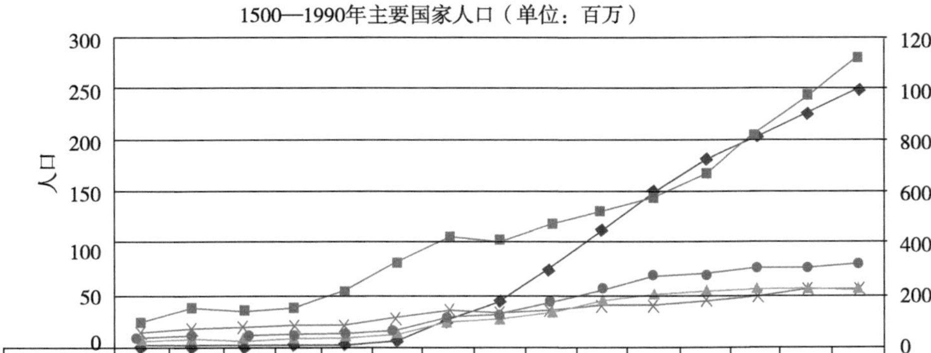

年份	1500	1600	1650	1700	1750	1800	1850	1875	1900	1925	1950	1960	1970	1980	1990
美国	1	1	1	1	2	6	24	44	76	115	150	181	205	228	250
中国	110	160	140	160	225	329	433	413	472	527	582	666	820	983	1136
英国	5	5	6	7	8	11	21	29	38	45	50	53	56	56	57
法国	15	18	21	22	24	29	36	38	41	40	42	46	51	54	57
德国	9	12	11	13	15	16	27	33	43	55	70	72	78	78	79

图 2-3　1500—1990 年美英法德中等国人口数量变化图

二、第一次工业革命中的劳动关系

第一次工业革命中的劳动关系特征表现为劳动力商品化、劳动者无产阶级化、劳动从属于资本并被机器排挤，进而将工人阶级推向尖锐的阶级对抗和激烈的阶级冲突的劳动关系格局。

从工场手工业向工业革命的机器大工业过渡的过程是劳动力商品化的过程，是劳动者无产阶级化的过程，也是劳动对资本从松散的联系到支配控制程度加深的过程。在工场手工业早期，资本并未稳定地同劳动力商品进行交

① Mantoux. *The Industrial Revolution in the Eighteenth Century*［M］.Hammond, 1937：258.

换，劳动者对资本主要是松散的联系，并没有固定而集中地为资本家劳动，而是在占有生产工具的基础上通过家庭劳动的方式同早期的资本家进行交易，取得生产商品的报酬，同资本家之间更多的是一种不存在明显的人身依附的劳务合作关系。随着工场手工业发展为集中的工场手工业形式，劳动者开始集中地在特定工作场地、围绕着简单的机械设备共同分工劳动，劳动者对资本的形式从属关系逐渐明显。但工场手工业的劳动分工还不是劳动对资本的从属关系的牢固的、最终的基础。劳动对资本的从属关系的牢固的、最终的基础形成于工业革命的过程中。“工场手工业只涉及国民生产的很小一部分……只有大工业才用机器为资本主义农业提供了牢固的基础……才为工业资本征服了整个国内市场。”[①] 随着工业革命兴起，一部分手工作坊主强化了集体手工劳动规模，加快引进机器并将工人培训为适应新机器运转的劳动力，从而将松散的劳动关系转变为从属关系，即工人将自己的劳动力作为商品在一定时间内卖给资本，资本家在这种劳动力商品化的交易中同劳动者形成雇佣关系。机器的发明和改进带来劳动力需求的增长和劳动者收入的提高，促进了劳动力的城乡转移，“工人成群结队地从农业地区涌入城市”[②]。在系统考察机器大工业生产方式产生和发展的过程中，马克思把劳动者对资本从属关系的发展分为劳动对资本的形式上的从属和实际上的从属，后者意味着“劳动过程，从而劳动和工人本身，在所有这些方面都受到资本的监督和支配”[③]。机器大工业把工具变成机器，把手工作坊变成工厂，从而把劳动者变成了无产者。[④] 机器的发明和生产方式的变革改变了工人阶级的命运，推动阶级构成变化，劳工成为没有私有财产、靠出卖体力为生的无产阶级。马克思、恩格斯深刻揭示了工业革命中工人阶级从机器生产中受剥削到被机器排挤的悲惨命运，工人围绕着工厂制度中的机器进行劳动，机器成为“工业上的永动

① 马克思恩格斯全集：第 23 卷［M］. 北京：人民出版社，1972：816—817.
② 马克思恩格斯选集：第 1 卷［M］. 北京：人民出版社，2012：101.
③ 马克思恩格斯全集：第 47 卷［M］. 北京：人民出版社，1979：101.
④ 马克思恩格斯选集：第 1 卷［M］. 北京：人民出版社，2012：101.

机”[①]，使得工人在更长的工作日、更大的劳动强度中遭受剥削，劳动者成为机器的附属物，依附于机器和工厂，机器成为资本的物质表现形式，作为支配和压榨活劳动的死劳动而和工人相对立，工人则在依附于机器的劳动中不断地面对劳动力贬值的现实。

机器的应用使得“男劳动力贬值”[②]，让妇女、儿童等补充劳动力进入机器生产过程。机器体系发展到一定程度会进一步取代效率低于机器的手工劳动环节，更多的工人阶级就将被机器所替代而退出该生产部门，形成了被机器排挤的过剩劳动人口。“劳动资料取得机器这种物质存在方式，要求以自然力来代替人力”[③]，“机器的生产率是由它代替人类劳动力的程度来衡量的”[④]，机器在生产中所转移的价值大大低于它所替代的劳动力的价值，相同生产率下应用机器的成本低于工人有酬劳动的价格，资本就有更大的动力来应用机器并减少劳动力需求，机器劳动代替了手工劳动，机器同劳动者之间形成了一种既竞争又对抗的关系，竞争关系表现为机器体系不断地威胁劳动者的劳动价值创造地位，对抗关系表现为工人反抗机器统治的同时机器成为资本家抵御工人反抗的强有力武器。随着机器占领不同生产领域，不断加剧工人阶级的失业和贫困的现实。

劳动者感受到自身的生产地位和生存机遇受到了机器的威胁，就从不自觉的反抗逐步发展为自觉和有组织的反抗机器统治的抗争，早期较有影响力的暴力抗争行动典型是卢德主义运动，运动的成员主要是纺织工厂的工匠或熟练工人，运动的中心在诺丁汉，运动纲领包括对资产阶级政权的反对、劳动者的物质要求以及抗议有利于工业资本主义的立法。工人们认为机器打乱了传统生产方式并将造成严重的失业，因而在运动中，工人们仇视新技术并蓄意捣毁机器。1811—1812 年，卢德运动得到广泛的发展，并带有暴力的性

① 马克思．资本论：第 1 卷［M］．北京：人民出版社，2004：464.
② 马克思．资本论：第 1 卷［M］．北京：人民出版社，2004：454.
③ 马克思．资本论：第 1 卷［M］．北京：人民出版社，2004：443.
④ 马克思．资本论：第 1 卷［M］．北京：人民出版社，2004：449.

质，有时还发生焚毁、杀害企业家事件。[①]随着英国经济的扩张和工业革命步伐的加速，生产工人数量快速扩张，被排挤的手工工人陷于破产的境地，因而工人运动不断高涨，工人结社和集体行动的意愿不断强化。1799 年，英国政府通过了《结社条例》，将工人结社的行为判为违法行为，1791 年，法国颁布了《夏勃里埃法》，禁止工人结社、罢工和示威，该时期资产阶级政府标榜自身主张“自由竞争”，而对劳动关系不予干涉，这种“自由放任”的政策在资强劳弱的劳动关系格局下实际上是放任、纵容雇主。[②]但这一法律不但没有阻止各行业工会的建立，反而推动了地下工会的产生。在新工业中不断发生工人罢工，例如 1810 年东北海岸的罢工、1812 年苏格兰织布工人的罢工等，还有 1816 年南威尔士矿工的罢工，吸引了大量铁厂工人并取得取消降低工资的胜利。1818 年兰开夏的纺纱工人和苏格兰的矿工，都发动了规模较大的罢工。对法战争结束后，英国工人反资本主义的斗争从最初的卢德主义运动开始转型，进入政治斗争的舞台，展开了选举改革的斗争。[③]1834 年，英国各工会代表在伦敦协商建立了“全国大统一工会联合会”，几周内会员数就超过了 50 万人，各工业部门中都有上万工人入会，原来没有工会的地方随即迅速成立了工会组织。“统联”成立后受到资产阶级政府的迫害和离间，内部出现了分裂，最终于 1834 年解散。[④]

英国宪章运动则是工人阶级自觉联合斗争的较为成熟的表现。1837 年英国爆发了经济危机，同年“伦敦工人协会”向英国国会提出一份请愿书，提出了争取平等的代表权、被选举权和投票权等权利，也就是著名的《人民宪章》的基本内容，这项宪章得到上百万名工人的拥护，认为这是改善工人阶级经济地位的重要手段。此后宪章派发动群众大会并举行工人游行，各地工

① 中山大学历史系，世界史教研组．世界近代史参考资料选集（第一辑）[M]．广州：中山大学出版社，1960：270.

② 吴宏洛．劳动关系新论[M]．北京：社会科学文献出版社，2011：19.

③ 中山大学历史系，世界史教研组．世界近代史参考资料选集（第一辑）[M]．广州：中山大学出版社，1960：275.

④ 中山大学历史系，世界史教研组．世界近代史参考资料选集（第一辑）[M]．广州：中山大学出版社，1960：277.

人都分别举行了集会游行，使得这次工人运动达到空前的规模。宪章运动在1839年取得了100万名工人的集体签名请愿书并提交给国会，其后遭到国会否决。1842年宪章运动再度向国会提出300万人签名的请愿书，虽然仍被国会否决，但当时英国各工业区都掀起了抗议的罢工斗争。1848年，宪章运动再次向国会提交190多万人的签名请愿书，又被国会否决，其后运动参与者遭遇了逮捕，使得宪章运动偃旗息鼓。[①]恩格斯在《英国工人阶级的状况》中高度评价宪章运动是“工人阶级反抗资产阶级的强有力的形式”[②]，是工人阶级在宪章主义的旗帜下自觉集体反对资产阶级的重要运动，也集中反映了工业革命中劳动者在资本的剥削压迫下从零散、不自觉的暴力抗争走向自觉的、有组织的、有政治诉求的无产阶级运动趋势。

第二节　第二次工业革命与劳动关系的发展变迁

19世纪六七十年代起，第二次工业革命在美国、德国等几个资本主义国家几乎同步发生、同步进展。美国、德国等国家积极开展科技发明创造，大力推动新科技成果的生产应用，用最新技术装备自己国家的工业，在积极地吸纳第一次工业革命的技术成果的同时交叉进行第二次工业革命，使经济发展呈现出跳跃式的增长，两国工业总产值后来居上，超过了英国和法国。19世纪80年代初，美国的工业生产量已超过英国，跃居世界首位。到1913年美国工业产量占全球1/3以上，相当于英、德、法、日工业产量的总和。[③]此次工业革命表现出更强的经济辐射能力和社会变革力，推动主要资本主义国家实现了工业化，使得世界工业化发展重心由英国向美、德等国转移。

---

① 中山大学历史系，世界史教研组．世界近代史参考资料选集（第一辑）［M］．广州：中山大学出版社，1960：279—280.

② 马克思恩格斯选集：第1卷［M］．北京：人民出版社，2012：119.

③ 张金鹏．英美现代化研究［M］．昆明：云南大学出版社，1995：175.

一、第二次工业革命的科技进步与生产方式变革

（一）第二次工业革命的科技进步

第二次工业革命的显著特点是电力的运用，电力的广泛应用使世界由“蒸汽时代”跨进了“电气时代”，也使得第二次工业革命在规模、深度和影响上都远远超过第一次工业革命。电力、内燃机、通信、冶金和化工技术等技术共同构成了第二次工业革命的技术创新集群（见表 2-2），这些技术创新集群建立在热力学、电磁学、化学等科学领域的突破和创新基础上，所有技术成果都是科学运用于生产实践的结果，科学技术是第一生产力的原理得到了充分体现。第二次工业革命在美国、德国等资本主义大国同时起步，德国人做出了许多重要的发明，美国、英国与法国也各自贡献了一些重要的发明，一国的重大发明迅速地被引进和应用于别的国家，彼此相互促进，形成了协同创新局面和显著的经济成长效应。

表 2-2　第二次工业革命的主导技术群及主导产业

主导技术	相关科学	技术产品	发明改进时间	发明者	技术主要应用产业
电力技术	电磁学理论	自励式直流发电机	1866 年	西门子	交通运输业、制造业等
		白炽灯	1879 年	爱迪生	
		交流发电机	1882 年	特斯拉	
内燃机技术	热化学、理论力学和材料力学	四冲程内燃机	1876 年	奥托	交通运输业、钢铁工业、石化工业、精密仪器仪表工业等
		汽油内燃机	1885 年	戴姆勒和迈巴赫	
		柴油发动机	1892 年	狄塞尔	
通信技术	电磁理论、无线电理论	有线电话	1876 年	贝尔	通信业
		电话交换机	1891 年	斯特罗齐	
		无线电通信	1901 年	马可尼	

注：根据第二次工业革命科技发展史整理。

电力技术的发明和改进引领了第二次工业革命能源领域的变革。早在1832年，法国人皮克希发明了手摇式发电机，此后30年间，未有人进一步制出能输出足够大的电流且实用的发电机。1866年，德国人维尔纳·冯·西门子提出发电机工作原理并由西门子公司研制出自励式直流发电机。此后西门子的发电机迅速地被投入市场并推广开来，并在其发电机的基础上进一步研发出电力机车、电梯、有轨电车、无轨电车等重要发明。1879年，托马斯·爱迪生研制出世界上第一只白炽电灯泡并于1882年在纽约市建设了第一座商业火力发电站。1882年，尼古拉·特斯拉发明了交流发电机，进一步推动了远距离输电的发展。①1892年，美国已建立500多个交流电站，到1900年，投入使用的白炽灯达800万只。19世纪90年代以后，电力开始在各个工业部门迅速推广。到1914年，美国制造业中电动机提供的动力约占全部动力的30%。第一次世界大战期间，美国所有的工厂都使用了电动机，标志着美国工业电气化基本实现。②

内燃机的发明是第二次工业革命期间影响力深远的一大科技成就。第一次工业革命期间发明改进的蒸汽机是一种外燃机，体积较为庞大，运转时需要有专人铲煤烧锅炉，所使用的燃料煤是在汽缸外部燃烧的，大部分热量在烧锅炉的过程中都损失掉了。内燃机则是燃料直接在汽缸内部燃烧，把热能转换为机械能的机械，相对体积小、燃料利用率高。1859年，法国工程师勒努瓦发明了第一台实用型内燃机，但其所使用的燃料容易导致煤气中毒而不利于推广使用。1876年，德国人奥托设计出了第一台四冲程的内燃机并使其商业化。③ 1885年，德国的戴姆勒和迈巴赫等人研制出一种轻型、高速的汽油内燃机，这种内燃机具有马力大、重量轻、体积小和效率高等特点。1885年，德国人卡尔·本茨成功研制出第一辆由内燃机驱动的汽车。此后，以内燃机做发动机的机车和轮船相继出现并大大推动了交通运输业的发展。1892

① 刘秦．发明家与发明［M］．北京：现代出版社，2017：90—92.

② 张金鹏．英美现代化研究［M］．昆明：云南大学出版社，1995：173.

③ 史晓雷．大众机械技术史［M］．济南：山东科学技术出版社，2015：156—157.

年，鲁道夫·狄塞尔发明了结构简单、燃料便宜的高效内燃机，效率可达75%，使得柴油机迅速地实现商业化。[①]内燃机的发明和应用引起了发动机的革命性变革。19世纪90年代，许多国家建立起汽车工业，并推动了内燃机车、飞机等交通工具的制造和使用。1903年，美国人莱特兄弟研制出以内燃机为动力的飞机并成功试飞。内燃机的应用极大地推动了交通运输业的发展，进一步带动了具有产业关联性的钢铁、石油、橡胶和精密仪器仪表工业的发展。

通信技术在第二次工业革命期间取得了重要技术进展，在电力技术的带动下促进了通信领域的变革。1876年，贝尔研制的有线电话通话成功并获得了美国的电话专利。1891年斯特罗齐制成了电话交换机，从此电话进入普及阶段，1900年全美电话数量达1000万台。到1904年，电话网络已分布到美国全境。除了电话通信技术，无线电通信技术也在第二次工业革命期间得到突破性进展。1887年，德国物理学家赫兹通过实验，证明了电磁波现象。1901年，马可尼成功地进行无线电通信试验，实现了从英国到加拿大长达3000多千米的无线电跨洋通信，无线电报技术的发明和改进推动了人类远距离无线电通信。1920年，世界上第一个广播电台——美国的“KOKA电台”正式广播，到1924年美国已有了500家广播电台。[②]电话和广播通讯业的发展，极大地改变了人们的生活，强化了世界各地经济、政治、文化的联系。

第二次工业革命期间的冶金技术也实现了突破性发展。1872年，安德鲁·卡内基在英国学习了新的炼钢方式——贝塞麦炼钢法后回到美国，建立了世界上最大的炼钢厂，并于1875年成功地应用贝塞麦炼钢法实现了钢铁的大规模生产。其后，为满足美国铁路建设对钢材的大量需求，冶钢技术进一步快速发展，出现了平炉和转炉炼钢方法等技术创新，扩大了钢厂规模并提高了生产率。1860—1900年，美国的钢铁产量从34万吨大幅提高到1401

① 卢明存，李河江，屈齐赓．社会（上）［M］．3版．郑州：郑州大学出版社，2015：191.

② 李明传．美国技术创新的历史考察［M］．武汉：武汉大学出版社，2013：105—106.

万吨，1899 年美国钢产量已占世界产量的 43%。[①]1880—1914 年，德国钢产量从 100 万吨增加到 1500 万吨，英国的钢产量由 200 万吨增加到 700 万吨。冶金技术进步使得钢逐渐取代铁，成为基本的工业原料和重要的建筑材料。[②]

石油化工技术也在这一时期兴起并取得长足进步，推动了无机化学工业、有机化学工业的建立和发展。1877 年，德国建立了国家化工研究所，在有机结构理论的指导下，进行煤焦油的综合利用，促进了染料工业、制药工业和香料工业的发展。19 世纪 70 年代起，石油工业有了长足的发展，不仅石油产量有了大幅度提高，石油分馏和提炼技术也取得了质的突破。这一时期，许多大的石油公司铺设了石油输送管道，建立了大型炼油厂。到 1900 年，美国石油年产量达 6360 万桶。20 世纪初，随着得克萨斯和俄克拉荷马油田的发现和开采，美国的石油产量增加到 1914 年的 2.658 亿桶。[③]石油工业的发展带动了化学工业的兴起。除了从石油中提取汽油、柴油、煤油和润滑油外，石油副产品的种类也不断扩大，橡胶工业也迅速发展起来，合成花簇轮胎、绝缘材料、胶皮管等化工产品，推动了无机化学工业和有机化学工业的发展。

（二）第二次工业革命的生产方式变革

电力、内燃机和通信技术等技术创新集群的出现共同推动了大规模、标准化生产方式的形成，迅速推动了生产发展，人类社会由此进入电气时代。第一次工业革命的主导产业包括纺织业、机器制造业、铁路运输业和煤炭业等，第二次工业革命中蓬勃发展起来的电力工业、石化工业、汽车制造业等重工业逐渐成为资本主义工业体系中的主导产业。同时，传统产业也在技术进步中加速升级，例如炼铁业在新的炼钢技术的推动下实现了产业技术升级。

---

① 张金鹏．英美现代化研究［M］．昆明：云南大学出版社，1995：174.

② 人民教育出版社历史室．世界近代现代史（上册）［M］．北京：人民教育出版社，2000：207.

③ 陈海宏，刘国柱，邢佳佳．美国史专题研究［M］．济南：山东教育出版社，2014：158—159.

第二次工业革命在第一次工业革命期间形成的机器大工业的生产方式基础上，形成了规模化、垄断化的生产模式。在电力、钢铁、通信技术进步的推动下，资本主义工业生产效率迅速提高、生产规模迅速扩张，社会化的大生产必然导致资本的集中化，资本与生产越来越集中到少数技术创新早、应用成功的大资本家手中，大资本家彼此之间互相妥协，私下进行串联合作，防止新的竞争对手的进入。同时，生产的扩张对大量资本的需求也促使资本之间联合、兼并和重组。尤其是第二次工业革命中兴起的一些新兴工业部门如电力工业和化学工业等，其生产技术和产品结构较为复杂，资本的社会化程度较高，逐步通过资本的联合形成了大型垄断组织，少数大企业联合起来，通过订立各种协议来划分市场、分配产量、抬高价格、攫取高额利润，形成了对特定经济部门的控制和垄断。托拉斯是美国垄断组织的主要形式。1879年，美国出现第一个托拉斯——洛克菲勒的美孚石油公司。1888 年，美国采煤业的七大托拉斯几乎垄断了美国全部无烟煤的生产。到 19 世纪 90 年代，托拉斯已在工矿、交通以及城市公用业各个领域占据主导性地位。同时期，银行资本与工业垄断资本结合的金融垄断组织开始出现。到 20 世纪初，美国各经济部门的托拉斯共有 440 个，资金达 204 亿美元。[①] 垄断的形成限制了同业竞争，资本主义由自由竞争逐步跨入垄断资本主义阶段。其次是生产管理方式的科层化、科学化发展。生产管理方式的变革是随着生产的标准化发展而产生的。19 世纪 80 年代，美国机械行业开始大力推动元部件的标准化生产，推动了专业化、单一产品化和标准化的大规模生产方式，对生产管理的科学化提出了要求。1903 年，美国机械学会发表了管理学专家弗雷德里克・泰勒的论文《工厂管理法》。1911 年，泰勒发表了《科学管理原理》一书，系统论述了企业科学管理的理论和方法，提出了旨在提高生产效率的管理方法，主张严格地挑选和训练工人、实行差别工资制、实行职能式管理等，其理论和方法被称为“泰勒制”。“泰勒制”提出了劳动定额的方法，即运用系统科学的方法研究分解工人的劳动过程，以精确到秒钟的方式来记录工人完成每

① 张金鹏. 英美现代化研究［M］. 昆明：云南大学出版社，1995：175.

一个生产操作的时间，根据时间和动作研究的结果，规定生产规范和单位时间的目标定额即劳动定额，劳动定额方法为工业生产实现标准化奠定了基础。“泰勒制”的另一个重要内容是差别工资制，即在劳动定额的基础上完成定额标准的工人得到标准日工资的125%，完不成标准的仅得到标准工资的80%。这种具有激励性的差别计件工资制有利于消除以往工人怠工的弊病，为资本带来了提高生产率的成效。1905年，福特汽车厂在生产管理过程中采用“泰勒制”并大幅度提高了生产率。1913年，福特在“泰勒制”的基础上进一步发展出一套“福特主义”的生产方式，成为资本主义生产与再生产新的组织方式。福特主义通过生产过程与消费模式的结合建构了大批量生产的模式。[①]其主要内容包括生产自动化和生产标准化两个方面。生产自动化是利用先进的生产设备和生产工艺流程设计来促进生产过程的流水线作业。生产标准化包括产品、零件和作业的标准化以及机器、工具和车间的专门化，通过半自动化流水线的生产模式大大提高了劳动生产率，使得社会再生产成本大幅度降低。

二、第二次工业革命中的劳动关系

第二次工业革命期间的劳动关系相比第一次工业革命期间有所调整，一方面是欧美发达国家强化了对劳动关系的干预，使得劳动关系的调整逐步规范化、法治化，工会组织和集体协商得到发展；另一方面随着垄断资本主义的发展和“泰勒制”管理模式的推行，资强劳弱的格局不但没有改变，而且进一步固化，垄断资本凭借“泰勒制”进一步强化了对工人的剥削和支配，利用国家机器来应对劳动群众的反抗和斗争。

19世纪后期到20世纪初，西方资本主义国家对劳动关系的调整逐渐从自由放任政策转向国家干预政策，许多国家改变了压制工人运动和工会的政策，废除了禁止结社的法律，使得工会组织获得了空前的发展。[②]到19世纪

① 吴宏洛．劳动关系新论［M］．北京：社会科学文献出版社，2011：22.
② 吴宏洛．劳动关系新论［M］．北京：社会科学文献出版社，2011：19.

末，工会在欧洲各国普遍发展。这一时期西方资本主义国家干预和协调劳动关系的举措首先体现在立法上，各国纷纷推动工厂法、劳动保护法等劳动法律的颁布。1871 年，世界上第一部工会法在英国诞生。1875 年，英国又发布了《企业主和工人法》，其后又通过了一系列协调劳动关系的法律，包括便利工会活动、建立失业救济金、进行劳资仲裁程序等；德国在 1919 年的魏玛共和国宪法中规定建立劳工会议制度，规定劳资双方共同制定工资、劳动条件及推动生产发展。①

随着第二次工业革命推动垄断资本主义的发展，重工业的兴起需要吸纳大量的劳动力，扩大了西方资本主义国家工人的就业范围。19 世纪中叶，全世界产业工人的总数不足 1000 万人。到 20 世纪初，主要资本主义国家的产业工人规模超过了 3000 万人。② 工人在流水线上集体生产劳动，推动了劳动分工、强化了生产组织性、提高了管理的专业性，使得工人队伍逐渐壮大，工人的收入在总体上有所提高，甚至工作日也有所缩短。列宁则透过现象深刻地揭示出美国资本主义劳资两极分化的现实：“这个国家现在就已经非常富有，它还能马上使自己的财富增加两倍，使社会劳动生产率提高两倍，从而可以保证所有的工人家庭得到像样的、每个有理性的人所应当有的收入，实行不太长的工作制——一天工作 6 小时……可是一方面，在美国存在着可怕的失业和贫困现象，人的劳动白白地被掠夺；另一方面，亿万富翁即拥有亿万家产的有钱人都过着空前未有的豪华生活。” ③

第二次工业革命期间出现的“泰勒制”和福特主义生产方式在一定程度上迎合了资本对剩余价值追求的欲望，是资本以科学管理之名来提高劳动强度、残酷剥削工人的一种生产手段。“泰勒制”主张从企业中选择最灵巧、最强壮的工人，使他们极端紧张地工作，完不成定额的工人还被强制扣减工资。这种制度强制性地消除可能出现的劳动中断或停滞，从而增加了资本积累，

---

① 常健．当代中国权利规范的转型［M］．天津：天津人民出版社，2000：265.

② 陈恕祥，杨培雷．当代西方发达国家劳动关系研究［M］．武汉：武汉大学出版社，1998：81.

③ 列宁全集：第 20 卷［M］．北京：人民出版社，1972：55.

使得工人变成机器的附属物，臣服于产品实现的逻辑。[①]因而列宁揭示了“泰勒制”是资产阶级的残酷剥削手段，他把“泰勒制”称为“榨取血汗的科学制度”[②]。以“泰勒制”为基础的福特主义生产方式在组织大批量、标准化生产的基础上，通过精细分工，让非熟练工人乃至童工代替熟练工人，以压低工资成本，提高生产效率；同时，采用传送带装置使得各道生产工序的工人必须在规定的时间内完成标准化操作，并通过提高传送带速度来提高工人的劳动强度。因而福特主义同样是一种在资本主义条件下强化剥削工人的手段。

随着资本主义进入了垄断资本主义阶段，垄断资本不仅在生产过程中通过“泰勒制”等管理制度加强对工人的剥削，而且在市场上通过垄断价格榨取劳动人民的收入。垄断资本为了维护它们的利益和统治，不再仅仅借助机器手段来进行剥削，而是进一步利用国家机器来应对劳动群众的反抗和斗争，通过管理、军事、政治手段来维护自身的统治，工人阶级面临的则是失业和贫困化的境遇。垄断资本对劳动的压迫激起工人阶级的反抗。1877 年，美国铁路工人为反对降低工资而举行全国大罢工，成为美国历史上第一次全国性罢工。1886 年 5 月 1 日，美国工人开展了争取 8 小时工作制的大罢工；1886—1914 年，美国每年的罢工达 1000 次以上，参加罢工的工人人数达 10 万人，罢工还常常伴有武装冲突。同一时期英国也发生了激烈的罢工斗争，1906—1914 年，英国发生了南威尔士煤矿工人、克莱德造船工人和运输工人等大罢工行动。[③]

第一次世界大战期间，资本主义国家政治动荡、经济萧条，民族矛盾突出，劳资矛盾相对退居次要地位。20 世纪二三十年代，西方资本主义国家发生了严重的经济危机。大量企业陷入破产、大批工人失业，各主要资本主义国家陆续爆发了大规模的罢工。1919 年，英国发生了多达 1352 次的罢工，法

---

① 吴宏洛 . 劳动关系新论［M］. 北京：社会科学文献出版社，2011：22.

② 列宁全集：第 27 卷［M］. 北京：人民出版社，1959：237.

③ 陈恕祥，杨培雷 . 当代西方发达国家劳动关系研究［M］. 武汉：武汉大学出版社，1998：82.

国罢工次数多达2026次。[1]各国政府采取直接干预经济的方式来缓解社会危机，以美国的“罗斯福新政”为主要代表，在劳动关系管理方面加强了劳动部门的职能，强化对劳动力市场的宏观干预。罗斯福政府颁布了《产业复兴法》，赋予工人组织工会、参与工会并与资方签订集体合同等权利，并规定了最低工资和最高工时等。1935年美国政府通过了《国家劳动关系法》(又名《瓦格纳法》)，成为确认支持劳资集体谈判的一个里程碑。其后，美国许多重工业领域如汽车、钢铁、橡胶和轮胎以及机电设备等行业都成功地组织了工会，工会会员增加了1000万人以上。[2]1935年罗斯福政府通过了《社会保障法》，不但规范了雇主为雇员缴纳养老金的比率，扩大了养老保险覆盖范围、提高了养老保险的待遇水平，而且为劳动者提供由联邦政府和州政府合办的失业保险，并规定雇主征缴的税费，为劳动者提供了应对失业风险的保障，使得资本主义劳动关系调节进一步走上规范化、制度化的轨道。

第三节　第三次工业革命与劳动关系的发展演进

20世纪40年代，第三次工业革命在第二次工业革命基本完成之后迅速兴起，将第二次世界大战期间急剧发展起来的各种军事技术向民用技术转移，推动了生产力的新变革。第三次工业革命始于美国，其后扩展到欧洲、日本和世界其他地区，成为人类科技文明史上又一次重大飞跃，不仅推动了生产劳动领域的变革，促进劳动关系变迁，而且对人类社会经济、政治、文化领域的变革影响颇为深远。

---

① 饶扬德，刘洋，周鹏飞.劳动关系与劳动法［M］.重庆：西南师范大学出版社，2012：51.

② ［美］萨尔·霍夫曼.劳动力市场经济学［M］.上海：上海三联书店，1989：302.

一、第三次工业革命的科技进步与生产方式变革

在核能技术、网络计算机技术、空间技术等新技术进步的带动下，第三次工业革命推动了发达资本主义国家和发展中国家产业结构的变迁，促进了弹性生产、群体生产、大规模定制生产和全球化生产等后福特主义生产方式的发展。

（一）第三次工业革命的科技进步

第三次工业革命涉及信息技术、新能源技术、新材料技术、生物技术、空间技术和海洋技术等诸多领域，以核能技术、网络计算机技术、空间技术等为主导性技术。第三次工业革命中的新科学技术转化为实用型技术并实现推广普及的周期大大缩短。第一次工业革命从蒸汽机的研制到 18 世纪定型投产用了 80 余年，第二次工业革命从电磁理论的建立到电动机的使用经过 60 余年，而第三次工业革命中的技术从理论突破到应用大多在 10 年内完成。例如从原子核裂变理论的建立到制造出原子弹只经过了 6 年，晶体管和移动电话经历了 4 年，激光从发现到应用不足 2 年。①

核能技术的兴起植根于 20 世纪 30 年代铀核裂变的发现和链式反应的实现，这一科学进展推动原子核物理学进入了新的发展阶段。1939 年起，美国政府开始投入巨资研制原子弹。1941 年，美国总统罗斯福批准实施由爱因斯坦等人建议的研制原子弹的“曼哈顿工程计划”。1942 年 12 月，流亡到美国的意大利核物理学家费米领导的实验小组建成第一座受控链式反应堆，即第一座重核裂变反应堆。继美国之后，苏联于 1947 年 8 月在乌拉尔也建成第一座低功率的石墨水冷堆，加拿大也在同年建成第一座重水水冷堆。英国则在 1950 年建成一座石墨水冷堆。② 在受控重核裂变的核反应技术发展的同时，核燃料技术也取得了进展。物理学家劳伦斯发明的电磁分离法、艾贝尔森发明的热扩散法、尤里发明的气体扩散法这三种方法奠定了浓缩铀生产技术的

① 吕增建．科学史与科学文化［M］．天津：南开大学出版社，2012：134.
② 童鹰．现代科学技术史［M］．武汉：武汉大学出版社，2000：344—351.

初步基础。到20世纪60年代以后，离心法取代了传统技术成为新的浓缩铀生产技术。在重核裂变技术和核燃料技术发展的基础上，轻核聚变技术在20世纪50年代取得了进展。1952年11月1日，美国成功进行了第一次热核爆炸。1978年7月底，美国普林斯顿大学等离子体物理研究所的托卡马克聚变实验堆已将等离子体的温度提高到6000万℃，这一突破成为受控热聚变技术实验发展史上的一个新的里程碑。其后，美、苏、日、英、法等国在这一技术领域展开了技术竞赛。20世纪50年代，核动力技术应用下的核电站技术取得了突破，1954年6月，苏联把实验型核电技术用于电站动力，并在建成了世界上第一座小型核电站——奥布宁斯克核电站。其后，美、英、法等国纷纷开始建设实验型核电站。1964年1月，美国通用电气公司建成的牡蛎湾核电站的发电成本已可与热电站发电成本相抗衡。随着快中子增殖反应堆技术成熟，核电站技术快速发展蓬勃。20世纪70年代受反核运动的制约，核电站的发展减速，特别是1979年3月28日美国宾夕法尼亚州的三里岛电站事故以及1986年苏联的切尔诺贝利核电站严重事故，对核电站的发展造成了较为严重的影响。

电脑与互联网技术是第三次工业革命主导技术中对全球影响最大、最深远的技术领域。20世纪三四十年代，电脑技术发展所需的自动机械、计算工具和电子技术等各种科学技术基础已较为成熟，英国数学家图林在20世纪30年代提出的理想计算机的基本理论为第一代通用数字电子计算机的发展奠定了坚实的理论基础。1945年，为服务于美军在第二次世界大战期间军事计算的需要，美国宾夕法尼亚大学莫尔学院研制成功了第一台电子计算机ENIAC。ENIAC总耗资48万美元，总重量达30吨，总占地面积为170平方米，还配有一台重达30吨的冷却装置，1946年ENIAC投入正式使用的运算速度高达每秒5000次。[①]第一台电子计算机的问世实现了从机电式计算机到电子计算机的变革，开启了电脑技术蓬勃发展的序幕。互联网技术的兴起最早出于军事需要，1969年，美国国防部建立分组交换网—阿帕网

① 童鹰．现代科学技术史［M］．武汉：武汉大学出版社，2000：357.

（ARPANET）。1974 年，TCP/IP 协议研制出来，后成为 Intemet 的核心协议。20 世纪 80 年代，美国开始建立连接全国大学计算机系的网络（CSNET），并研发电话拨号上网技术。1986 年，美国国家科学基金会启动超级计算机中心项目，将全美 5 个大的超级计算机中心连接起来，建立了 NSFnet，成为互联网的主干网并于 1991 年向社会开放。

空间技术的突破建立在电子技术、自动化技术、遥感技术和计算机技术等诸多现代科技融合发展的基础上。1957 年 10 月 4 日，苏联成功地把世界上第一颗人造地球卫星“斯普特尼克”号送入太空，标志着空间时代的开始。1961 年，苏联载人飞船成功地实现将宇航员送入地球轨道后安全返回。1969 年 7 月 16 日，美国阿波罗飞船登月成功。1973 年，美国“天空实验室 1 号”进入太空并进行了多项科学研究。苏联则进行飞船与空间站对接、为空间站输送物资以及更换人员等。1982 年，苏联两名宇航员创造了 211 天的宇航员空间飞行时间的纪录。此外，欧洲空间局于 1983 年 11 月 28 日成功地发射了“太空实验室 1 号”空间站。1970 年 4 月 24 日，中国自制的第一颗人造卫星——东方红一号发射成功。1999 年 11 月 20—21 日，中国成功发射并回收第一艘无人试验飞船——“神舟一号”。2003 年 10 月 15—16 日，“神舟五号”飞船将宇航员杨利伟送入太空，中国成为第三个成功将人送入太空的国家。①

表 2–3　第三次工业革命的主导技术群及主导产业

主导技术	相关科学	代表性技术产品	发明改进时间	发明者（国家）	技术主要应用产业
核技术	核物理学理论	第一座重核裂变反应堆	1942 年	费米领导的实验小组	电力工业、国防工业等
		第一次热核爆炸	1952 年	美国	
		第一座小型核电站——奥布宁斯克核电站	1954 年	苏联	

① 黄跃华，温盛伟 . 自然科学基础［M］. 上海：上海交通大学出版社，2016：358.

续表

<table>
<tr><th>主导技术</th><th>相关科学</th><th>代表性技术产品</th><th>发明改进时间</th><th>发明者（国家）</th><th>技术主要应用产业</th></tr>
<tr><td rowspan="2">计算机网络技术</td><td rowspan="2">数学、应用物理</td><td>第一台电子计算机ENIAC</td><td>1945年</td><td>美国宾夕法尼亚大学莫尔学院</td><td rowspan="2">信息通信业、互联网产业等</td></tr>
<tr><td>第一个互联网主干网络NSFnet</td><td>1986年</td><td>美国国家科学基金会</td></tr>
<tr><td rowspan="3">空间技术</td><td rowspan="3">相对论、量子力学</td><td>世界上第一颗人造地球卫星“斯普特尼克”号进入太空</td><td>1957年</td><td>苏联</td><td rowspan="3">国防工业、卫星通信等</td></tr>
<tr><td>成功发射载人飞船</td><td>1961年</td><td>苏联</td></tr>
<tr><td>阿波罗飞船登月</td><td>1969年</td><td>美国</td></tr>
</table>

注：根据第三次工业革命科技发展史整理。

（二）第三次工业革命的生产方式变革

第三次工业革命的科技变革推动了发达资本主义国家产业结构的变迁。20世纪50年代到80年代，美国农业劳动力总数从750余万人下降到300余万人，制造业生产总值占GNP的比重从30%左右下降到20%。资本和劳动密集型制造业的生产方式经历了从福特主义到后福特主义的变革。20世纪60年代起，发达国家逐步将轻工业及高能耗高污染的重工业转移到发展中国家，使国内劳动密集型工业和资本密集型工业比重逐步下降，技术密集型和知识密集型的产业比重逐步提升。20世纪50年代到80年代，美国第三产业产值占GNP的比重从53%上升到70%，其中信息产业已达50%以上，第三产业就业人口比重从53.9%增长到超过2/3。[①]以信息服务业、金融业等为代表的第三产业成为主导性生产部门，其生产方式表现出愈发显著的信息化、自

① 段敏芳，郭忠林．产业结构升级与就业［M］．武汉：武汉大学出版社，2013：213—216.

动化特征。

第二次世界大战后，美国、日本等发达国家充分利用新科技成果大力发展钢铁、化工、汽车和机械等资本密集型工业，福特主义生产模式仍是当时制造业的主导生产方式。20 世纪 70 年代中期两次石油危机以后，西方资本主义国家开始大举实施福利国家制度，西欧国家的消费者需求逐步向个性化、多元化、后现代化的方向发展。福特主义以降低生产成本为目标导向，以生产来引导消费，后福特主义则是以客户需求即以市场为导向来调整生产方式，采取多品种、灵敏、精益、快速、定制生产客户所需产品的一种生产方式。福特主义的内在缺陷由于外部条件的变化而不断显性化，通过科学管理来提高劳动生产率举步维艰，市场饱和及消费模式多样化的转变使得规模化生产的经营风险不断增加，于是，从 20 世纪 70 年代中期开始，福特主义逐渐被后福特主义所取代。

后福特主义生产方式促进了弹性生产、群体生产、大规模定制生产和全球化生产模式的兴起。弹性生产是采用灵活的生产机制进行小批量生产的模式。后福特主义的弹性生产不同于大批量流水线的福特主义生产，克服了刻板、科层制的福特主义生产体制的缺陷，有利于适应更大范围市场竞争、满足快速变化的市场需求。后福特主义弹性生产的固定资本投入较少，降低了大规模生产风险，生产周期短，有利于缩短资本周转时间、加速资本的循环运动，小批量生产的产品易于消耗，降低库存压力，有利于加快产品更新换代、缩短消费周转时间、刺激新的消费需求。后福特主义弹性生产形成了灵活、高效的信息传递机制，打破了福特主义生产模式中生产与消费之间缺乏互动的弊病，信息通信技术的快速发展搭建起生产与消费之间的交流沟通机制，使得生产设计和产量能够适应有效的市场消费需求，降低了生产过剩的风险。群体生产以 20 世纪 70 年代日本“丰田生产方式”为代表，即高度倚重劳动者的集体协作，把工人分成不同的团队，每一个团队承担一部分生产工序，每一个工人并没有具体的任务指派，而要熟悉整个团队负责的生产工序的各个职能，提升了工人技能的全面性，克服了福特主义生产中工人精细分工、各司其职、缺乏协同配合和积极性的弊病，较好地激励了劳动者在生产中的相互协同配合，提高了工人的劳动积极性。大规模定制生产利用新的技术大规模地为特定客户生产产品，变革了企业传统生产方式，将先生产后销售变为先定制后生产，形成了弹性化的全新工业生产模式，有利于降低制造商的库存，提高制造商与供应商之间的合作效率。模块化是大规模定制生产的关键，通过将大规模生产所需的模块化构件组合并装配成新的生产线，实现大规模生产和定制生产二元生产模式的有机结合，既保证企业经济效益，又满足消费者的个性化需求。全球化生产的背景是20世纪70年代经济全球化的兴起。全球化生产一般有两种形式：一种形式是利用其他国家或地区的廉价劳动力资源和优惠政策，在当地自己投资建厂，组织生产活动；另一种形式就是全球化的业务外包，例如许多欧美企业把产业外移到亚洲市场。这种产业外移中的最显著的特点是将非核心业务以较低的成本费用外包给更为专业的企业来完成。①

二、第三次工业革命中的劳动关系

第三次工业革命中的劳动关系出现了新的调整，体现在政府劳工政策、工会组织发展、劳资实力变化及劳动力内部分化和劳工抗争行动这四个方面。

（一）政府劳工政策发生了新的变化

第二次世界大战后到20世纪70年代，西方各国的劳工政策以凯恩斯主义为导向，通过采取积极的财政货币政策来刺激投资需求并稳定就业。20世纪80年代，在严重的滞涨和失业格局下，西方各国逐步开始放弃凯恩斯主义，转而奉行新自由主义，主张通过大规模地减税来促进经济发展并带动就业增长。新自由主义的劳工政策主张放任市场自由调节，反对政府及工会干预劳动力市场，宣扬工会权利强化必将导致经济竞争力衰退，反对最低工资标准对工人的保障，认为福利国家制度对劳动者过度“慷慨”。在新自由主义导向下，许多西方国家出台了缩短失业保险期限、降低失业保障水平、促进

① 李华敏.国际物流学［M］.广州：中山大学出版社，2007：218.

积极就业等一系列政策，鼓励失业者重返劳动力市场。同时，许多发展中国家政府为了保持在经济全球化中的竞争力而向资本倾斜，采取减税、补贴等优惠政策，对跨国公司采取超国民待遇，对本国劳动者及工会组织进行压制和打击，导致20世纪80年代以来劳工权益大幅倒退。

（二）工会组织发展出现了新的特征

第二次世界大战后西方国家工会组织率出现了稳步增长态势。1930年美国的工会组织率不到10%，其后开始逐步上升，到20世纪50年代，工会组织率达25%，在20世纪60年代这一数字较为稳定，从70年代后期开始，工会组织率出现下降趋势，到1993年只有16%的工人参加工会。不仅仅是美国，自70年代以来，除瑞典和意大利等个别国家，大部分发达国家的工会组织率都下降了。1994年主要西方国家工会的组织率情况是澳大利亚为35%、英国为34%、德国为29%、日本为24%、美国为16%。[①]除了工会组织率变化，工会组织的行业类型也发生了调整。自1956年以来，美国工会会员在全体会员中的比例持续下降，只有政府、教师等工会会员人数上升。美国劳工统计局的数据显示，1968年政府部门工会会员达到220万人，占比达17.7%。[②]

（三）劳资实力发生显著变化，劳工内部出现分化

20世纪80年代以后，以信息技术为代表的新技术应用，提升了企业跨国经营活动的组织运营能力。同时，经济自由主义的全球扩张快速推动着全球贸易和投资自由化的进程，因此跨国资本经营活动的成本大大降低了，加之充分利用投资地的廉价劳动力和资源，进一步提升了跨国资本的利润，使得资强劳弱的格局进一步强化。经济全球化进程推动着劳动者的内部分化。随着跨国资本将投资转移到国外，发达国家工人的部分工作岗位流失了，使

---

① 王昭凤．企业理论［M］．北京：高等教育出版社，2011：129—130.

② ［美］丹尼尔·贝尔．后工业社会的来临——对社会预测的一项探索［M］．北京：商务印书馆，1986：159.

得发达国家的劳动力结构向服务业倾斜，劳动力加速分化，从事市场调查、市场开发、市场营销、技术开发、技术检测、售后服务等人员比例大量增加，白领职员的队伍迅速扩大，由前两次工业革命中产业工人为主的劳动力结构逐步转变为白领劳动者和服务业蓝领劳动者比重增加的劳动力结构。另一方面，后福特主义的弹性生产采取灵活、立体的劳动方式，处于核心岗位的劳动者群体维系着正式的雇佣劳动关系、享有较高的工资和福利待遇，非核心部门的劳动者则采取兼职、外包等非正式劳动形态，处于经常的职业变动中，享有不稳定、较低的收入待遇，导致劳动者群体内部发生显著的分化。

（四）劳工抗争行动发生全球化的结构转移，从发达资本主义国家向发展中国家位移

20 世纪下半期，世界劳工抗争数量呈下降趋势，尤其是核心国家的劳工运动得到缓和。[①] 随着第三次工业革命推动发达资本主义国家劳动力结构变迁，传统制造业的罢工数量和参与人数都显著下降，以德国为例，20 世纪 50 年代的罢工参与者中，采掘、建筑、纺织等制造业的罢工人数占比 40% 以上，到 20 世纪七八十年代，这一比例仅剩 1%~2%。[②] 而在跨国资本投资的发展中国家，劳资抗争行动由少到多，在跨国资本的剥削支配下，发展中国家的劳动者被迫向下竞争，导致劳资矛盾激化、劳工罢工等抗争行动不断。在跨国公司的全球化生产模式中，生产与销售仍然由跨国公司主导，形成一个跨国公司主导的金字塔形的全球生产分层承包体系，跨国公司位于金字塔的最顶端，下一层是承包商或称供应商，工人则处于这个体系的最底部。市场激烈的竞争让制造商不断压低成本，而供应商为了保住订单，会主动压低价格，层层压缩的结果就是供应商压榨工人，压低工人的工资或提高工人的劳动强度，使得工人成为全球化竞争的受害者和代价承担者。因而从 20 世纪 70 年代起，

---

① ［美］贝弗里·西尔弗．劳工的力量：1870 年以来的工人运动与全球化［M］．北京：社会科学文献出版社，2016：121.

② ［德］瓦尔特·缪勒延奇，彼得·依特曼．德国劳动关系：数据、时序及趋势［M］．张网成，黄斌，译．北京：知识产权出版社，2013：188.

巴西、南非等跨国资本投资的发展中国家的工人抗争行动不断。1978—1986年，位于巴西的跨国集团投资的汽车厂和钢铁厂工人发动的罢工几乎占该国罢工总数的一半。① 1979—1983年，南非反对跨国资本的罢工行动数目激增，从每年5个罢工事件增长到403个。② 因而，在第三次工业革命的全球化生产浪潮中，发展中国家的劳工抗争行动不断高涨，改变了全球劳动关系格局，全球化进程中，各国如何调节跨国资本与劳动者之间的劳资矛盾将遭遇更多的挑战，劳资矛盾从一国国境之内外溢到国境之外，也为各国如何在国际劳工组织等国际性组织和多边经贸框架等制度架构下妥善处理国际劳资矛盾带来了新的变化和风险挑战。

综上所述，18世纪70年代以来，三次工业革命中劳动关系随着技术进步和生产力的发展呈现出不同的特征。三次工业革命进程中劳动关系的演化在生产力与生产关系的作用与反作用中，形成“新劳动关系的形成——劳资矛盾升级对抗——政府干预调节——劳资矛盾暂时缓和”的循环往复运动。第一次工业革命的劳动关系在劳动力商品化、劳动者无产阶级化、劳动从属于资本并被机器排挤的进程中将劳动关系带向尖锐的阶级对抗和激烈的阶级冲突。第二次工业革命中由于欧美国家强化了对劳动关系的干预，使得劳动关系的调整逐步规范化、法治化，工会组织和集体协商得到发展，但资强劳弱的格局进一步固化。第三次工业革命中西方新自由主义主导下的劳工政策主张放任市场自由调节，反对政府及工会干预，同时全球化的发展使得跨国资本强化了对劳工的控制，发展中国家的劳工抗争行动不断高涨。技术变革背景下的劳动关系变化既受到生产力发展的决定性影响，使得劳动与资本的关系在新产业和新生产方式中形成新的互动特征和利益关系，又受到上层建筑的反作用，政府介入和调节劳动关系的意愿、能力和手段都密切影响着劳资关系的发展和变化。

---

① Seidman, Gay W. *Manufacturing Militance: Workers' Movements in Brazil and South Africa* [M]. Berkerley: University of California Press, 1994: 36.

② Maree, Johann. *The Emergence, Struggles and Achievements of Black Trade Unions in South Africa from 1973 to 1984* [J].Labour, Capital and Society, 1985, 18(2): 297.

第三章

新科技革命视域下劳动关系的新变革

新科技革命是新的科学理论的突破和科学范式的转变带动新技术的发明、应用与扩散，从而对生产力与生产方式带来巨大革命性变化的历史进程。新科技革命反映了新世纪以来人类认识和改造自然能力的显著提升，是人类智能水平和劳动能力的新发展，其代表性科学技术显示出比前几次科技革命更强有力的影响力，推动着人类社会生产、分配、交换、消费活动的显著变革，引发包括生产关系在内的社会关系的剧烈变迁，将传统劳动关系进一步带向更复杂多变的格局。

第一节　新科技革命的技术特征与生产方式变革

21 世纪，前沿科学的突破带动了信息通信、人工智能、机器人、云计算、大数据、3D 打印等领域的技术进步，这些前沿技术迅速交织融合并应用推广开来，引发生产力的巨大跃升和生产方式的新变革，宣告着新一轮科技革命序幕的拉开。

一、新科技革命的技术特征

新科技革命的驱动力是一系列前沿技术交织融合构成的技术创新集群，其核心技术包括新一代信息通信技术、人工智能技术、机器人技术、大数据技术、云计算技术等（见表 3-1）。

表 3-1　新科技革命的主导技术群及主导产业

主导技术	相关科学	代表性技术产品或事件	发明改进时间	发明者或机构	技术主要应用产业
新一代信息通信技术和物联网技术	无线电理论、电子电路理论、光纤通信和数据通信理论等	发布 IEEE802.11ac 标准，工作于 5GHz 频段，可支持 1Gpbs 的数据传输速率	2012 年	IEEE8O2 工作委员会	信息通信业、互联网业等
		中国提交的“物联网概述”标准草案经国际电信联盟审议通过，成为全球第一个物联网总体标准	2012 年	中国	
		华为公司研制的 PolarCode（极化码）方案成为 5G 控制信道编码最终方案	2016 年	中国华为公司	
人工智能技术和机器人技术	数学、应用物理、机械理论、语言学、心理学、脑神经科学等	提出人工智能概念	1956 年	麦卡锡	制造业、服务业等广泛领域
		全世界第一台智能机器人 Shakey	1968 年	美国斯坦福研究所	
		第一台通用工业机器人 PUMA	1978 年	美国 Unimation 公司	
		提出深度学习概念和计算机深度学习模型	2006 年	辛顿	
		阿尔法狗战胜围棋世界冠军李世石	2016 年	美国谷歌公司	
大数据和云计算技术	统计学、逻辑学、数据科学、信息科学和管理科学等	《开发数字数据的威力》报告提出大数据概念和发展目标	2009 年	美国国家科学技术委员会	互联网、公共治理等广泛领域
		提出云计算概念	2006 年	施密特	

注：根据新科技革命主要技术发展情况整理。

（一）新一代信息通信技术

21世纪，信息通信技术进入高速发展和快速突破阶段，无线网络技术、5G技术、智能手机技术进步紧密交织、协同共进，构成信息通信技术的新一轮发展浪潮，不仅推动了移动互联网的蓬勃发展，促进了互联网技术全面升级，还显著改变了生产、分配、交换、消费等各环节的信息传递方式，提升了信息传递效率，引发生产方式和生活方式的巨大变革。

第一，移动互联网技术的发展实现了手机等移动终端以无线方式接入互联网，促进了移动终端、高速无线网络和互联网应用三者的结合。无线网络技术成为21世纪初发展最为迅速的技术之一。1996年，美国网络通信设备龙头企业朗讯（Lucent）率先发起成立无线以太兼容性联盟，1999年该联盟更名为Wi-Fi联盟。Wi-Fi这一无线网络技术最早是由澳大利亚政府研究机构CSIRO在20世纪90年代发明的，是Wi-Fi联盟的无线网络通信技术品牌，成为无线网络技术发展的重要里程碑。Wi-Fi技术的传输速度较快，且不受特定空间布线条件的限制，适应了无线信息传输沟通的需要，其发射信号功率低于100mw，相对较为安全健康。目前无线局域网的两个典型标准是IEE802.11系列和欧洲电信标准化协会开发的HiperLAN（高速无线局域网）系列标准。[①] 早在1997年，国际电工电子工程学会（IEEE）颁布了无线局域网标准IEEE802.11，主要应用于办公室局域网和校园网，速率最高只能达到2Mbps。2003年6月，IEEE802工作委员会[②] 发布了IEEE802.11g标准，兼容EEE802.11b标准，工作于2.4GH频段，传输速率为54Mbps。2009年9月，IEEE802工作委员会发布了IEEE802.11n的新标准。该标准采用多输入多输出（Multiple Input Multiple Output, MIMO）无线通信技术，数据速率可达108Mbps以上，并可高达600Mbps，并向后兼容IEE802.11a/b和IEEE802.1lg。2012年6月，IEEE802工作委员会发布IEEE802.11ac标准，工作于5GHz频

① 李鉴增，金立标，苗方.宽带网络技术［M］.北京：中国传媒大学出版社，2015：204.

② IEEE 802委员会成立于1980年2月，任务是制定局域网和城域网标准。

段，采用多输入多输出技术和信道绑定技术，频带扩展到 160MHz，可支持 1Gpbs 的数据传输速率。[①] 无线网络技术的迅速发展大大提升了信息数据跨设备传输的效率。

第二，21 世纪初以来智能手机等移动终端设备的普及率不断提高，促进了移动互联网对经济社会生活的全面渗透。如今智能手机的芯片运算处理能力堪比过去的超级计算机，最基本型号的智能手机的芯片运算处理能力超过了美国宇航局 1969 年载人登月时使用的计算机。智能手机的功能从打电话、发短信拓展为兼具通信、娱乐、照相、支付、社交和商务等多元功能。随着智能手机的信息处理能力增速不断提高、功能不断拓展以及无线网络使用便利性的不断提高，智能手机的普及率不断上升。2018 年，全球智能手机出货量达 14.4 亿部，中国智能手机拥有量达到 96%，同比增长 7%，比全球平均拥有量高出 6%。[②]

第五代移动通信网络（简称 5G）这一最新蜂窝移动通信技术成为新科技革命的核心技术。华为公司在 2009 年开展 5G 相关技术的早期研究，其后成功研制并对外展示了 5G 原型机基站。2013 年年初，我国成立了 5G 移动通信研究与发展的推进组，明确 5G 发展愿景与技术需求，形成 5G 移动通信技术框架，为 2015 年之后全面参与 5G 移动通信技术标准制定打下坚实的技术基础。2013 年 6 月，国家启动了 5G 移动通信技术研究，旨在系统研究 5G 网络系统体系架构、无线组网、无线传输、新型天线与射频以及新频谱开发与利用等关键技术，完成性能评估及原型系统设计，开展无线传输技术试验，支持业务总速率达 10Gb/s，空中接口频谱效率和功率效率较 4G 提升了 10 倍。[③] 2016 年 11 月 17 日，国际无线标准化机构 3GPP 第 87 次会议召开，中国华为公司主推 PolarCode（极化码）方案，战胜了高通主推的 LDPC 及法国

① 李鉴增，金立标，苗方 . 宽带网络技术［M］. 北京：中国传媒大学出版社，2015：203—205.

② 德勤 . 2018 中国移动消费者调研［R］. 2018.

③ 余晓政，高飞 . 移动通信技术［M］. 西安：西安电子科技大学出版社，2015：188.

的Turbo2.0方案，拿下5G时代的话语权。截至2019年3月，华为公司累计获得5G基本专利授权超过2570件，已为世界各地制造40000多个5G基站，并成为全球最大的5G厂商。[①]2018年12月10日，工信部正式向中国联通、中国移动、中国电信发放了5G系统中低频段试验频率使用许可。随着5G移动通信技术在全球范围内的逐步实施应用，将突破性地提升信息传输速度、质量与范围，显著改变生产、流通、交换、消费等各环节的信息传递方式和效率。

（二）物联网技术

物联网是将红外感应器、射频识别装置、激光扫描器等各种信息传感设备连接到互联网，并实现对特定对象的识别、定位、追踪和管理的技术。物联网的核心技术主要包括射频识别技术（RFID标签）、传感技术、M2M技术等。其中，射频识别技术起步于20世纪90年代，通过无线电信号自动辨识与追踪特定目标。2000年后，射频识别技术不断进步，其产品种类越发丰富，电子标签的成本不断降低，应用行业范围不断扩大，如今已能实现远距离识别、多个标签同时识别、高速移动物体的射频识别等，技术与产品越发成熟并实现普及。目前，我国不仅掌握了高频芯片技术，也成功实现了射频芯片的产业化，而且超高频芯片业已经完成开发，实现一次性读取多个标签、穿透性强、多次读写、大容量数据记忆等功能，相关技术已在我国的二代身份证、交通运输系统、城市建设、移动支付等诸多领域广泛应用。物联网的一个重要代表性技术是传感技术，它是信息技术的三大支柱之一，通过目标对象与特征信息间的关联关系模型对特征信息集进行辨识、比较、分类和判断。从20世纪80年代起，世界各主要国家开始高度重视传感器技术研发，掀起了一股“传感器热”。美国传感器研发水平较高，发展特点是以“军”带“民”。欧洲在许多高校设立传感器研究中心，侧重于理论研究。我

① 华为5G产品线总裁：华为投入5G技术研究已超过10年［EB/OL］. 新浪网，2019-03-07.

国从 20 世纪 60 年代开始传感技术的研发，初步形成了传感器研发、生产和应用体系，但我国许多行业领域的传感器、信号处理和识别系统仍然高度依赖进口。早在 1999 年，中科院就启动了传感网的研究，并建立了一些实用型的传感网。目前我国物联网技术研发水平处于世界前列，同德国、美国、韩国等国一道成为物联网国际标准制定的主导国。物联网的另一个重要技术是 M2M（Machine to Machine）技术，即借助在机器上安装传感器、控制器，以及无线网络实现人、设备和信息系统之间的信息互通、互动和共享。M2M 技术中，主要的远距离连接技术是 GSM、GPRS 和 UMTS，其近距离连接技术主要有 Wi-Fi、UWB（Ultra-Wideband）超宽带、Zigbee、射频识别技术和无线传感技术等。2009 年 9 月，我国物联网标准体系已形成初步框架，2010 年 4 月 2 日在伦敦召开的第一次国际传感网络标准工作组会议上，批准和采纳了中国提出的传感网络标准议案。2012 年 3 月，我国“物联网概述”标准草案成为全球第一个物联网总体标准。物联网的发展经历四个阶段：第一阶段是射频识别技术被广泛应用于物流、零售和制药领域；第二阶段是实现物体互联；第三阶段是半智能化阶段，物联网与互联网加速融合；第四阶段进入全智能化阶段，无线传感网络得到普遍应用，物联网发展进入泛在网的发展阶段，即实现在任何时间、任何地点、任何人、任何物都能顺畅地实现人与人、人与物、物与物之间按需进行的信息获取、传递、存储、认知、决策、使用等服务。

（三）机器人技术

机器人技术是一个国家科技发展水平和高端制造业发展水平的重要标志，自 20 世纪 60 年代初人类创造了第一台工业机器人以后，机器人经过数代的更新迭代发展，其类型呈现出多元化特征，应用领域也不断拓展。美国是最早发明机器人的国家，1968 年，美国斯坦福研究所研制出世界第一台智能机器人 Shakey。1978 年，美国 Unimation 公司推出通用工业机器人 PUMA。但当时为了保障本国就业率，美国政府不再鼓励机器人技术的研发和推广。英国早在 20 世纪 60 年代初就在大学中开展机器人和人工智能研究，其后因工会的反对而对机器人技术发展采取限制举措。日本于1968年从美国引进了机器人以后，通过政策推动实现了日本工业机器人的国产化，其后迅速发展成为机器人强国。德国自1970年引入第一批机器人后，借助政府的推广政策保障其机器人产业坚实的发展基础。

至今机器人技术经历了三代演变：第一代传统的工业机器人是示教再现机器人，即一种可重复再现通过示教编程存储起来的作业程序的机器人；第二代是具备视觉、触觉及听觉等功能感觉的机器人，它们对外界有一定的感知能力；第三代是依靠人工智能技术进行规划、控制的机器人，不但具有第二代机器人的感知功能，而且能充分识别工作对象和环境，并能根据人类指令和自身的综合判断能力执行相适应的动作。这类机器人目前还处于实验室研究、探索阶段。按照国际机器人联合会的分类，机器人按用途一般分为制造环境下的工业机器人和非制造环境下的服务机器人。服务机器人的发展起步于20世纪90年代，主要分为个人或家用机器人和专业服务机器人两大类。机器人由驱动系统、机械系统、感知系统和控制系统等组成，其三大核心零部件包括减速器、伺服系统和控制器。减速器在机械传动领域是原动机和工作机或执行机构之间起匹配转速和传递转矩的作用的中间装置，一般分为谐波减速器和RV减速器，国内机器人减速器70%以上的市场份额被外资企业垄断，国产化率不足30%；伺服系统是直接或间接地驱动机器人进行各种特定轨迹运动，满足在运行速度、动态响应，位置精度等方面技术要求的执行机构，工业机器人一般采用交流伺服系统；控制器相当于机器人的“大脑”，发布和传递动作指令以控制机器人完成特定的工作任务。

（四）人工智能技术

人工智能是研究开发能够模拟、延伸和扩展人类智能的理论、方法、技术及应用系统的一门新的技术科学。20世纪50年代，美国达特茅斯学院（Dartmouth College）举行的一次研讨会上，约翰·麦卡锡教授首次提出人工智能的概念，此后人工智能成为一门新的独立学科，开启了人工智能发展的序幕。1958年，罗森布拉特发明了感知器这一将图像进行分类的简易学习算法，成为深度学习网络的早期雏形。同年，约翰·麦卡锡开发了“列表编程语言”（LISP），成为早期进行人工智能研究的首选编程语言，至今仍有广泛应用。其后麦卡锡到麻省理工学院任职后组建了世界上第一个人工智能实验室。1964 年，麦卡锡又进一步提出了“情景演算”（situational calculus）理论。1980 年，卡内基·梅隆大学（CMU）研发出专家系统 XCON，即能通过知识表示和知识推理技术来模拟专家解决复杂问题的计算机智能程序系统。20 世纪 90 年代以来，人工智能在机器学习、多智能体规划、数据挖掘、自然语言理解和翻译、智能教学、案件推理、视觉、虚拟现实、行程安排、不确定推理、游戏等领域取得了显著进展和突破。在人工智能相关技术群中，机器学习技术是一门核心技术，它涉及概率论、统计学、逼近论、凸分析、算法复杂度理论等多元学科，主要研究计算机如何模拟人类的学习行为，以使其获取新知识或技能，重构其知识结构并不断改善自身的性能。机器学习经历了从浅层学习到深度学习的技术变迁。2006 年，加拿大多伦多大学教授杰弗里·辛顿等人在《科学》杂志上发表《利用神经网络刻画数据维度》的论文，探讨了应用人工神经网络刻画数据的学习模型，提出了深度学习（Deep Learning）的概念和计算机深度学习模型，为深度学习技术发展奠定了基础。2011 年以后，大数据和云计算的迅速发展为深度学习提供了充分的数据和强大的计算能力，打破了以往限制人工智能发展的两个主要瓶颈，泛在感知数据和图形处理器等方面的进展推动了深度神经网络技术快速发展，超越了长时期以来人工智能技术难以逾越的一系列“技术鸿沟”，使得人机对弈、无人驾驶、图像分类、语音识别、知识问答等人工智能技术实现了关键性的技术突破，迎来爆发式增长的新阶段。目前，我国人工智能企业在人脸识别、语音识别、安防监控、智能音箱、智能家居等人工智能应用领域处于国际前列。2014 年，IBM 研制出一款大脑神经形态芯片，使得计算机具有一定模仿人类的认知能力，能推测数据中的规律和模式，大大释放了机器学习软件的工作效率。2015 年，谷歌开发了第二代人工智能学习系统 Tensor Flow，适用于语音识别和图像识别等多项机器学习和深度学习领域，可被应用于智能手机、服务器等各种设备。2016 年 3 月，谷歌旗下 DeepMind 公司开发的阿尔法狗与围棋世界冠军李世石进行了五场人机大战，结果阿尔法狗以 4：1 的总比分获胜，成为人工智能发展史上一个重要的里程碑。虽然目前人工智能在图像识别、语音识别、文本处理、游戏博弈等方面已超越人类，但整体来看尚未达到预期的智能水平，也远未到成熟的技术发展阶段，尚有较大的技术突破空间。

（五）大数据和云计算技术

大数据技术是随着新一代信息通信技术发展而实现突破性变革的重要技术。如今人类通过各种设备产生的海量数据规模极为庞大，信息流量达 PB 级别[①]。2010 年，全球企业硬盘上存储了超过 7EB 的数据，消费者在个人电脑等设备上存储了超过 6EB 的新数据。谷歌每天处理的数据量超过 20PB。[②] 大数据技术通过互联网、政府、企业等渠道获取海量数据并对大规模、多元零散的数据进行采集与预处理、存储、清洗、查询分析，挖掘数据价值并预测性分析，使分析后的数据可视化，可被用于指导决策服务，具有容量大、类型多、存取速度快、应用价值高等主要特征。2009 年，美国发布了《开发数字数据的威力》报告，提出发展大数据的目标、框架和倡议。2012 年 3 月，美国政府发布《大数据研究和发展计划》，宣布进行大数据相关技术的研发。大数据的核心技术主要包括数据挖掘、数据可视化和数据分析技术等。数据挖掘是指从海量数据中分析数据的潜在价值的过程，综合了人工智能、机器学习、统计学、数据库、模式识别、可视化技术等。数据可视化技术通过将数据汇集成为数据图像并以多源形式表达数据的属性值，有利于增强数据分析的深度。数据分析技术一方面采用机器学习降维方法来处理高维度大数据，即指采用某种映射方法，将原高维空间中的数据点映射到低维度的空间中，此外还可以分布式系统架构（Hadoop）来完成对大量数据的处理。目前我国在数据采集、存储、分析、可视化等大数据基础性技术已经取得一定积累和

---

① PB 是数据信息的内存容量单位，换算关系是：1PB=1024TB，1TB=1024GB。

② 金江军 . 互联网时代的新型政府［M］. 北京：中共党史出版社，2017：40.

突破，但在大数据核心技术如分布式存储、云端分布式及网格计算仍较依赖开源模式，使得开源模式将成为大数据技术创新的主要途径，有效降低了技术壁垒。

云计算技术是新科技革命中新崛起的关键技术。随着互联网技术发展带动全社会信息量与数据量的飞速增长，云计算技术的发展大幅提高了计算机的计算能力和数据的存储能力，通过将待处理的数据传送到互联网上的超级计算机集群中，使得用户在网络上实现数据信息项目的按需购买和按使用付费，是一种通过把计算数据部署在大量的分布式计算机上，使用户根据需求访问计算机和存储系统的大规模分布运算技术。2006年，亚马逊首先推出其弹性计算云服务项目。同年，在搜索引擎大会上，谷歌首席执行官埃里克·施密特首次提出了云计算的概念。2007年，谷歌与IBM公司开始在美国大学校园逐步推广云计算的计划。2008年IBM公司在中国无锡太湖新城科教产业园为中国的软件公司建立全球第一个云计算中心。同年，雅虎、英特尔和惠普公司共同提出计划，以云计算研究测试为基础，在美国、德国和新加坡等地创建6个数据中心作为试验平台。云计算的关键技术包括虚拟化技术、海量存储技术、编程技术、云平台管理技术等，其中，虚拟化技术是指将物理单元实体在虚拟化的基础上运行，使其虚拟化成多个逻辑实体并为不同的业务服务的技术；海量存储技术采用分布式存储，通过分解和集群任务，用冗余存储的方式来保证数据的安全性；编程技术即采用一定的编程模型来进行数据计算和任务调度；云平台管理技术是综合管理分布在世界各地不同平台上的数据资源、协调好用户服务并及时处理系统故障的技术。

二、新科技革命中的生产方式变革

新科技革命迅速推动人工智能技术、新一代信息技术、机器人技术、大数据技术等的生产应用与普及，引发了生产方式的剧烈变革，冲击了传统的生产组织方式，重构了生产过程，带来生产资料的突破性变革，形成了全新的生产逻辑。

（一）组织变革

在科技变革的驱动下，现代生产组织正在进行重构，形成智能化、服务化、网络化的组织形态特征。

1. 生产组织方式发生了智能化变革，借助人工智能技术与信息通信技术，生产组织逐步从半自动化、自动化生产组织转型为数字化和智能化的组织

数字化、智能化工厂利用数字化技术组成“信息物理系统”（CPS 系统），在各种设备、原材料中嵌入条码、二维码、射频识别等感应识别标志，使其具有唯一的身份标识，在原材料、半成品和产品的生产线传送、储存、运输等过程中，通过身份识别与匹配使得各个机器设备甚至零件都具备通信功能，随时可以与系统中其他设备或操作者进行数据交换，实现工厂内各个设备的网络互联和信息实时交换，改变以往生产设备的单机通信方式，实现各种数据、信息和信息系统的高度集成，系统则实时接收采集加工过程中设备的温度、振动、噪声、应力等制造数据，实时监控设备是否达到最佳工作状态、是否出现损耗预警并进行设备使用寿命预估等，采用大数据分析技术来实时控制设备的运行参数，使设备在加工过程中始终处于最优的效能状态并协调各个企业部门、生产车间、生产线和机器设备。借助信息物理系统的全面覆盖和自动监测，工厂内的人力资源配置大幅度精简，工业机器人等设备已能独立完成装配、喷涂、焊接、物流配送等越来越多的复杂精准的生产操作，除终端系统以外的许多工作岗位可无人值守，仅需少量技术人员远程监管和调控，基于多目标的人机任务分工优化实现了人机高效协同化，优化了生产空间布局和生产流程，促进设备资源优化配置和重组，实现生产过程的智能化管理与控制，逐步实现大规模、多批次定制、灵活性的智能生产。

2. 越来越多的生产组织正逐步向服务型制造转型

近十年来，许多传统制造业巨头正在从传统工业产品销售转向工业互联网服务，大举转型为依托信息通信技术的工业互联网平台，以远程提供生产性服务来实现更高的利润。如通用电气、西门子、英特尔和微软等传统工业资本巨头都开始大力投资工业互联网。西门子已花费 40 亿欧元建立了工业平台 Mind Sphere，通用电气同样在开发自己的工业平台 Predix，这些工业资本转型为工厂、消费者与应用程序开发人员之间的中介，通过提取工业数据来形成自身的竞争力，通过工业互联网为无数的小工厂和中小资本服务，工业互联网产品和服务已经成为这些传统工业资本最大的收入来源。根据 2018 年的数据，通用电气的平台 Predix 已为其带来 50 亿美元的利润，预计到 2020 年将实现三倍的增长，2020 年工业互联网的行业价值预估将达到 2250 亿美元。① 随着新科技革命不断推动智能化生产走向纵深，会有越来越多的厂商从制造生产设备延伸到生产性服务，为用户提供全生命周期的服务，向产业链的高端位移从而获得更高的利润，推动制造厂商从生产型制造向服务型制造转型，聚焦于利用信息通信技术、人工智能技术等前沿技术来进行创新设计和服务来提升企业竞争力。

（二）生产过程变革

新科技革命使得生产过程从半自动化、自动化生产向数字化、智能化生产转型。半自动化生产是指部分采用自动控制、自动装置，部分采用由人工操作的生产方式，自动化生产是指生产过程的全部工序都用自动控制、自动调整装置来操纵机器，不需要人直接参加操作，人只是间接地管理监督机器的运行状态的生产方式。智能化生产过程是利用人工智能技术、信息通信技术、机器人技术实现生产过程的仿真模拟、自组织、自生产、自动优化的全新生产方式，是对半自动化和自动化生产的跨越式升级，更具有自主性和智能性的特征。

在智能化生产中，工业互联网等系统会首先进行生产和流通过程的仿真、评估和优化，将现代数字制造技术与计算机仿真技术结合起来，利用工业软件建模并在计算机虚拟环境中对数据进行采集、分析、判断、规划，通过整体可视技术进行推理预测，利用仿真及多媒体技术展示设计与制造过程的真

---

① ［加］尼克·斯尔尼塞克. 平台资本主义［M］. 广州：广东人民出版社，2018：75—78.

实情境，分析和改进演示中所出现的问题和缺陷，这一仿真优化过程涵盖从虚拟的产品设计、工程设计、现实的制造流程直至产品的上市流通的产品全生命周期；在生产过程中，通过物联网快速掌握和分析市场需求，将其数据变化迅速地同产品设计和产量计划结合在一起，实现敏捷和柔性生产，减少繁杂、滞后的生产计划、工序调配等任务，形成实时随需灵活生产、智能化调适的生产工序控制系统，生产过程中采取无人化自组织生产模式，机器人协同配合完成生产各环节流程，减少生产线人工干预，后台系统实时数据传递保证生产过程的可控性。在仓储和物流环节，通过全自动运输系统实现自动运输带、无人操作行车、无人驾驶叉车等无人驾驶工具在工厂中智能运行，通过无人操作促使物流系统变革。

（三）产品变革

新科技革命的技术进步改变了传统产品生产的流程、方式和特征，使得产品呈现出定制化、低成本、高质量化等特征。智能化生产实现了对产品从设计、生产、配送、服务直到回收环节的生命周期全面覆盖，颠覆了传统“先设计后制造”的生产模式，利用大数据分析结果，以市场主体的个性化消费需求为导向，对产品进行定制化设计和生产，随着生产线的模块化、集成化水平提高和新材料的运用，可以按照用户个性化需求来灵活组装生产线模块，生产定制化产品的成本逐步下降，从最初的方案设计、技术调试、生产规划以及流水线上的加工组装、外形包装、装箱等环节都有可能实现个性化定制。在虚拟现实、计算机网络、数据库等技术支持下，产品的设计可在虚拟的数字环境里进行全数字化设计，数字化智能化设计系统具有丰富的设计知识库和模拟仿真技术，能对产品结构、性能、功能等进行模拟仿真与优化，实现产品的无图纸化设计、制造和虚拟装配，有利于降低产品设计研发成本，提高产品设计质量和一次研发成功率，还有利于促进加工技术创新，加速生产工艺数据积累，提高制造的精度和效率，大幅度提升制造工艺水平。此外，随着 3D 打印技术发展和新材料的研发应用，产品的工艺和质量将进一步提升。3D 打印技术不同于传统切削材料的“去除法”，采用细微原材料堆叠而生成三维立体的实体，无需传统的刀具、模具、车床或复杂工艺，就可快速地实现一站式打造复杂零部件。传统产品设计过程中各环节涉及模具成本较大，产品工链较长，产品改型的经济损耗较大，3D 打印技术的应用则大大节约了产品设计的材料成本，将产品模型直接生产出来，对产品的修改只需对模型进行修改，改善了产品工艺的柔性，也缩短了产品的工艺设计和加工进程。

第二节　新科技革命视域下的劳动新形态和新特征

马克思认为资本主义大工业将科学同生产紧密结合在一起的结果是生产力的巨大进步、生产方式的变革和劳动形态的变化，形成了雇佣劳动的劳动形态和依附于机器的劳动力队伍。进入新世纪，前沿技术进步作用于生产过程，开启了新一轮将自然力和自然科学并入生产的进程，推动生产力实现新的跃升、生产方式的新变革和劳动形态的新变化。科学同生产结合在一起的进程作用在劳动者身上，使得人类劳动以智能化生产资料为核心呈现出新的特征，重塑了劳动形态、改变了劳动过程、改进了劳动资料，甚至影响着人类劳动价值创造的作用和形式（见表 3–2）。

表 3–2　传统的生产劳动与新科技革命中劳动形态对比

	劳动领域	传统的生产劳动	新科技革命的劳动
劳动形态	制造业劳动	在机械化、半自动化和自动化设备辅助下直接作用于原材料和半成品的生产活动	运用智能化生产设备进行生产活动
	服务业劳动	在特定区域以面对面服务为主来满足消费者特定需求的活动	在更广阔的地域和时间范围匹配更多的服务需求
劳动对象	制造业劳动	物质原料和半成品	信息、数据、流程、制度等
	服务业劳动	局限于一定时空范围的信息、知识、情感、需求等	跨越时空局限的信息、知识、情感、需求等

续表

	劳动领域	传统的生产劳动	新科技革命的劳动
劳动产品	制造业劳动	物质化的工业产品	非物质化的程序、工业设计、生产远程维护等工业服务产品
	服务业劳动	面对面的休闲娱乐需求、生活服务需求等的满足和通过传统方式满足的信息、知识和情感需求等	在线匹配的休闲娱乐需求、生活服务需求等的满足等和通过数字化技术满足的信息、知识和情感需求等
劳动资料	制造业劳动	机械化、半自动化和自动化劳动资料	机械手臂、工业机器人、工业互联网等智能化、数字化的劳动资料
	服务业劳动	传统劳动资料	智能手机、数字化平台、服务机器人等智能化劳动资料
劳动价值	制造业劳动	劳动价值创造显性化	人类创造的劳动价值间接地通过智能机器人、工业互联网等智能化生产资料转移到产品中
	服务业劳动	劳动价值创造显性化	人类劳动价值创造作用间接通过服务网络平台、服务机器人等智能化生产资料转移到服务中

注：根据传统劳动与新科技革命视域下的劳动特征综合整理。

一、劳动形态数字化

科学技术进入生产过程，表现为有形的高科技劳动资料、无形的科技应用和管理知识，劳动者运用无形的知识来驾驭有形的劳动资料，成为科学知识传播和高科技劳动资料的使用主体，进一步提高了人们认识和改造自然与人类社会的能力。新科技革命的发展推动着生产方式的变革，促进劳动形态从传统的生产劳动向数字化劳动转型。

在马克思主义政治经济学逻辑下，劳动首先是人和自然之间的过程，是人以自身的活动来中介、调整和控制人和自然之间的物质变换的过程。[①] 制造业劳动是劳动者在机械化、半自动化和自动化设备的辅助下，运用自身的体

① 马克思．资本论：第 1 卷［M］．北京：人民出版社，2004：207—208.

力和智力直接或间接作用于原材料和半成品并进行物质商品生产的活动；在新科技革命发展进程中，随着工业机器人等智能化生产资料和信息通信技术在制造业中的广泛应用，生产商品的自动化和智能化水平显著提升，人与自然物质变换的直接作用弱化了，劳动者更多的是通过智能化生产设备的操控和管理来间接作用于商品生产过程，甚至借助信息通信技术跨越空间限制远程管控生产，形成了设计、编程、协调、维护智能化生产资料的制造业劳动形态，使得传统生产劳动向数字化的劳动形态转型。生产方式的数字化、智能化转型带动着越来越多的数字化、智能化劳动形态的涌现，在人工智能、大数据、云计算、物联网等新技术领域都出现了全新的劳动形态和职业岗位，如大数据分析师、人工智能算法工程师、物联网工程师等。随着新劳动形态的不断涌现和扩张，政府主管部门已将一部分新的职业类型纳入官方认定的职业范畴。2019 年，人社部、市场监管总局、统计局联合发布了新职业信息，包括大数据工程技术人员、人工智能工程技术人员、云计算工程技术人员、物联网工程技术人员、数字化管理师、电子竞技运营师、建筑信息模型技术员、电子竞技员、农业经理人、无人机驾驶员、工业机器人系统操作员、物联网安装调试员、工业机器人系统运维员等，并逐步推动这些新职业的资格认定和就业服务。

服务领域的劳动形态也正在迅速进行数字化转型。美团点评等机构联合发布的《2019 年生活服务业新职业人群报告》，列举了酒店收益管理师、整体造型师、线上餐厅装修师等生活服务业的 26 项新职业。许多新职业呈现出个性化、线上化、中高收入化等特点，大大拓展了对传统服务业劳动形态的认知。在传统服务业逻辑下，劳动是劳动者运用自身的体力和智力来满足消费者特定需求的活动，通常具有时空范畴的限制，以面对面服务活动为主。随着人工智能、机器人、信息通信、大数据、云计算等技术在服务业的应用和普及，越来越多的服务业借助服务业网络平台进行网络化转型，由传统局限在特定区域以面对面服务为主的劳动转变为时空融合化和高效化的数字化服务劳动。例如市场商贸服务劳动转型为网络电商服务、客运服务劳动转型为网约车服务、金融服务劳动升级为网络金融服务、家政服务升级为网络家政服务等，使得传统服务业劳动突破了时空局限，让劳动者能以更高的效率在更广阔的地域和时间范围匹配更多的服务需求，促进了服务资源的优化配置、推动市场价格合理化。新的服务业劳动形态中，一类是基于网络信息通信技术的新劳动形态，如网络搜索服务、网络云空间服务、大数据分析服务、网络设计服务、网络知识共享服务等；另一类是网络休闲商业服务，如网络主播服务、“网红博主”服务、网络游戏服务等新的服务模式。

二、劳动对象和产品非物质化

信息通信、大数据、云计算和人工智能等前沿技术大多以信息数据为技术处理对象和技术表现方式，随着这些技术在劳动过程中占据越来越重要的地位，劳动者的劳动对象和产品也越来越多地呈现为信息、数据、知识、情感、关系等非物质的形态，例如程序员的劳动对象和产品是信息、数据和知识，网络社交平台程序员的劳动对象和产品是网络社交信息、程序和网络广告等；网络电商从业者的劳动对象和产品是电商产品的信息、程序和物流信息等。

一方面，随着工业机器人的迭代发展及其在更多行业的普及应用，位于生产一线直接从事产品生产和加工的劳动者数量将趋于减少，退居二线进行工业机器人和工业互联网等生产资料的操控、协调、维护和管理，以信息、数据、流程和制度等为直接劳动对象的劳动者快速增长。另一方面，传统工业生产模式正在经历剧烈变革，工业互联网的发展和生产模式的数字化转型也使得越来越多的工业生产转型为生产性服务，导致非物质的工业生产性服务产品成为当代工业产品构成中的重要组成部分。如通用电气、西门子、英特尔和微软等传统工业资本巨头都开始大力投资工业互联网，通过工业互联网为无数的小工厂和中小资本提供工业设计服务、生产线组装服务、生产远程维护服务等，而且这些服务已经成为这些传统工业资本最大的收入来源。因而在制造业劳动领域，不但直接劳动对象呈现出非物质化的特征，劳动产品中的非物质产品服务的比重也在快速上升。

在服务业，劳动对象和劳动产品呈现出更显著的非物质化特征。一方面，新科技革命的发展一方面创造了大量非物质化的新消费需求，如对信息、知识、情感等的新需求，创造了非物质的劳动对象和产品，如网络信息搜索的劳动对象和产品是信息和知识，网络云服务的劳动对象和产品是云空间，网络主播和“网红”的劳动对象和产品是以图片和直播视频等形式呈现的美容美妆、时尚文化、网络游戏技能、人际交往、情感认同等非物质内容。另一方面，新科技革命的发展激发了更广泛和潜在的传统消费需求，使得传统消费需求以新的服务劳动方式得到满足，如传统的休闲娱乐、民生服务等消费需求通过在线方式满足，客观上创造了更多非物质化的服务劳动对象和产品，如网络影视播放服务满足了观众对在线休闲娱乐的需求、网约车服务满足了客户对距离移动的需求、网络家政服务满足了客户对干净整洁的需求、网络医疗服务满足了客户对健康的需求等。尽管这些服务劳动过程会借助智能手机、汽车、清洁工具、医疗器械等物质设备和工具，但服务劳动产品是非物质的，通过一定时间内服务活动的发生和活动效果的达成来满足服务需求，即创造了服务劳动的非物质产品。

随着非物质商品和服务的大量供给，商品化不再局限于有形的物质的商品化，进一步向无形的、虚拟的商品化发展，表现为网络媒体商品化、网络个人隐私的商品化和网络空间共同体的商品化。[①] 知识、创意及技术同商品化相互促进，信息、知识和创意通过资本投资实现商品化，资本依赖信息、知识和创意进行再生产并获取利润。优步、滴滴和爱彼迎等利用共享经济模式来实现闲置资源和服务需求的快速匹配，创造了共享经济的平台产品和服务；谷歌等搜索引擎和 Facebook 等网络社交媒体表面上是为网络用户提供搜索和网络社交服务，实际上它们的产品是网络个人信息和网络广告空间，他们利用工程师和互联网用户来生产“受众商品”和“算法商品”，以此来主导全球互联网，控制和支配互联网使用习惯。[②] 这些网络虚拟产品创造出新的巨大利

① ［加］尼克·斯尔尼塞克．平台资本主义［M］．广州：广东人民出版社，2018：44.

② Paško Bilić. *A Critique of the Political Economy of Algorithms: A Brief History of Google's Technological Rationality* [J].Triple C, 2018, 16: 315–331.

润空间，在产品结构中所占据的比重越来越大。谷歌和 Facebook 的利润来源几乎完全依赖于网络广告——2016 年第一季度，谷歌收入的 89% 和 Facebook 收入的 96.6% 都来自网络广告。[①] 高科技资本不仅凭借主营业务从网络广告等非物质产品的生产和再生产获取了不菲的利润，还进一步通过投资并购新兴科技企业来加速自身产品结构的非物质化和多元化，例如微软收购了全球最大的网络职业社交网站“领英”，IBM 收购了若干云计算和网络软件企业，亚马逊、微软和 Facebook 都在大力投资人工智能等。

三、劳动资料智能化

马克思认为劳动资料是特定历史阶段生产方式特征的集中表现，“生产方式的变革在大工业中以劳动资料为起点”[②]。“各种经济时代的区别，不在于生产什么，而在于怎样生产，用什么劳动资料生产。”[③] 劳动资料是劳动形态变革的特征所在，也是劳动者同劳动产品之间关系的最重要中介。新科技革命的发展使得劳动资料发生了智能化变革，改变了劳动作用于劳动对象的方式。

传统工业生产围绕着机械设备、半自动化设备和自动化设备进行，新科技革命使得生产围绕着工业机器人、工业互联网等智能化劳动资料开展。机器人等智能化设备从本质上看是劳动资料。马克思深刻揭示了机器大工业时期生产资料的变革进程，指出最初的机器局限于“同种并同时发生作用的工作机在空间上的集结”[④]，其后进化为“各不相同又互为补充的工具机”，“各局部机器不断地互相交接工作，也使各局部机器的数目、规模和速度形成一定的比例”，从而构成“真正的机器体系”，[⑤] 而智能机器人则是对自动化机器体系的进一步升级和超越，不仅在劳动技能上具备超越人类的精准性、高效性，还具备模仿人类智能的自主性、决策能力和综合控制能力，从而在体力劳动

---

① ［加］尼克·斯尔尼塞克．平台资本主义［M］．广州：广东人民出版社，2018：60.

② 马克思．资本论：第 1 卷［M］．北京：人民出版社，2004：427.

③ 马克思．资本论：第 1 卷［M］．北京：人民出版社，2004：210.

④ 马克思．资本论：第 1 卷［M］．北京：人民出版社，2004：435.

⑤ 马克思．资本论：第 1 卷［M］．北京：人民出版社，2004：436—437.

和脑力劳动两个方面都逐步替代许多人类劳动。智能机器人的迅速发展代表着生产资料的进步，显著提高了产品质量和生产率。机器人之间能借助 M2M 模式进行机器语言沟通。例如生产线上前一台智能机器人改变操作速度，后一台智能机器人就会即时收到前者发送来的信息，使得两台机器人可以默契地保持适当节奏、促进分工配合。如今智能机器人不但能相互沟通，而且能实现人机互动和人机协作。传统的人机交互中，主要是人支配机器，而智能机器人的人机互动中，机器人在人工智能技术的帮助下不断进行深度学习，模拟和扩展着人类智能，使得机器人不但和人一起决策，还能替代人进行最优决策，使人机交互与融合达到前所未有的深度。我国工业机器人产量由 2012 年的 5000 余台增长到 2020 年的 23.7 万台（见图 3–1），并广泛应用于汽车、3C 电子、食品加工、金属制造、物流、塑料及化学制品、食品烟草饮料等产业。

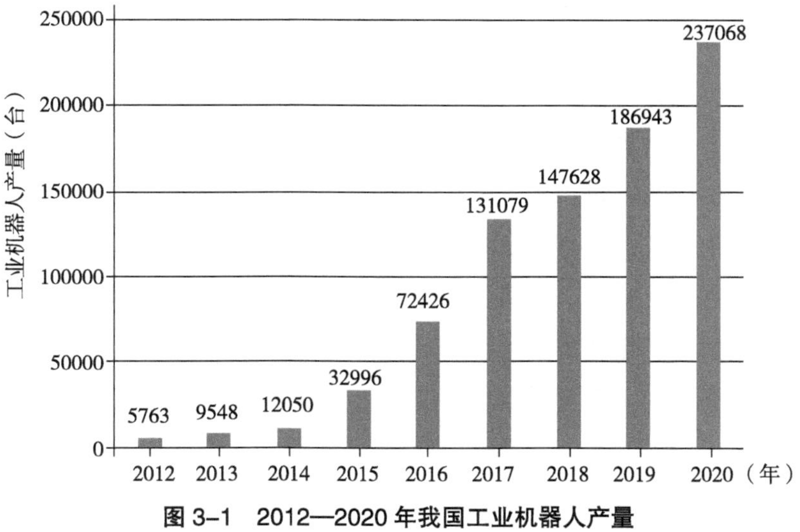

图 3–1　2012—2020 年我国工业机器人产量

注：根据工业和信息化部数据综合整理。

除了智能机器人，工业互联网成为工业生产中的核心生产资料之一。工业互联网主要由智能设备、智能系统和智能决策构成，工艺设计、产品设计、零部件加工与装配、检测等生产环节所需的各种软件系统均集成在工业互联网平台中，工业互联网的核心在于机器设备可以智能互联。智能设备收集数据且将数据统一为单一数字化模型，避免了由于数据源不一致而带来的兼容问题，再利用软件分析处理数据，利用大数据分析结果来提供决策支持。工业互联网系统中的各组成部分可进行协调、重组及扩充，具备较强的自我学习、自行维护以及优化生产流程和生产管理能力，同时能通过生产优化来减少能源消耗。在人工智能技术和信息通信技术整合下，智能化的生产资料共同构成了智能生产资料体系。

在服务业，劳动资料由传统服务劳动资料进化为智能手机、数字化平台、服务机器人等智能化劳动资料，提升了劳动的智能化水平。随着网络信息通信技术的普及，越来越多的服务劳动者凭借自备生产资料和可共享的虚拟生产资料就可以从事服务劳动。自备生产资料主要是服务劳动者的交通设备、手机或电脑终端设备和其他服务设备等，如一些网约车司机和网络送餐员由劳动者自己提供车辆；网络主播则自行配备电脑、摄像头、话筒等必要设备；“网红博主”需自己准备服饰、化妆品、照相机、拍摄场所等。可共享的虚拟生产资料主要是指各种服务行业的网络平台，如网络电商平台、网络预约出租车平台、网络点餐平台等。服务劳动者通过手机或电脑终端就可以随时随地连接到虚拟生产资料。自备生产资料和虚拟的生产资料为劳动者带来了一定程度的劳动自由，一些提供数字化服务的劳动者，如网约车司机、网络主播、网络写手等无需集中于固定的工作场所，没有强制规定的工作时间，劳动者有自主选择工作区域和运用劳动资料的自由。另一方面，一些服务行业开始大量普及和应用服务机器人等智能化劳动资料。如助老助残机器人、公共安全机器人、医疗护理机器人、教育机器人、娱乐机器人、宠物机器人、吸尘机器人、除草机器人、泳池清理机器人、窗户清洗机器人等已能从事维护保养、修理、运输、清洗、保安、救援、监护等工作，被日益普及在餐馆、酒店、银行、养老院、医院、物流仓库等众多服务劳动场所。例如餐饮业开始使用炒菜机器人和传菜机器人；临床医疗机器人可以进行医疗诊断和开展外科手术；护理机器人能承担起照顾病人、老人和婴幼儿的护理工作；酒店智能机器人能为顾客办理入住、提供问询、接待和引领服务等。服务领域劳动资料智能化的发展不但提供了程序化、规范化和精准化的服务劳动，也将劳动者从繁重、重复、枯燥和损耗性的劳动环节中解放出来，更多地从事协调、维护和管控智能生产资料的劳动。同时，根据智能平台中的智能软件提供的用户的地理位置、产品运行状态等信息，有利于开发新的服务方式、丰富服务类型，为用户提供产品在线支持、实时维护、远程服务咨询等，还能通过分析用户特征、辨识用户需求来为用户提供精准服务和个性化服务。

四、劳动价值创造隐性化

在一些尚未实现自动化、尚未运用机器人或人工智能设备的领域，劳动者的直接劳动对象通常是物质化的劳动对象，借助生产工具来对原材料和半成品进行生产、加工或服务活动。劳动产品是劳动者借助劳动工具直接作用于原材料的成果，不同的劳动产品的价值撇开其有用性质，都是一般人类劳动的耗费，其劳动价值创造是显性化的。新科技革命的蓬勃发展加速了机器人、人工智能、大数据等技术的广泛运用，越来越多的生产、加工和服务环节由机械手臂、智能机器人和工业互联网等智能化生产资料来完成，原本许多机器无法替代的脑力劳动环节也逐步被智能化生产资料所完成，也体现了新科技革命最为显著的革命性技术特征——逐步解决“自动化的讽刺”，实现一定程度上脑力劳动的自动化。[①] 由此，越来越多的劳动者退居生产性服务岗位或间接性服务岗位，例如程序员和工程师的直接劳动对象是非物质的对象，如信息、数据、知识、制度和关系等，他们运用智能机器人、工业互联网、服务业网络平台等的计算机软件系统来进行编程、系统调试、信息沟通等劳动，然后工业机器人根据程序员和工程师的程序来直接作用于原材料、半成品和产品，工业互联网按照人类设计的系统指令来自动监控生产状态并进行设备维护；同样，服务网络平台按照管理者、程序员和工程师设定的程序来匹配服务需求，服务业机器人或人工智能软件根据程序直接面对客户提供服

① 刘伟杰，周绍东．新科技革命与劳动者阶层分化——马克思主义政治经济学视角的解读［J］．财经科学，2018（10）．

务。因而看似越来越多的产品和服务是智能机器人、工业互联网和各种网络平台运行的成果，消费者越来越多地购买工业机器人生产的产品、享用服务业机器人提供的服务，似乎劳动的价值创造变成了这些智能化的生产资料的功劳。但正如马克思指出的，“生产力的这种提高并不是靠在另一地方增加劳动消耗换来的……像不变资本的任何其他组成部分一样，机器不创造价值，但它把自身的价值转移到由它的服务所生产的产品上”①，机器不创造价值，仅仅是部分转移自身的价值，而只有人类劳动才能创造凝结在商品中绝大多数的价值。科技进步带来的生产力发展能带来更多具有更丰富使用价值的产品，能极大地提高产品生产效率，但是“生产力的变化本身丝毫也不会影响表现为价值的劳动”②。事实上，科技进步掩盖了劳动者的劳动价值创造作用，无论物质产品还是无形的服务，一般人类劳动耗费并没有减少，人类劳动直接地作用于这些智能化的生产资料，借助智能化的生产资料将价值转移到产品和服务中。人类劳动价值创造作用隐性地蕴藏于智能化生产资料的活动中，但智能化生产资料不能脱离人类劳动而全面地、有创造性地、有目的地进行生产和服务，唯有人类才是劳动价值创造的主体。

第三节　新科技革命视域下的资本新形态和新逻辑

近年来，人工智能、机器人、大数据、云计算、物联网等前沿技术驱动了新一轮科技革命，呈现为一种活跃而有“创造性破坏”的新生产力要素，引发了生产力与生产关系、经济基础与上层建筑等多元变化。资本同前沿技术紧密交织在一起，形成了高科技资本的新形态，试图利用前沿技术这一生产力要素来进行新的技术分工、技术替代与技术竞争，为高科技资本的积累

① 马克思．资本论：第1卷［M］．北京：人民出版社，2004：443—444.

② 马克思恩格斯选集：第1卷［M］．北京：人民出版社，2012：60.

和扩张探寻新的空间。

一、资本形态的历史流变与新发展

对资本的理解，西方古典经济学大多局限于狭义和微观的视角。亚当·斯密认为资本是资本家驱使劳动者劳作从而获得利润而投入的物，并“蓄积于特殊的人手中”，一部分用于消费，另一部分是“从中取得收入的部分，称为资本”。[①] 马歇尔则认为资本是投入生产的物质要素，“包括为营业目的的一切东西在内”[②]，他将资本分为消费资本和辅助资本，消费资本包括食物、衣服、房屋等满足人消费需求的物，辅助资本是机器、厂房等用于生产的物。在西方古典经济学视野中，资本是满足资本家需求、服务于生产的物，因而资本的形态也仅仅局限于资本投入生产或投入消费领域后所转换的物质形态或价值形态，从而掩盖了历史范畴和阶级关系范畴下资本的真实本质。马克思基于唯物史观，考察了资本的历史起源及其原始积累的过程，指出资本主义私有制的产生，是以自己劳动为基础的私有制的解体为前提的，是在对群众进行残酷的掠夺和使用一系列野蛮手段的资本原始积累中产生的，揭示了资本是人类社会发展到特殊阶段的历史产物，并进而批驳了古典经济学狭隘化资本和物化资本的错误。马克思指出，“资本不是物，而是一定的、社会的、属于一定历史社会形态的生产关系”[③]。马克思对资本的非物质本质和抽象的社会生产关系本质的论断，植根于他对资本主义社会关系的阶级考察，他认为资本家是人格化的资本，不能孤立地看待资本，而要在资本家与劳动者、资本与劳动的辩证关系中把握资本的本质，“资本以雇佣劳动为前提，而雇佣劳动又以资本为前提。两者相互制约；两者相互产生”。雇佣劳动“生产着同它敌对的权力——资本”[④]。因而对资本的历史形态的梳理和新形态的观察不能局限于狭义和微观的视角，而应当坚持历史唯物主义视域，从资本主义

---

① ［英］亚当·斯密．国富论［M］上海：译林出版社，2011：41、241.
② ［英］马歇尔．经济学原理：上卷［M］．北京：商务印书馆，1964：98.
③ 马克思．资本论：第3卷［M］．北京：人民出版社，2004：922.
④ 马克思恩格斯选集：第1卷［M］．北京：人民出版社，2012：341—344.

发展的阶段性特征去诠释资本的形态变迁。

马克思从历史视域回顾了中世纪资本主义原始积累时期资本的原始形态，指出“中世纪已经留下两种不同形式的资本”①，即在资本主义生产方式兴起和巩固以前就存在的两种资本形式——高利贷资本和商人资本，这两种资本是工业资本的前身，随着封建制度的衰落瓦解，在工场手工业的兴起和美洲、东印度等殖民地资源攫取、海外贸易和劳动剥削中取得了原始积累，高利贷资本和商人资本凭借原始积累的资本优势，借助18世纪蒸汽机和珍妮纺纱机等发明和技术进步，将劳动者集中起来围绕着机器劳动，采用先进技术并进行较大规模集中生产，劳动者转变为雇佣工人，原本分散、小规模的工场手工业转型为机器大工业，高利贷资本和商人资本就转变为工业资本。

20世纪初，工业资本逐步走向集中和垄断，形成工业垄断资本。金融资本同工业资本交织融合在一起，形成了工业资本统治到金融资本统治的转轨，随着金融资本走向集中、形成少数垄断金融资本，工业资本对少数金融垄断资本的融资依赖更深了，使得金融资本提高了对工业资本的渗透和支配，资本主义垄断组织发展必然走向金融寡头的统治。少数金融寡头资本通过创办企业、发行证券和办理公债等来获得高额利润，在经济繁荣的时候，金融寡头通过发行证券获取巨额利润，经济衰退的时候则通过处置破产企业和改组企业来攫取利润。垄断资本会进一步通过开拓世界市场进行资本输出，利用落后国家低廉的土地、劳动力和原料来攫取高额利润，随着资本输出的增加而形成国际垄断同盟并瓜分世界，也就是列宁所说的20世纪是从一般资本统治到金融资本统治的转折点。

第二次世界大战以前，金融资本主要由以银行为主的金融组织形式来攫取高额信贷利润，为垄断资本的跨国资本扩张行为提供信贷支持，为巨额金融资本的跨国输出提供便利，为促进贸易全球化和金融资本全球化提供有利的金融支持；第二次世界大战以后，随着垄断资本之间的竞争日益激烈，银行为主的金融资本已无法满足日益扩张的跨国资本需求，非银行金融资本开

① 马克思．资本论：第1卷［M］．北京：人民出版社，2004：860.

始迅速发展，金融创新、金融衍生品交易促进了金融资产规模的膨胀，使得金融资本全面扩大了其信用基础，进一步增强了垄断地位，尤其自 20 世纪 80 年代以来，非银行金融资本快速扩张，美国非银行金融机构总资产从 20 世纪 80 年代的 2.88 万亿美元扩张到 2007 年的 50.8 万亿美元。①

2008 年全球金融危机给西方金融资本带来了沉痛一击，金融资本在金融危机的债务和破产泥潭中元气大伤，一度偃旗息鼓。随着美联储为提振本国经济先后四次实施了量化宽松政策，向市场大量注入流动性，金融资本在量化宽松的背景下获得了重振旗鼓的动力，利用宽松的市场环境不断寻觅新的增长点，试图以新的资本形态来找到逃离经济危机泥潭的救命稻草。宽松的货币政策进一步助力资本在前沿技术领域探寻新的增殖空间和机遇，资本大量流入高科技领域，同前沿科技交织在一起，高科技资本应运而生，成为植根于前沿科学和技术并从知识和技术创新中榨取剩余价值的新资本形态。

2010 年以来，欧美发达资本主义国家的高新技术公司成长迅速，成为资本主义科技进步和经济转型升级的重要中坚力量。截至 2019 年 5 月，美股前十大市值的上市公司中有 6 家是高科技公司，美股市值排名前一百的公司中高科技公司的比例逾 20%，其中苹果、谷歌、微软、亚马逊和 Facebook 这五家美国知名高科技公司的市值总和达近 4 万亿美元。美国的高科技龙头企业在近年积极地拼抢新技术专利许可，并大力推动新技术应用。微软、英特尔、谷歌和苹果等公司抢占了一半以上的人工智能专利；云计算专利平均年增 33%，其中欧美公司占据了 77% 的专利；智能机器人专利年均增长 14.8%，美国高科技公司占据了其中的 13%。2018 年全球专利最多的 10 家公司中有 6 家是美国高科技公司，其中，美国 IBM 公司的专利数量排行第一，共获得 9100 项专利，包括 1600 多项人工智能专利、2000 项云计算专利和 1400 项网络安全专利。②除了高科技产业，传统产业也加快了利用新技术进行产业转型

① 陈铭杰．论金融资本的产生与发展［J］．经济研究参考，2015（31）：41—47.

② Columbus L. *Microsoft Leads The AI Patent Race Going Into 2019* [EB/OL]. (2019-01-14) [2019-06-30]. https://www.enterpriseirregulars.com/134270/microsoft-leads-the-ai-patent-race-going-into-2019/.

升级的步伐，比如许多传统制造业和服务业公司。

二、资本运动的新路径与新逻辑

马克思曾在《雇佣劳动与资本》中深刻阐释了工业资本运动的逻辑，即工业资本家通过商品销售来补偿预付成本并获取利润的逻辑。他将工业资本生产中商品的价格构成分为三部分，第一部分是补偿资本家预付的生产资料成本和损耗，包括原材料价格、工具及机器等劳动资料的损耗；第二部分是补偿资本家预付的工资；第三部分是前两种费用以外的余额，即资本家的利润。马克思根据对工业资本主义生产过程的考察揭示了工业资本通过引进和改进机器、改进分工、压低工人的比较工资等方式来压低前两个部分的预付成本，从而从商品销售中获得更多的余额即利润的资本逻辑。

在新科技革命背景下，高科技资本运动的逻辑发生了新的变化，高科技资本同工业资本、服务业资本加速融合，不再固守传统资本的生产和扩张逻辑，而是迎合并积极推动科技革命和产业变革的发展，利用人工智能、机器人、物联网、大数据等前沿技术推动生产方式转变，利用前沿技术进步改变其商品销售中补偿预付成本并获取利润的方式和特征，以新的技术分工、技术替代、技术竞争逻辑来调节生产、调节劳动关系，从而创造了新的资本积累和扩张的空间。

（一）新科技助推资本降低预付的生产资料成本

一方面是原材料成本的变化。在18—19世纪的工业资本生产中，生产所需的原材料大多源自大自然，包括纺织业的丝线、能源业的煤炭和铁矿等，这些原材料大多较为稀缺，依赖于人工养殖和采掘，工业资本难以压低原材料成本。在新科技革命中迅速发展起来的新材料技术和3D打印技术使得资本有机会大大降低预付的原材料成本。资本通过采用新的低成本原材料和辅料来进行生产，压低预付的原材料成本，为资本增加了新的利润空间。另一方面是劳动资料成本的变化。传统工业生产中，机床等机器设备的采购成本较高、生产产品类别有限、机器的能耗和损耗较大，因而机器等劳动资料成本构成了除工资以外的最大成本。在新科技革命的智能制造生产中，智能机器人被各制造业部门逐步广泛使用，随着智能机器人技术扩散和机器人制造业竞争的开展，智能机器人的成本不断下降，更新迭代的速度不断加快，机器人的操作性能和智能水平不断提高，单位能耗和损耗不断降低，使得资本的机器采购成本、损耗和维护成本不断下降，因而极大地降低了资本预付的生产资料成本，为资本留下更大的利润空间。

（二）技术分工和技术替代降低了资本预付的工资成本，形成了获取剩余价值的新方式

马克思提出了“比较工资”的概念，认为比较工资通过将实际工资增长同资本家的利润增长相比较，能更鲜明地反映资本同劳动之间的利益消长。尽管分工发展、机器采用带来的生产率增长可能提高工人的实际工资，但是相较于资本家的利润增速，工人的比较工资是下降的，资本与劳动之间的鸿沟不断扩大。在传统工业资本时期，资本家主要通过两种方式来压低工人的比较工资，一种是进行更细化的分工来使劳动简单化，降低工人劳动技能的稀缺性，提高工人内部的竞争性从而压低工人的工资，同时延长工人的工时，使其依靠工时工资来维持生存，从而加重对资本的依附。另一种方式是通过采用和改进机器来替代熟练工人，使用不熟练工人或产业后备军来压制工人的工资，用机器的高生产率排挤大量工人。在新科技革命背景下，资本依然依靠这两种方式来压低劳动者的比较工资，只是劳动者内部发生了分化，使得资本压低比较工资的策略多元化。由于人工智能技术、机器人技术、云计算和大数据技术等应用于各行各业需要大量的高技能劳动者，高科技资本表现出了越来越强的技能偏好，开始大量雇佣具有较高教育水平、较强前沿专业技能的高技能劳动者，仅在一些无法完全实现自动化、智能化的生产环节留下一些中低技能劳动者，甚至采用临时工、外聘工等非正式劳动关系来完成非核心部门的生产和服务。资本对高技能劳动者的策略主要是通过分工来碎片化劳动者的劳动技能，安排一批高技能劳动者共同分工配合完成一个项目或产品生产，使单个高技能劳动者无法独立完成产品生产，从而降低高技

能劳动者的技能稀缺性，压低其工资水平。无论是高技能劳动者还是中低技能劳动者，资本依然通过技术替代来压低劳动者的比较工资。在一些劳动密集型、规范化、程序化的生产或服务环节，如喷涂、焊接、组装、物流等生产环节和酒店、银行、餐饮业的部分服务环节，劳动者正逐步被智能机器人替代，要么导致劳动者失业下岗，要么推动被替代的劳动者内部转岗或跨行业流动。内部转岗的劳动者恐于短期内再次被替代，会被动接受压低工资的要求，一旦机器人等生产资料更新换代，就会进一步替代更多中低技能岗位，这些被替代的劳动者会进一步跨行业流动到技能门槛较低的劳动岗位，如从事网约车司机、网络送餐员、快递员等，形成了一个庞大的低技能劳动者群体，在非正式劳动的高强度劳动、低工时工资中被占有其剩余价值。

随着大数据、云计算、人工智能技术被逐步应用于劳动监控和绩效考核中，资本占有剩余价值的范围更大，手段更多元化和隐蔽化。马克思认为被机器替代的劳动力不创造剩余价值，而是资本家雇来使用机器的劳动力创造剩余价值。这部分工人成为特殊类别的机器工人，他们的劳动强度和速度都成倍地增加。资本通过占有和垄断着机器人、工业互联网、网络平台等关键生产资料的所有权，从劳动者围绕智能化生产资料创造的劳动价值中攫取剩余价值。

（三）新科技为资本创造了多元定价的新营利方式

在传统工业资本生产中，资本通常需要不断地增加投资、扩大生产规模、提高产量并降低产品价格以赢得更多的市场份额，从而用销量来弥补售低价销售的损失，即市场常见的“价格战”。在激烈的市场竞争下，“商业的周期性波动中必然使商品价格和商品生产费用趋于一致的规律”。[①] 在新科技革命的生产方式变革中，资本除了“价格战”这种薄利多销的营利方式，还形成了多元定价的新营利方式，随着物联网、大数据等新技术强化了资本对市场供需信息的获取，资本能在大数据支持下以定制化生产和高质量生产来提高产品的价值

① 马克思恩格斯选集：第1卷［M］. 北京：人民出版社，2012：354.

构成，形成中高端定价的供需匹配模式，在物联网传输的数据和大数据技术的海量销售数据分析支持下，资本能即时、敏锐地把握市场消费需求变化，通过电商平台等直接获取个性化定制订单，从而根据消费者个性化需求和不同群体消费需求来精准生产，提供定制化的产品和高质量产品，以中高定价来完成订单，降低了库存积压的风险，形成高销售价、高质量、精准产量的高利润营利模式。

（四）金融资本同高科技资本的结合形成了资本套利投机的新运动逻辑

高科技资本为了赢得市场竞争、扩大市场占有率，会不断地扩大资本规模、强化技术研发、采购更多的智能机器人等劳动资料，高科技资本的技术研发成本较高，因而高度依赖资本市场融资。一部分金融资本拉抬前沿科技概念，入股高科技资本进行“击鼓传花式”的接盘炒作，哄抬起虚高的市值再转手变现，从金融投机中快速得到高利润回报，一些高科技资本仅仅谋划了前沿技术前景和虚拟的项目运营机制就将项目转手给其他资本，在快速变现中获得了大量的投机利润，形成了高科技资本和金融资本合流的套利投机运动逻辑。

高科技资本的发展目的包括降低成本、提高劳动生产率、榨取更多的剩余价值、获得更高的市场份额和获取更高的利润，这就是高科技资本不变的发展宗旨和运动逻辑的实质。高科技资本借助新科技革命的发展热潮形成了植根于资本积累和扩张本性的新运动逻辑与积累和扩张的新方式，其背后的实质是资本调整剩余价值的获取方式，利用高科技发展打破了以往资本运动在时间和空间上的局限性，极大地延展了资本的触角，改变了资本与劳动、资本与市场之间的关系。资本新的积累和扩张的运动逻辑始终以劳动关系为前提和基础。前沿技术是高科技资本获取剩余价值的新手段，技术要转化为剩余价值必须而且只能依托于劳动者与技术的结合，无论是用技术来替代低技能的劳动还是用技术来补充高技能劳动，技术不能完全脱离劳动者而直接与其他生产要素相结合。劳动者与技术结合的意愿、能力与利益直接影响到高科技资本积累和扩张的成效与走向。

第四节 新科技革命中的劳动关系新变化

新科技革命中的高科技资本借助人工智能、机器人、物联网、大数据等前沿技术形成了新的资本积累和扩张的逻辑，即资本对劳动支配和博弈的权力强化导致契约关系多元化、支配关系隐蔽化、博弈关系复杂化。

一、契约关系多元化

新科技革命中许多新产业和新业态的劳动关系已超出了传统的劳动关系的范畴，形成了复杂、多元、动态的契约关系。这种契约关系既涵盖了新型的弹性化和多重化的契约关系，又包括超出劳资雇佣范畴的个体劳动者同资本的合作分成关系，还涵盖了雇佣关系模糊的新契约关系。

（一）契约关系弹性化和多重化

传统正式劳动关系中，大多数劳动者的劳动时间和劳动场所较为固定，形成一个劳动者对应一个雇主的稳定和单一的劳动关系。弹性化是不固定的、具有一定范围内灵活变动弹性的特征。弹性化的特征导致了多重化的结果。智能劳动资料的应用和普及，改变了劳动力与生产资料的组织方式，使得越来越多的劳动打破了时间和空间限制，从工厂劳动或者传统公司办公室劳动的机械模式转变为充满弹性的、开放的、互动的模式，劳动关系也从稳定和单一的关系转变为弹性化和多重化的新型契约关系。例如一些劳动者可以在下班时间或休假时间从事兼职劳动，同本职工作雇主和兼职工作雇主形成了双重雇佣关系，也就是劳动时间和场所弹性化、多重化的雇佣关系。随着众包等新劳动模式的发展，越来越多的雇主精简了固定的劳动岗位，只保留核心的劳动岗位，将非核心劳动内容以众包（crowd work）的形式委托给众多外部人才完成，在数字化平台上将工作任务拆解成若干细小的劳动项目，分别众包给应征的人才。这种契约关系是临时性的，是围绕单次工作内容的弹性契约关系，劳动者可以凭借自身专业技能在这种弹性契约关系中获得更多的工作机会，雇主也能获得更多的外部人才资源，极大地降低了劳动成本。同时，这种弹性契约关系的发展也加剧了用人单位的小微化、非正规化，提高了灵活用工的使用频率，降低了劳动关系的稳定性。①

（二）合作和分成的契约关系

在一些提供个体劳务服务的新产业和新业态中，个体劳动者同平台资本之间不再是传统的劳动关系，而是形成了合作和分成的契约关系。平台资本将自身定位为提供撮合服务的中介组织，主要从事匹配和撮合劳动者与消费者之间的交易，并为个体劳动者提供信息服务等支持，从中收取一定的居间服务费等佣金，但是个体劳动者对平台不具有明显的组织从属性、经济从属性、人身人格从属性特征，这些平台对个体劳动者的劳动没有支配和控制内容，不具有符合现行法律调整的劳动关系的特征，因而已经不属于传统的劳动关系，个体劳动者与平台资本之间是一种合作和分成性质的契约关系。

（三）"自雇"与"他雇"边界模糊的新契约关系

新科技革命发展过程中，一些新型劳动关系的属性较为模糊，雇主对劳动者的支配和控制表现得并不明显，劳动者对雇主的人身从属性或者人格从属性仅在一定环节和一定程度上体现，这种新契约关系超出了传统劳动关系判定的范畴，使得劳动者与雇主之间的关系处于一种矛盾、各执一词和模糊的处境。例如，一些网络平台公司与劳动者签订"合作协议"或"信息服务协议"，甚至单方在服务合作协议中强势认定自身与劳动者仅存在挂靠合作关系，不存在任何直接或间接的劳动关系。但同时，在劳动过程中又对劳动者的劳动内容有一定程度的支配性和主导性。例如，一些网约车平台公司为了规避司机同自身形成实质的劳动关系，将自己公司拥有车辆挂靠在租车公司的名下，同时借由劳务派遣公司来聘用司机，最后由平台同租车公司、劳

① 王文珍，李文静．平台经济发展对我国劳动关系的影响［J］．中国工人，2017（1）：4—12.

务派遣公司以及司机共同签订四方协议。在这种契约关系中，看似劳动者是“自雇型”的个体劳动者，但是在劳动过程中又面对着雇主对劳动内容较明显的支配和控制，形成“自雇”与“他雇”模糊的新契约关系，客观上为劳动者带来了就业风险上升、法律层面缺乏保护等问题。

二、支配关系隐蔽化

智能机器人、网络平台、大数据等智能化劳动资料和技术手段掩盖了资本对劳动的支配，形成隐蔽在劳动时间场所自由、多劳多得等新科技革命“红利”背后的资本隐性支配。资本对劳动的支配方式更加隐蔽，剥削强度更大，资本实现控制的对象和范围更为广泛。

（一）劳动时间支配隐蔽化

马克思认为，劳动这一人的生命活动是一种生产实践，是人能动地有意识地运用自身的生命力的活动，它虽然有极大的弹性和变动余地，但不能被无限度地耗用，因而工作日有一个最高界限，这个最高界限首先取决于劳动力的身体界限，因为“一个人在24小时的自然日内只能支出一定量的生命力”，劳动者需要“在体力、健康和精神的正常状态下来劳动”，“在劳动力的正常耐力和健康发展所容许的限度内使用它”。“这种力每天必须有一部分时间休息、睡觉，人还必须有一部分实践满足身体的其他需要。”马克思指出，劳动力的价值包含再生产工人或延续工人阶级所必需的商品的价值。劳动力需要通过消耗生活必需品和充足的睡眠来再生产。“正像贪得无厌的农场主靠掠夺土地肥力来提高收获量一样”，“延长工作日使人的劳动力由于被夺去了道德上和身体上正常的发展和活动的条件而处于萎缩状态”。不仅如此，“工作日的延长还具有道德界限”，即除了生产实践，工人还必须进行道德实践活动，要有工作以外的自由时间来受教育和发展智力、履行社会职能、进行社交活动，使个性得到一定程度的发展并享有社会生活，满足自身的精神需要和社会需要。

高科技资本具有以劳动力为关键生产要素来实现资本增殖与扩张的本质

需求，也具有根据产业发展规律调整劳动用工策略的动机。在产业发展的不同阶段，企业必须根据产业发展规律和市场竞争态势，灵活地调整劳动用工制度，以赢得同业竞争并占据市场地位。在产业萌芽和成长期，企业处于战略扩张阶段，同业竞争压力适度、外部市场需求充足，企业通常会大量释放劳动力需求，在运营高峰期充分集结和利用劳动力，以赢得市场竞争；在产业成熟期，同业竞争压力加大、外部市场需求达到高峰，资本会倾向于增加劳动力需求，最大限度地支配劳动力，形成同业竞争的劳动力优势，以提高生产率、赢得市场竞争；到了产业转型期，同业竞争白热化、外部市场趋于饱和，资本会保持或降低劳动力需求，更大限度地支配劳动力，通过延长工作时间、减少劳动报酬分配等方式来节约成本、应对市场竞争压力，争取在转型期生存下来。随着行业周期的发展，高科技劳动者的内部竞争逐步趋于激烈，使得劳动者被竞争的压力裹挟，无法提升自身与资本博弈的地位，导致一部分劳动者主动或被动加班以争取以更大的劳动贡献来保住自身的职业地位和待遇。

高科技资本对劳动时间的支配转变为隐性支配。传统正式劳动具有相对固定的劳动时间，劳动时间的计算通常依托于固定劳动场所的“物理空间在场”，劳动者可以凭借“物理空间在场”取得基本劳动收入，并按照工作绩效获得激励性的收入。随着智能化劳动资料的普及应用，传统的集中于固定工作场所的“物理空间在场”开始向更加自主灵活机动的“数字空间在场”转型，智能化技术模糊了工作和生活的界限，客观上增加了资本侵占劳动者生活空间的劳动时间，原先劳动者只需一天工作八小时，超出法定工作时间是额外劳动时间，有相应的加班费，而新产业新业态中的许多灵活劳动无固定工作界限，只要智能化的劳动资料能使用，消费者就可以随时提出消费订单，接受订单的劳动者没有额外劳动时间的衡量和加班费的制度规定。原先的“物理空间在场”的劳动模式下，雇主不可能实时监测每个劳动者的劳动状态，但在“数字空间在场”的劳动模式下，数字化技术自动捕捉和记录劳动者的劳动过程，劳动时间的监控可以细分到以小时甚至以分钟来计算，使得雇主对劳动者的劳动时间和状态能进行更精细地监控。再者，劳动者要获得较为持续稳定的劳动地位和足够的劳动收入，客观上必须要以充足的“数字空间在场”为前提。只有具备了充分的“数字空间在场”，劳动者才有机会匹配到更多的消费需求，才有机会学习和积累更多的劳动经验并提升劳动业绩。因而劳动者看似获得了时间安排上的自由和灵活，但为了增加收入，他们不得不增加劳动时间，于是劳动者只能以牺牲劳动时间的自由灵活为代价来换取劳动报酬。因而新科技革命中资本对劳动时间的支配是隐性而强化的。

（二）劳动强度支配隐蔽化

在传统“物理空间在场”的劳动模式下，雇主对劳动强度的支配体现在物化的产品数量、生产效率或面对面的服务次数和服务质量上。在新科技革命中“数字空间在场”的劳动模式下，雇主对劳动强度的支配变得隐性化，从直接支配转变为间接支配，从物化计量的支配转变为数字化计量的支配。表面上看劳动者有自主安排劳动时间和劳动承接的自由，但是雇佣关系的灵活化和多重化使得劳动报酬的计算无须再依托“物理空间在场”，基本按照工作绩效来衡量，因而劳动者要获得更多的劳动报酬就必须取得更大的工作绩效。在互联网行业等领域，工作绩效的衡量不再局限于组织内部的横向竞争，而是将劳动绩效衡量同消费者绑定，以消费者的认同和评价为标准，客观上对劳动者提出了更高的要求，将组织内部竞争扩大为市场的普遍竞争，提高了劳动者取得工作绩效的难度，增加了劳动强度和竞争烈度。例如网络写手、网络主播、“网红博主”等无需集中于雇主的工作场所，只需劳动者在家使用网络设备就可以工作，但是他们要取得更好的工作绩效，必须要做出更多获得消费者好评的网络作品、获得更多的网络点击率和观看次数，就会倒逼劳动者付出更多的劳动，被动提升其劳动强度。同时，资本借助智能化的计步器、录音软件、视频、电子打卡设备等强化对劳动者的监控，压缩劳动者劳动间歇休息和放松的空间，以精确到秒的工作时间记录、强大的人脸识别和语音视频监控等方式来监控劳动者的一言一行，提高劳动者的劳动强度，攫取劳动者创造的剩余价值。一些网络平台公司对劳动者实施间接支配，通过暗访抽查等形式对劳动者进行监督，并对达不到要求的劳动者给予严厉的处罚。[①]劳动强度的增加看似是由激烈的市场竞争导致的，实际上是资方决定了劳动绩效的评价标准，隐蔽在市场竞争背后的是资方对劳动的实质支配。

（三）劳动报酬支配隐蔽化

首先，科技进步赋予了资方更大的劳动报酬分配权。智能化的劳动资料如智能机器人等为资本带来了高生产率，同时减少了低技能劳动者的边际生产率，因而没有给低技能的劳动者带来更高的劳动报酬。被机器替代的群体想要找到有体面工资的工作会遭遇困境；而高技能劳动者尽管能凭借技能稀缺性而获得相对较高的收入，但也始终面临着自身劳动被不断更新换代的智能机器人所替代的潜在风险，因而劳动者的报酬分配依然深受资本的支配和约束。

其次，劳资之间分成合作的契约关系表面上看提升了劳动者的自主性和灵活性，实质上资方也对劳动者劳动报酬给付的形式和内容等始终具有较大的支配权，劳动者的劳务报酬表面看似乎是多劳多得、按劳分配，实际上资方利用平台所有权和制定规则的权力来实现对劳动力的控制，并最终从劳动者创造的价值中获得分成回报。平台单方决定交易规则、产品服务价格、劳动者分成收入、劳动保障和福利等，劳动者则几乎没有话语权，只能被动遵守平台制定的各项规则，并且不得不承担平台调整费率、增加控制带来的不确定风险。此外，资本不但强化内部劳动者的竞争考核，还将劳动者推向更激烈竞争的外部市场，利用市场的评价机制来设计劳动绩效考核机制，用消费者的点击率、评论数、点赞数、网络广告浏览率、订单数、会员入会率等来量化考评劳动者，将这些量化的指标同劳动者的所得分配直接挂钩，表面上劳动者的报酬分配取决于市场的客观标准，实际上，仍是资本掌握了幕后的“游戏规则”，使得劳动者在更大范围、更激烈的市场竞争中增加了完成绩效的难度，增加了劳动者在激烈的市场竞争中被淘汰的风险。

---

① 张成刚．共享经济平台劳动者就业及劳动关系现状——基于北京市多平台的调查研究［J］．中国劳动关系学院学报，2018（3）：61—70.

再者，劳动者被动承担更多劳动成本而隐性降低了劳动报酬。新型劳动关系使得许多本应由资方承担的经营成本被外部化，转嫁到个体劳动者身上，变相降低了劳动者的报酬。加拿大学者斯尔尼塞克认为，数字化的商业模式如平台经济事实上通过一个超外包的模式来运作，即员工外包、固定资本外包、维护成本外包以及培训外包。剩下的只是提取最小值——控制平台，就可以为资本获得垄断租金。这些平台合法地将员工解释为“独立的承包商”而不是雇员，使得企业可以削减某些方面的成本，如福利、加班费、病假补贴以及其他成本，节省大量的劳动力成本。① 平台借由外包削减成本，例如生产资料购置成本、带薪休假和福利成本、劳动保障成本等本应由资方承担的劳动力成本由个体劳动者自行承担，平台仅承担一定的连带责任。许多灵活就业的个体劳动者的劳动保障普遍缺失，劳动者缴纳社保或商业保险的比例不高，只有少数雇主愿意购买商业保险，这也导致大量个体劳动者处于无劳动保障的高风险劳动状态，劳动者即使自缴社保也形同变相降低了劳动者的收入所得。

三、博弈关系复杂化

劳资双方的地位差异、利益差异和阶级立场差异决定了双方的博弈关系趋于复杂化。根据博弈论，供博弈方选择的策略数量越多，博弈方的行动空间就越大，博弈关系就越复杂。新科技革命视域下的劳资博弈关系在博弈地位、博弈策略和博弈结果方面均呈现出复杂化态势。

（一）劳资博弈地位悬殊化

新科技革命背景下资方博弈地位趋于强化的同时，劳方博弈地位趋于弱化。一方面是资本实力的不断壮大和市场垄断现象极大地强化了资方的博弈地位。新科技革命的发展表现出鲜明的技术和资本密集型特征，一些新业态

---

① ［加］尼克·斯尔尼塞克．平台资本主义［M］．广州：广东人民出版社，2018：84—85.

领域的市场发展高度依赖资本投入，形成了金融资本和高科技资本合流的资本格局。例如，人工智能领域的工业机器人、服务机器人、智能制造等的发展都高度依赖资本支撑，共享经济领域如共享单车、网约车等新商业模式也高度依赖资本市场，通过多轮风投运作来不断扩大资本规模以支撑企业进行并购、市场宣传、市场补贴等高额成本开支。经过激烈的市场竞争，仅存的一两家企业壮大起来，权力被集中到少数资本手中，以此形成市场垄断地位，资本规模庞大、股东众多、利益关系交叉复杂、垄断格局显化，形成了强有力的资方博弈地位。凭借雄厚的资本实力和市场垄断地位，资方获得更强的垄断话语，劳动者的谈判能力相对弱化，资本对劳动的支配权进一步强化，形成了强资本支撑的博弈地位。

另一方面，新科技革命中劳动者松散化和弱联结化进一步弱化了劳方的博弈地位。随着数字化技术发展，劳动者远程工作、弹性工作以及灵活劳动的比率上升，劳动者将越来越多的时间和精力用于直接处理信息、知识、符号等虚拟对象，同网络代码、网络平台、智能机器人等劳动资料接触和互动，劳动者之间的合作高度依赖网络系统，面对面的分工协同弱化了，彼此缺少共享的物理空间进行人际互动，在有限的时间和精力分配下，劳动者之间互动和联系弱化了，人机互动超过了人际互动，有限的人际互动也转变为高度依赖数字化技术的间接远程互动，导致劳动者之间的联结弱化，劳动者很难为了共同的目标有效整合起来。这种弱联结导致一旦发生劳资争议事件，劳动者的集体行动能力极为有限，劳动者分散化和弱联结化导致他们彼此之间的信任资本较弱，一旦遇到博弈困难和瓶颈就很容易引发内部分歧和矛盾，博弈的成效大打折扣。

（二）劳资博弈策略选择差异化

劳资双方博弈地位的悬殊化导致了双方博弈策略选择差异扩大化，资方凭借强势地位拥有资本、技术、制度等方面多种强有力的博弈策略，而劳方则丧失和难以运用传统的博弈平台和策略，仅能用有限被动的博弈策略艰难抗争。

一方面是资方的博弈策略多元化，包括以机器替代劳动、制造劳动者内部竞争、轻资产化运营、灵活重组再构等手段。首先，随着智能机器人应用的推广和数字化技术普及，用技术进步替代劳动者成为资方博弈的一个关键策略和筹码。资本用智能机器人来替代或压低劳动者的劳动报酬，极大地提高了隐藏在智能机器人背后的资方博弈权力。其次，资本善于制造劳动者内部竞争，利用竞争机制来降低劳动者博弈能力。在一些新产业和新业态领域的低技能岗位，由于劳动门槛较低使得大量低技能型劳动者涌入同行业，导致产品和服务供给快速上升，在服务供给过剩的情况下劳动者的劳动机会快速减少，在劳动竞争机制下劳动者内部形成竞争态势，劳动能力相对弱的劳动者面临被淘汰的风险，继而影响其博弈能力和话语。再者，高科技资本轻资产化的运营模式也使得资方越来越能够以低成本灵活进行项目和部门的重组再构，以应对市场风险，使得资方进一步增加了博弈策略优势。

另一方面，劳方博弈策略选择有限而被动。传统劳动模式下劳动者基于“物理空间在场”和面对面生产合作形成社会资本，容易互相分享信息、深度沟通和进行集体行动，通过一定范围、一定规模的劳动者集体意志表达和集体行动来形成自身的博弈资本，依托企业工会、区域劳动仲裁等进行集体协商谈判，博弈策略包括组织强势劳工代表团队、搜集资方违法违规或不合理用工证据、提出集体罢工或同业跳槽等。然而，在新科技革命发展背景下，许多新产业和新业态领域的劳动用工原子化、分散化的特征降低了劳动关系的稳定性和劳动者的组织化程度。劳动者分散于各地，增加了集体沟通、协作、集结和行动的成本，很难真正组织起与资方谈判的强势力量。同时，远程或数字化的劳动形式也增大了劳方搜集资方违法违规或不合理用工证据的难度，难以提出有震慑力的罢工休业、同业跳槽等博弈策略。不同于传统制造业领域的罢工往往能导致资方高额损失，新科技革命下资方相对轻资产运营模式能在一定程度上规避劳工罢工带来的风险，导致劳方集体协商与谈判的博弈策略选择更加捉襟见肘。

（三）劳资博弈结果不稳定化

新科技革命发展在一定程度上降低了劳资博弈结果的稳定性。一方面，由于科技变革日新月异，新产业和新业态创新频繁、商业周期短、竞争淘汰率高，资方常常需要跟随技术变革趋势进行快速的战略调整、技术调整、组织调整，从而导致部门裁撤、整体裁员、降薪减酬、福利保障变革等频繁发生，使得劳资博弈周期缩短，执行博弈结果的可持续性低，新调整、新变化导致博弈事件增多，博弈对立情绪上涨，降低劳方进行常规劳资博弈的意愿，导致劳动者对组织的认同感和归属性较低、人员流动性大。另一方面，合作博弈减少、非合作博弈和博弈失败后的对抗升级增多。合作博弈是参与博弈的双方利益都有所增加，即实现“双赢”，或至少一方得利而另一方的利益不受损，因而使整体的利益有增进，这种合作博弈的结果是积极有效的。非合作博弈是参与博弈的各方都只关注如何选择适当的博弈策略使自己的收益最大化。技术进步使得企业有更多渠道和手段来降低成本以适应激烈的市场竞争，如劳动外包、众包、劳动资料外包、远程服务等，在这种成本最小化的发展模式下企业往往将低技能劳动者视为一种成本负担，导致企业将其与高技能、复合型的核心人才资源区分对待，对高技能、高劳动素质的劳动者采取合作博弈策略，而对低技能、低素质的劳动者更多地采取非合作博弈策略和零和博弈策略，以劳动者利益受损为代价换取自身利益增进，在博弈中利益受损的劳动者往往放弃正规劳资博弈渠道，或在博弈破局以后集结起来进行抗争行动，采取集体罢工、围堵企业、利用网络新媒体曝光、集体上访等较为激烈的抗争形式，使得劳资非合作博弈和零和博弈的结果失序化、激烈化。

第四章

新科技革命视域下发达国家劳资关系调节及其面临的困境

美国、德国和日本等发达国家在新科技革命发展的进程中面临着科技进步对劳动力市场的冲击和劳资矛盾加剧等的挑战，其劳资关系的调节存在着固有的制度制约与若干困境。

第一节　美国劳资关系调节及其面临的困境

美国调节劳资关系主要依赖自由雇佣的原则与灵活多元的调节机制，在新科技革命发展的背景下面临着工会发展局限、新业态劳资矛盾显性化和劳资两极分化等风险挑战和调节劳资关系的诸多困境。

一、美国劳资关系现况

美国人口约为 3.28 亿人，2020 年美国有 1.65 亿劳动力，劳动参与率为 61.8%，约有 79% 的劳动力分布于服务业，其余 19.7% 从事制造业、1.3% 从事农业。截至 2021 年 4 月，美国失业率为 6%。随着新科技革命的发展，美国劳资契约关系、劳资支配关系和劳资博弈关系等层面都出现了新的特征与变化趋向。

（一）美国的劳资契约关系

美国的劳资契约关系深受自由主义经济学的影响，崇尚亚当·斯密的自由雇佣（At-will Employment）观念，主张劳资自治的基本原则。美国联邦和各州按照法律来调节劳资关系，并由专门委员会进行管理，美国联邦及其各州出台了相关法律法规来规范自由雇佣原则，对特殊类型的雇员给予保护，规定无正当理由的情形下雇主不得随意解雇雇员，资方不能基于种族、年龄、性别、出生地、婚姻状况、怀孕、宗教信仰、残障等进行歧视性雇佣或解雇。另外，美国政府设立了一定制度来规范资方的雇佣行为，包括“默示合约”“信赖雇佣”、实行集体合同和增加雇主缴纳失业保障金额等。其中，“默示合约”是指雇员基于雇佣期内一定条件和证据如工作时间、工作评价等合理地相信自己不应被随意解雇的契约关系。如果法院认定雇主和雇员之间存在默示合约，那么，雇主就不得随意解雇雇员；“信赖雇佣”是指如果雇主在雇佣行为发生后解雇雇员，则需要赔偿雇员为了新工作而辞去旧工作、搬家、培训等损失；美国的集体合同通常规定，雇主的裁员计划要按职工在该企业工作的年限进行，同时美国的失业保险法规定雇主缴纳的失业保险金要依据雇主过去裁员的人数来征收，裁员越多则需要缴纳的失业保险金越多，这在一定程度上规制了雇主任意裁员的现象。

随着新科技革命的发展推动劳动方式的变革，越来越多的劳动者开始在平台经济等领域进行灵活就业，自由职业、兼职工作、临时工、外包工、独立合同工等非标准劳动形态不断涌现，该类型劳动者数量占比不断提高。根据美国劳工统计局数据，2017 年，美国非标准就业的各种职业中，“独立合同工”（Independent Contractor，指专门承接企业委托项目的自由个体）约占劳动力总数的 6.9%，“随叫随到的劳工”（On-call workers）占 1.7%，“临时支援劳工”（Temporary help agency workers）占 0.9%，“外包工”（Workers provided by contract firms）占 0.6%。根据《2017 年美国自由职业者》报告，2017 年美国有 5730 万人从事自由职业，约占美国劳动力的 36%，自 2014 年以来自由职业劳动力增长率达 8%，一年创造 1.4 万亿美元的经济贡献，该报告认为若能保持增速，到 2027 年，自由职业将占美国劳动力的半数以上。相当一部分自由职业者从事在线知识工作，包括软件类工作、在线内容产业、电子商务等。还有一部分劳动者从事网约车等共享经济领域的劳务工作，截至 2017 年年底全美国有 90 万名网约车司机，这一类劳动者在美国属于“独立承包人”的身份。

（二）美国的劳资支配关系

第一，从工作时间的支配来看，根据亚太经合组织统计数据，2019 年美国劳动者平均一周工作 34 个小时，平均一年工作 1779 个小时。随着新科技革命发展带动美国互联网高科技行业、平台经济等行业的发展，这些行业的劳动者出现了越来越显著的过劳现象。例如美国著名的电子商务公司亚马逊是美国互联网科技行业中公认的员工压力大、工作时间长的典型代表。通常亚马逊的程序员每周工作长达 80—100 小时，周末也要去公司开会，下班回家与节假日也要随时候命工作并举行电话会议。亚马逊的仓库工人们处于精密复杂的电子系统监控中，工人工作时需要佩戴特定的设备，该设备带有计步器、摄像头甚至录音功能，亚马逊管理层能实时监控仓库工人的工作状态和效率，因而工人往往在严密的监控下被剥夺了更多的休息时间，导致劳动负荷上升。亚马逊公司员工的过劳问题也曾引发美国《纽约时报》对其长文批评。除了亚马逊，一项针对 Facebook 员工的调查显示，Facebook 员工普遍反映工作时间太长、工作压力太大导致工作和生活难以平衡。[①] 谷歌的员工需要全天 24 小时关注电子邮箱里的工作邮件，下班回家要继续工作。此外，在美国网约车行业，网约车司机也处于超时工作的过劳状态，美国优步（Uber）公司曾宽松设置网约车司机的连续劳动时间，专车司机每周最长工作时间高

① 调查称 Facebook 员工最大抱怨为工作时间太长［EB/OL］.（2012-03-23）［2019-08-30］. https://tech.qq.com/a/ 20120323/000548.htm.

达 100 小时，每天连续驾驶时间超过 14 小时，超过了美国出租车司机连续工作 12 个小时的最高工时限度，导致许多网约车司机超长时间驾驶和疲劳驾驶。新科技革命带来的劳动资料、管理设备、工作方式等方面的巨大变化导致资本越来越有条件对劳动时间加强支配，使越来越多的行业领域的劳动者陷入了过度劳动的困境。

从工资的支配看，根据亚太经合组织统计数据，2019 年美国劳动者平均年收入为 65836 美元。近年，美国劳工阶层的薪资集体协商能力降低，《员工服从公司派遣》等法律规定的出台进一步便利了资方利用劳动派遣制来剥削派遣制劳工并提高资本所得。新科技革命还加速了美国劳动者内部的收入分化，计算机工程师等一些中高技能劳动者受益于技术进步，获得较高的收入，中高技能劳动者同服务员、出租车司机等低技能劳动者收入差距可达 4 倍以上（见图 4–1）。

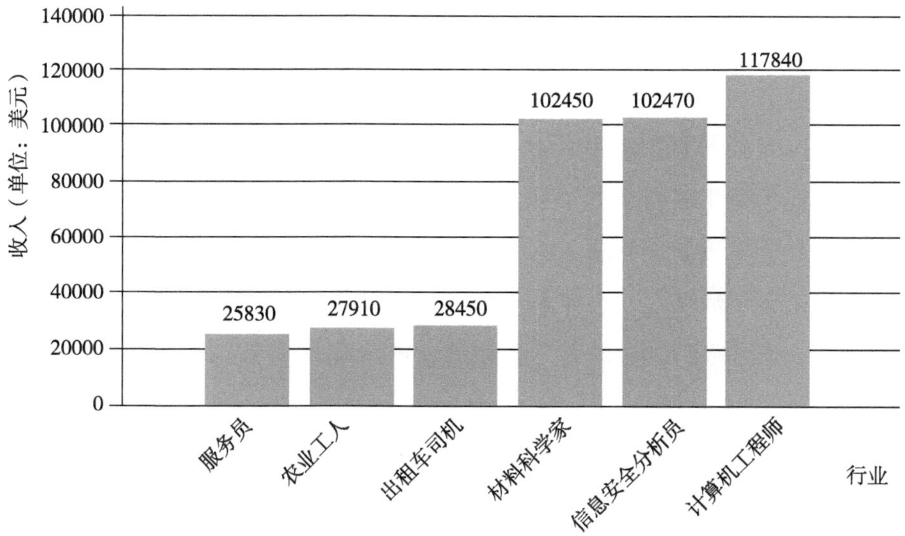

图 4–1　2018 年美国若干行业劳动者年收入表

注：根据美国劳动统计局 2018 年各职业收入数据整理。

第三，从生产资料支配看，资方加快利用信息通信技术、人工智能技术和机器人应用来代替中低技能劳动者。从 20 世纪 50 年代后期开始，美国大力开发工业机器人技术，20世纪80年代美国机器人产业快速发展，研发出点焊机器人、喷涂机器人、弧焊机器人和搬运机器人等工业机器人产品并在汽车制造业等行业推广应用，同时推动了焊接、喷涂、弧焊等制造业岗位的劳动力替代。20世纪90年代，美国制造业逐步广泛应用装配机器人及柔性装配线。2017年，美国每万名制造业工人有工业机器人200台。根据美国波尔州立大学统计，自2000年以来美国约500万个工厂的工作岗位被替代，其中88%的技术替代都是由于机器人、自动化技术进步所导致的。2019年美国布鲁金斯学会（Brookings Institution）的报告进一步预测指出，随着人工智能和机器人的快速发展，25%的美国劳动者即3600万人存在被机器人取代的“高度风险”，还有36%约5200万美国人存在被替代的“中度风险”。因而美国中低技能劳动者面临着被机器和自动化技术替代的严峻风险和挑战。

（三）美国的劳资博弈关系

美国劳资博弈关系通常以工会为核心，通过集体协商和罢工等方式来进行。1886年，美国成立了第一个全国性的劳工组织——美国劳工联合会。同时，工人按照工种组织电工、钳工、矿工、管道工、卡车司机等水平型的行业工会并成为劳工联合会的下属工会。美国的地方工会则负责劳工运动的日常工作，并同资方进行相关事项的协商。20世纪30年代美国经济大萧条之后，产业工会开始兴起，这种垂直型工会的成员涵盖了产业各层次的劳动者。2007年，美国共有1600万个工会会员，占全部计酬劳动力的12%；2017美国工会会员总数为1481.7万人，工会参加率为10.7%。在政府雇员中，公共安全和教育部门的工会参加率较高；在私营部门，工厂、公用事业和建筑行业的工会参加率较高。

美国工会的劳资集体谈判制度主要采取“排他性原则”的制度，即在劳资谈判前，只有获得雇主承认的工会才能成为唯一合法的工会代表参与劳资谈判，而其他工会的谈判资格将自动被排除。如果雇主不认可工会的代表权，工会需要向国家劳工委员会提出申请选举，通过竞选获得30%以上工人支持来赢取谈判资格，再代表工人与资方进行福利、工资、工时等内容的博弈。

美国的工会集体谈判形式多元，可由劳资双方自由选择，较常见的集体谈判形式有单个雇主与员工的集体谈判、单个雇主与多个子公司的员工进行的集体谈判、多个雇主联合起来与员工谈判等。不同于欧洲的集体谈判通常涉及整个产业范围，受自由雇佣精神影响，美国的劳资谈判更多是单个雇主与员工的谈判形式，倾向于劳资双方的非正式磋商。而在制造业等体力劳动者聚集的行业，资方一般更倾向多雇主联合的谈判形式，有利于通过资方联合来强化博弈话语权。

除了集体谈判协商，具备一定的资本实力、掌握有一定的罢工基金的工会能通过组织罢工行动来进行劳资博弈。2007—2019 年，美国 2 万人以上的罢工有 10 起以上，其中规模较大的有 2007 年与 2019 年通用汽车公司汽车工人联合会成员举行的全国大罢工、2011 年威瑞森公司美国通讯业工人协会成员大罢工等（见表 4–1）。

表 4–1　2007—2019 年美国大型罢工事件

时间	规模	企业或行业
2007 年	7.4 万人	美国通用汽车公司
2019 年	4.6 万人	美国通用汽车公司
2011 年	4.5 万人	威瑞森公司
2016 年	3.65 万人	威瑞森公司
2011 年	2.9 万人	凯撒医疗集团、儿童医院
2008 年	2.7 万人	波音公司
2016 年	2.7 万	芝加哥公立学校
2012 年	2.65 万人	芝加哥公立学校
2007 年	2.6 万人	纽约出租车行业
2012 年	2.12 万人	AT&T
2012 年	2.1 万人	凯撒医疗集团

注：根据美国劳动统计局数据整理。

二、美国劳资关系调节的主要困境

受自由主义影响，美国劳资关系的调节在劳资关系调节的原则立场、劳资集体协商制度和劳资争议调处制度等方面面临着诸多困境，存在着诸多制约与瓶颈。

（一）以自由雇佣为特征的劳资关系调节困境

美国的劳资关系治理体系由联邦劳工部、劳资关系委员会和公共就业服务中心等组织构成，劳工部主要负责参与制定劳动法律以及进行劳动行政监察；美国公共就业服务中心负责提供职业介绍和调节劳资关系等就业服务；劳资关系委员会具有准司法功能，主要纠正资方损害工人结社权、协商权和争议权等问题并决定工会代表劳动者参与劳资集体谈判的代表权。总体而言，美国调节劳资关系不带有较强的干预色彩，在调节劳资关系中表现出鲜明的自由雇佣特征，主要依据《塔夫脱—哈特莱法案》来规范劳资关系。该法案对就业歧视、劳动安全、失业救助、工资与工时、劳资谈判规则等方面制定了基本法律规范，此外主要通过各州制定的相关法规来制约雇主随意解雇员工或侵犯人权的劳动歧视现象。美国《劳资管理关系法》对工人组建并利用工会来争取劳动权存在诸多制约，增加了一些对工会活动、罢工权、集体谈判权的限制措施，例如规定工人可以不加入工会，认为工会不一定是集体谈判的弱者，法律对工会和雇主应该同样限制；政府仅对集体谈判过程和谈判结果加以检查，以防止工会活动和合同涉及公共利益等。[①] 美国的大资本长期对政党游说影响并出台有利于自身法案的能力，阻碍了有利于劳动者的法案出台，使得美国政府对劳资关系调节意愿和手段都十分有限，美国劳资关系委员会不但对企业与工会集体协商缺乏强制力，对雇主拒绝执行集体协商成果等行为也缺乏有力的惩戒和管制措施。

（二）以企业层级为主的集体协商发展困境

在自由雇佣、自由调节的原则下，美国政府主张劳资双方自主谈判、自主调节，政府不多干预，仅仅对劳资谈判的程序、原则和谈判主体资格进行

---

① 刘健西 . 劳资关系协调机制及政策研究［M］. 北京：中国经济出版社，2017.：53.

确认等。因而美国的法律法规和政府部门在不干预、不介入的自由调节的立场下缺乏制衡资方的举措。美国的集体谈判主要是以企业层级为主的低层级集体谈判，美国全国总工会不参加劳资集体谈判，主要协调下级工会，进行信息参考与政治游说。产业级的集体谈判和集体协议仅局限于汽车、钢铁行业等个别工业，集体谈判主要由地方性工会与雇主之间就工资、保险、福利、工作时间、劳资纠纷处理等进行谈判。这种低层次的集体谈判使得劳方的力量较为分散和薄弱，不利于从更高的层次和更广的影响层面来争取工人权利与待遇的改善。2019 年，美国纪录片《美国工厂》的播放引发了国内外对美国工会制度的热议。该纪录片拍摄记录了中国民营企业家曹德旺在美国俄亥俄州代顿市开办工厂所遭遇的一系列企业文化和工会制度差异的问题。曹德旺在接受媒体专访时直言："在美国，有工会就不会有工厂生产效率的提高。"① 他认为欧美的工会制度已经不适合制造业的发展。在美国，工会事务基本不受美国国家劳资关系委员会的干预，各基层工会各自为政，工会组织之间互不隶属、互不干涉，各个基层工会以吸引更多工会成员并追求工会利益的最大化为首要目标。由于缺乏相对公立的第三方的调节，工会各自为政、工会小团体利益至上的运行模式不利于从全局、整体和长远的利益出发，不利于劳资双方达成一致协商方案，要么导致劳资矛盾难以调和，要么走向劳动力成本和民主管理成本过高、企业竞争力衰退、劳资双输的结果。

随着新科技革命发展对美国各行业转型升级影响显著，许多新业态和传统行业都出现了新的劳动形态，许多新劳动形态没有被及时纳入劳动法律法规的调节范畴中，导致许多新业态劳动者陷入缺乏参与集体整合谈判的组织和渠道、劳权利益频频受损、就业不稳定、收入较低的发展困境。近年美国网约车司机等非标准就业的劳动者的罢工行动此起彼伏，网约车司机为了争取维护自身权益和实现更合理的劳动收入分配，以罢工等方式同美国 Uber、LYFT 等网约车资方进行抗争，反复频繁发生的罢工冲突事件反映了美国高科

---

① 独家专访曹德旺：美国的工会制度已经不适合制造业发展［EB/OL］.（2019-09-15）［2019-10-30］. http://www. bjnews.com.cn/finance/2019/09/15/626205.html.

技资本同非标准就业劳动者之间的集体协商渠道缺失的现实。新业态的劳动者只能采取小规模、小范围的罢工抗争行动，无法获取足够的劳资博弈话语和地位，因而美国自由雇佣特色的劳资集体协商谈判机制在一些行业领域出现了新的困难和挑战，面临着劳资矛盾激化的风险。

（三）劳资争议分类调处制度的发展困境

美国在劳资矛盾和争议调处方面形成了行政与法律手段并用的分类调处制度。负责劳动争议调处的机构主要是国家劳资关系委员会和联邦仲裁调解局。依据劳动者是否是工会会员，调处劳资争议的手段各不相同。工会会员同雇主之间有关集体合同的劳资争议主要依据国家劳资关系法由联邦仲裁调解局来进行调解；而非工会会员同雇主签订劳动合同相关的劳资争议，则属于个人劳动争议，由各州立法调整，通过法院审理以及仲裁解决。此外，美国实施的一些工会组织制度，如“排他性原则”制度、“苦情申诉”制度、水平和垂直交叉的工会组织制度等是补充性的调节机制。但是多元化的劳资争议处理机制之间缺乏互相联结与经验借鉴，可能导致不同身份劳动者的劳动权益调处的差异化和不公平现象，工会会员的劳动权益可以较为柔性地通过联邦仲裁调解局来进行调解，非工会会员的劳动者的权益则难以实现调解、只能诉诸法律，可能导致劳动者受制于高昂的诉讼成本而无法维护自身权益。

第二节　德国劳资关系调节及其面临的困境

德国劳资关系的稳定性长期以来位列西方主要国家前列，在法治化的框架下形成了多元、制度化的劳资关系调节机制。在新科技革命发展的背景下也面临着劳动替代、劳动者收入负增长等风险挑战和调节劳资关系的诸多困境。

一、德国的劳资关系现况

德国人口约为 8280 万人，2020 年德国共有约 4336 万劳动力，劳动参与率约为 78.65%，登记失业率约为 5.9%，约有 75% 的劳动力分布于服务业，其余 24% 从事制造业、1% 从事农业。随着新科技革命的发展，德国劳资关系出现了新的特征与变化趋向。

（一）德国的劳资契约关系

德国的劳资契约关系以法治化为基本特征，规范和协调劳资契约关系的主要法律有《工程宪法法案》《共同协议法》《集体协议法》和《社会保障法》等。根据劳资双方订立契约的不同主体形式，德国的劳资契约可分为三个层次：一是由雇主协会或者单个雇主（通常大型企业集团）与工会达成的工资合同，合同中包含了劳资双方的权利和义务、劳资关系的缔结形式、劳资关系的终止办法等基本内容，是调整劳资关系的基本契约，对其他层次的劳资契约起决定性影响。二是由企业职工委员会和雇主之间达成的协议，是在工资合同的基础上根据各企业具体情况而缔结的补充协议，主要规定企业内部如何具体实现工资合同包含的内容。这两个层次的集体性劳资契约，构成了德国现代劳资契约关系的核心，以集体契约的形式在一定程度上起了平衡雇主与单个雇员之间力量的作用。三是由雇主和单个雇员缔结的劳动合同，是在前两个劳资集体契约和国家劳动法规的基础上达成的劳动合同。

2003 年，德国政府为促进就业推出了《现代化劳动力市场服务业法案》，废除每周最多工作 15 个小时的规定，大力推广“迷你工作制”和“小型工作制”等灵活就业形态。其中，“小型工作制”是月收入 400~800 欧元的灵活就业形态。“迷你工作制”是临时聘用、劳动时间短或月收入较低的就业形态，雇主通过“迷你工作中心”与劳动者签订合同，多分布于餐饮、家政和建筑业等低技能行业领域，可分为“工资型迷你工作”和“短期就业型迷你工作”，前者是月工资不超过 450 欧元的就业形态，后者是一年就业不超过 2 个月或 50 日的就业形态。德国对“迷你工作制”的劳动者提供了多方面的立法保护，例如“迷你工作者”享有与全职员工同等的病假、带薪休假等权利，雇主必须按照用工期限为雇员一次性缴纳养老和医疗保险费，并且不能随意解雇员工。此外，“迷你工作制”免除了劳动者纳税和缴纳社会保险的义务，减轻了劳动者的负担，并且许多劳动者凭借“迷你工作”阶段的劳动表现获得雇主的信任，成功地找到全职工作。自 2003 年实施改革以来，德国的失业率从 2003 年的 9.8% 下降到 2012 年的 5.5%，“迷你工作”“小型工作制”、兼职工作、临时就业等灵活就业形态占德国劳动力的比重不断上升，根据德国联邦劳工局统计，截至 2018 年年底德国有 760 万人从事“迷你工作”，其中，280 万人将“迷你工作”作为“第二职业”。近十年德国兼职就业劳动力比重不断增长，从 2008 年的 839 万人增长到 2018 年的 919 万人（见图 4–2）。此外，临时就业的劳动力占德国劳动力总数已达 2.5%，这些灵活就业的劳动形态提高了德国产业应对激烈的国际竞争的竞争力，也促进了女性、老年人等群体更多地融入劳动力市场，大大增加了德国劳动力市场的灵活性，也满足了新科技革命背景下许多新业态对灵活用工的需求。

图 4–2　2008—2018 年德国全职及兼职就业劳动力统计表

数据来源：OECD 劳动力统计。

（二）德国的劳资支配关系

第一，从工作时间的支配看，德国法定的工作时间是每天 8 小时、每周

48 小时，周六是常规工作日，周日原则上不工作。特定情况下每周工作时间最长不超过 60 小时，或每天工作时间不超过 10 小时。[①] 根据亚太经合组织统计数据，2019 年德国劳动者平均一周工作 27 个小时，平均一年工作 1386 小时。但是随着信息通信技术发展，数字化工作状态下德国劳动者的实际工作时间逐步延长，职业压力不断增长。德国职业安全卫生研究所（BAuA）报告指出，越来越多的德国劳动者面临着私人生活被工作蚕食而导致的过度劳动和工作压力增长困境，2008—2011 年因工作压力过大导致心理问题而请假的劳动者数量增长超过 40%。

第二，从工资的支配看，以往，德国法律并不规定统一的行业工资标准或最低工资标准，只有 10 个行业规定了最低工资，数额从每小时 6.53 欧元到 11.53 欧元不等。2014 年，德国政府通过了新的法定最低工资标准，自 2015 年起逐步推行税前 8.5 欧元时薪的最低工资标准，2017 年起又进一步把每小时最低工资标准提高到 8.84 欧元。德国最低工资委员会进一步建议 2019 年将法定最低工资提高至 9.19 欧元，2020 年起继续上调至 9.35 欧元。在法定最低工资标准基础上，工资原则上由劳资双方自行协商决定。根据亚太经合组织统计数据，2019 年德国劳动者平均年收入为 53638 美元。德国劳工的平均工资呈现低水平增长，再去掉通货膨胀等因素的影响，德国劳动者的工资甚至呈现出负增长。

第三，从生产资料支配看，德国资方借助政府的支持稳步推进“机器换人”，使得劳动替代和劳动者分化进一步加剧。德国自 20 世纪 70 年代开始推动“机器换人”政策，声称为了改善劳动条件，强制要求一些行业中较危险、有毒、有害的工作岗位必须以机器人来代替，推动了部分行业领域“机器换人”的进程。到了 20 世纪 80 年代中后期，德国政府加速了智能机器人发展计划，机器人更广泛地被应用于德国的汽车、电子等技术密集型产业和部分传统产业。根据国际机器人联合会的数据，德国工业每一万名工人配备机器人已超过 300 台，机器人密度位列全球第三。此外，德国还实施了民用机器

---

① 曹文炼，宋群．中国双向投资发展报告［M］．北京：中国市场出版社，2015：545.

人研发计划，斥巨资研发服务机器人。在智能化转型趋势下，德国智能机器人的推广已对劳动就业产生巨大冲击。调查显示，智能机器人正对德国 59% 的工作岗位带来威胁。根据剑桥大学的《未来的雇佣关系：就业将如何受电子化影响》报告，德国 1800 万个以上的劳动岗位恐将被机器或软件替代。其中，86% 的基层操作工种岗位可能被替代，约 190 万个行政文秘岗位将被智能化办公技术替代。其他还有仓储、邮政以及快递业（150 万个）、零售业（120 万个）以及保洁行业（120 万个）也将遭受技术替代的威胁。

（三）德国劳资博弈关系

德国劳资博弈主要通过雇主行业协会、工作委员会及工会组织等平台开展，形成了较为稳定、制度化协商的特征，劳资之间的矛盾纠纷通常由工会和雇主协会来集体协商调节。总体而言，相比于其他工业化国家，德国的劳资纠纷数量较少，对经济社会冲击影响较小。

德国资方主要依托各种类型的雇主行业协会来进行资方的集体整合，主要有三种类型的行业协会即行业性协会、专业性协会以及综合性协会，其中许多传统行业性协会大多历史悠久。例如德国钢铁工业协会和德国机械设备制造业联合会都有超过 120 年的历史，德国机械设备制造业联合会整合了超过 3000 家德国机械社会行业的会员企业，各会员企业可利用庞大的行业网络进行交流和合作。这些行业协会代表同行业资方同工会进行集体谈判。

德国的工会体系有一个统一的工会即德国工会联合会，涵盖不同行业工会，能较为整体宏观地衡量和代表劳动者的利益，避免了中小工会各自为政、力量分散的缺陷。德国 80% 以上的工会成员属于德国工会联合会的分支工会，其余约 20% 的会员属于基督教工会联合会或德国公务员协会的分支工会。[①] 除了跨行业的统一工会，德国还有多个主导产业的行业性工会，例如金属工业工会（IG Metal）涵盖了德国的汽车工业、电子产业、船舶制造行

---

① ［澳］班贝尔，兰斯伯里，韦尔斯．国际与比较雇佣关系：全球化与变革［M］．北京：北京大学出版社，2012：155.

业、机械制造行业以及计算机行业等多个重要行业，其他行业工会还包括农业环境产业工会、教育科学产业工会、矿业化学和能源产业工会、媒体产业工会和服务行业工会联盟等。德国工业联合会的会员密度从 20 世纪 80 年代的 30% 下降到 21 世纪初的 20%，导致工会谈判影响力明显下降。

德国的劳资之间关于工资的博弈主要在行业范围内依托该行业的工会代表劳方进行谈判，谈判成功后下属工会比照执行。由于德国实行“工资自主”，即在最低工资标准限定范围内工资由劳资双方协商谈判决定，工会工资谈判的内容是工资增长的百分比，而不是具体的数值。协商决定以后该行业中各工种的劳动者都按此百分比增长工资。这种整体比例的协商规则使工资谈判易于达成协议，并易于推广执行。

二、德国劳资关系调节的主要困境

德国劳资关系调节面临的主要困境包括劳动部门转型困境、劳资协商制度困境以及劳动者参与企业民主管理的困境等。

（一）劳动主管部门转型困境

德国劳动主管部门主要包括联邦劳动与社会事务部、联邦劳动服务局等。其中，联邦劳动与社会事务部的主要职能是保证就业和社会保障体系的正常运转以及为促进就业创造有利条件；联邦劳动服务局是联邦直属、自主管理的公共服务机构。自 2002 年起，德国进行了大规模的劳动部门改革，以强化劳动部门服务化转型，包括对联邦劳动局系统进行属性和功能的改组，将联邦劳动服务局总部名称改为“联邦就业服务机构”，同时将地方的分支机构和办事处改为“顾客服务中心”，并采取非营利企业的模式来进行治理，所设的董事会成员由雇主联合会、工会联合会和政府的三方代表组成。在功能上，转型为强化就业服务功能，主要负责监督落实相关法律法规，为劳动者提供职业培训和就业信息、咨询、职业介绍、发放失业金等服务。

德国的劳动部门对劳资关系的调节一方面是通过出台一系列法律法规明确了劳资关系必须遵循的底线，另一方面，德国政府长期主张以社团主义协议来调节劳资关系，最大限度地对经济实行三方管理，促进物价、就业和经济增长的稳定，通过公共机构的服务化转型来提升劳动管理效率，推动实现就业稳定。但是劳动部门的服务化转型和保就业、促就业的角色转换可能使得劳动权益保障的目标让位于就业稳定目标，不利于德国劳工权益的维护。

（二）劳资协商制度困境

德国劳资关系调节主张劳资协议自治模式，即在减少政府干预的情况下由工会和雇主协会进行行业性的集体谈判，共同签订劳资协定。1949 年，德国出台的《基本法》规定了劳资双方实行劳资自治，通过工会和雇主独立协商来确定工资和工作条件等，国家不干预劳资协商。在法律限定的范围内，劳资双方享有工资协商等方面较大的自治权。在德国企业，实行工会和工厂委员会平行开展工作的二元制，工厂委员会的成员从企业职工内部选举产生，代表职工行使企业民主管理、劳资协调和共决等权利。德国工会组织主要包括工会联合会及其下辖的 17 个行业工会。德国劳动者借由工厂委员会和工会等组织进行群体整合，德国企业则通过德国雇主协会联合会进行整合，劳资双方在组织程度上实力相当，具有相对平等的协商谈判地位。德国劳资双方进行集体谈判过程中，在有关工资等收入分配的利益问题上主要通过劳资协商决定，政府不过多干预工资水平，因而集体合同中有关工资水平的标准规定具有较大的效力。德国的集体谈判通常集中在产业的层级开展，集体谈判和集体合同的覆盖面较广，90% 以上劳动者的就业条件等通过集体谈判来确定。劳资双方可自主地通过雇主协会同产业工会的谈判来决定产业层面的工资福利待遇、工作时间和工作条件等，协商签订的集体合同有一定的有效期，通常工资合同的有效期为 1 年，工作条件和工作时间的合同有效期为 2~5 年不等。[①] 但是由于德国政府通常主张劳资协议自治，不直接参与和干预劳资集体谈判，而主要通过制定法律法规、监督执行等方式来调节劳资关系，在

① 刘健西．劳资关系协调机制及政策研究［M］．北京：中国经济出版社，2017：58—59.

经济下行等因素影响下，政府的不参与和不干预的立场不利于劳动权的保障。在近年欧元贬值以及难民等大量廉价劳动力进入等外部因素影响下，德国政府弱化了对工会的支持，使德国工会逐步失去了以往在集体谈判中的话语权，转向了妥协和让步，谈判能力不断弱化。

（三）劳动者参与企业民主管理的困境

长期以来，德国通过立法促进劳动者参与企业民主管理。1951 年，德国颁布了《煤钢共决法》，规定 1000 人以上的矿业和钢铁行业的企业监事会必须由劳资双方代表对等组成。1971 年，德国修订了法律法规，赋予了雇员在多方面享有与雇主平等的“共同决策权”。德国的《经营组织法》第 87 条规定，员工代表对于下列的事项有共同决定权，包括工作时间、轮班制、支付薪水的地点时间和内容、特别休假的议定、厂内职业训练的实施、企业内的福利机构的管理、厂内秩序和劳动者态度的管理问题、计件工资率的拟定以及支遣解雇原则的订定等。如果雇主未经员工代表协商就单方决定相关事务，员工代表可以向法院或向行政机关提起行政救济或劳动诉讼。1976 年，《共同决定法》规定煤炭、钢铁以外的行业，员工数达 2000 人以上的也必须实行劳资对等共决，企业必须建立企业监事会，雇员数量占据监事会成员的半数，此外企业董事会里必须要有一个雇员成员来代表雇员的利益。劳资共决主要通过企业监事会、董事会和职工委员会来互相监督和制衡，保证职工能通过不同的渠道参加企业的经营管理，同时通过集体谈判和商签集体合同来决定雇员的最低工资和工作条件。但是“共同决定制”更多地局限于大型企业，对中小微企业劳工参与企业民主管理的权益维护尚存在盲点：一是虽然《共同决定法》规定劳资双方平等“共决”，而且规定职工代表要占据企业监事会成员一半的名额，但实际运行中，企业股东的利益往往置于最优地位，一旦在投票决议中出现了平票现象，那么资方担任的监事会主席仍享有二次投票的权力，主席具有关键的裁决权，因而尽管名义上职工在企业中享有平等的投票权，但是由于监事会主席往往利用关键性的投票权来为股东谋利，因而德国工会普遍认为“共同决定制”并不能从根本上保障企业职工的权益。

二是“共同决定制”也容易导致企业决策与风险承担的分离，非自发的“共同决定制”在一定程度上反而限制了劳动者通过工会等渠道进行劳资谈判的自由。

第三节　日本劳资关系调节及其面临的困境

日本劳资关系的发展以终身雇佣制和企业工会主义模式为特色，在新科技革命发展的背景下，日本的劳资关系调节在劳资关系平衡、企业民主管理、非正规劳动社会支持等方面面临着一定的困境。

一、日本的劳资关系现况

日本人口约为1.27亿，2020年日本有劳动力6864万人，劳动参与率为62.1%，失业率为2.3%。约有72.6%的劳动力分布于服务业，其余24%从事制造业、3.4%从事农业。随着新科技革命的发展，日本劳资关系出现了新的特征与变化趋向。

（一）日本的劳资契约关系

长期以来，日本的劳资关系以终身雇佣制和“年功序列制”为显著特征。日本的传统文化注重家族主义，重视合作精神和集体意识，日本的企业文化受家族主义传统影响，主张企业与全体员工形成共同体、共存共荣。雇员被认为是家族企业中的成员，雇主强调员工的团队精神、企业归属感与忠诚感。因而在日本许多大企业长期奉行终身雇佣制，鼓励员工“从一而终”，从毕业后在同一家企业工作直到退休，雇员直到55岁之前都有一定的工作保障，但终身雇佣制一般仅适用于男性员工。在日本，正式职员被称为“正社员”，非正式职员则成为“非正社员”。在20世纪70年代以前，日本企业中大部分职员都是“正社员”，到了80年代以后，“非正社员”数量逐步增长。只有“正社员”才实行终身雇佣制和“年功序列制”等制度。“年功序列制”是一种以论资排辈为基础的职业制度。新来的年轻员工按照其教育程度来给付起薪，年轻员工的薪酬水平相对较低，随着工作年资的增长而逐步调高，员工的晋升也主要以年资为重要考量标准，这在一定程度上限制了员工的“跳槽”现象。实施“年功序列制”的企业认为，对企业的忠诚度、服务年限比工作能力更重要，因而有利于提升员工对企业的忠诚度。日本的终身雇佣制在一定程度上也是劳资双方理性考量的结果，尤其是大企业不随意解雇员工在一定程度上是出于企业形象的考量，避免外界认为企业由于缺乏经营能力而裁员的社会评价。对职工而言，长期在同一个企业工作有利于享有年功序列工资制的好处，而如果流动到新的企业，往往要从新企业的年功序列等级中较低的地位重新做起，待遇收入都会大打折扣。

但是近年来，随着日本劳动力老化、劳动者受教育水准提高以及青年价值观转变，相当部分的企业打破了终身雇佣制而转型为更弹性的劳资关系，劳动者尤其是年轻劳动者更倾向于在职业流动中寻求个人发展。21 世纪初日本零售业等服务业的大型企业开始实行临时工和正式员工同等待遇政策，传统的终身雇佣制和“年功序列制”正面临转型挑战。随着少子化、老龄化社会的发展，日本劳动力的供给不足成为制约经济发展的关键因素。自 20 世纪 90 年代初期，日本鼓励外国人到日本研修和技能实习，从中国、越南、菲律宾等亚洲国家大量引进劳动力，从事劳动力密集型行业，使得日本劳动力多元性进一步提升，派遣制就业等非正规就业形态不断涌现。2003 年，日本修订了《劳动基准法》，将短期合同工和劳务派遣的合同期限延长，并允许制造业使用派遣工人，进一步刺激了非正规就业的增长。2012 年，日本修订了《劳动派遣法》，提出改善派遣工待遇、禁止日雇、促进无期雇佣化等条款以强化派遣劳动者的保障，并修订了《劳动契约法》，规定劳工有期劳动超过 5 年有权申请将有期劳动契约改为无期劳动契约。2015 年，日本安倍政府以企业活化为名，鼓励聘用制员工取代终身制雇员，导致两年内日本非正规员工从 182 万人增加到 199 万人，增加幅度约为 9%，而全职工作从 334 万人下降到

327 万人。① 近年来，随着新科技革命推动企业用工模式的转变，日本非正规就业的比重也不断上升，非正规就业人口从 2013 年的 1910 万增长至 2018 年的 2156 万，增长率达 12.8%，非正规就业者在总劳动力中占比达 32%，55 岁以上非正规劳动力占非正规劳动力总数的 45%。非正规就业主要分布于制造业、交通运输业、零售业、餐饮业和休闲娱乐业、教育、医疗等领域（见图 4–3）。

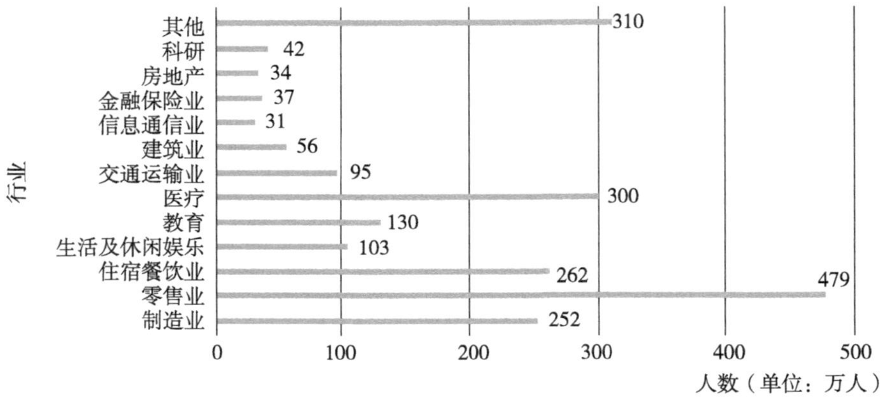

图 4–3　日本非正规就业行业分布

注：根据日本统计局 2019 年劳动力调查数据整理

（二）日本的劳资支配关系

第一，从工作时间的支配看，虽然日本劳动法律法规详细规定了劳动者的休息权，但是资方凭借传统企业文化和制度优势迫使员工超时工作、过度劳动的状况仍然层出不穷。在第二次世界大战前，日本普遍实行一日工作 12 小时的工时制度。1945 年以后，日本劳工的工时显著缩短。日本《劳动基准法》规定工人一周内工作时间不得超过 48 个小时。根据亚太经合组织统计数据，2010 年日本劳动者一年平均工作 1644 个小时。但是受到终身雇佣制和企业倡导员工忠诚于企业和奉献精神的制约，日本许多大企业的员工长期加班并无法领取加班费，也无法享有带薪休假，导致员工过劳现象普遍发生。

① 安倍经济学致日本非正规员工大增［C］.2015 年国际货币金融每日综述选编，2015.

2014 年日本工会调查报告显示，员工平均每月加班 39 个小时，约一半的加班时间没有加班费。据 2016 年日本厚生劳动省统计，有 23% 的被调查者每月加班超过 80 个小时，11.9% 的被调查企业表示员工每月加班超过 100 个小时。[①] 日本咨询行业及智库从业者的平均每月加班时间高达 83.5 个小时，广告代理、公关、设计等行业为 78.6 个小时，建筑、土木等行业为 70.8 个小时。2004—2014 年，日本由于过劳而自杀（包括未遂）的人数增长了 10 倍，2013 年有 133 人过劳死[②]。2019 年 4 月起，日本开始实施《工作方式改革关联法》，明确规定原则上每月加班不得超过 45 个小时，每年不得累计超过 360 个小时，劳动者拥有每年 10 天及以上带薪休假，试图通过劳动法律法规对劳动时间多加限定。

从工资的支配看，资方压制下劳动者收入增长处于长期停滞状态。2008—2015 年，日本劳动者平均工资扣除通货膨胀率多年呈负增长。根据亚太经合组织统计数据，2019 年日本劳动者平均年收入为 38617 美元，低于许多欧美发达国家。日本长期终身雇佣制导致员工重视职业稳定性的需求超过工资增长需求。2018 年，安倍政府要求日本大企业提高 3% 的员工薪酬，但是资方大多对提高基本工资表示谨慎态度，一些大公司仅愿意通过发放一次性奖金和向员工提供工资以外的各种津贴和福利，包括住房补助、交通补助和家庭补助等。

从生产资料的支配看，日本机器人产业的蓬勃发展加速了对劳动者的替代。自 20 世纪 60 年代，日本经济快速发展面临国内劳动力供给严重不足的瓶颈，开始从美国引进工业机器人技术以缓解劳动力不足的制约。20 世纪 70 年代，日本机器人实现国产化并在汽车、电子行业等领域逐步规模化应用机器人技术。2020 年，日本工业机器人密度为每万名工人配备 364 台机器人，位列世界第三。日本野村综合研究所报告指出，在未来 10~20 年，日本所有劳动者 49% 的工作将可能被人工智能和机器人代替，网络维护员、建筑施工

---

① 田泓．“过劳死”频发困扰日本企业［N］．人民日报，2016-10-11（22）．

② 蒋丰．日本政府试推强制休假缓解“过劳死”［EB/OL］．新浪网，2015-05-19.

人员和出租车司机等职业将被代替的可能性较高。日本三菱综合研究所报告认为，2030 年前应用机器人和人工智能技术将创造 500 万个就业岗位，同时，被替代的岗位是 740 万个。日本经济产业省报告预测未来日本服务机器人规模将超过工业机器人。越来越多的服务机器人将逐步替代服务业劳动岗位，由于日本劳动力主要分布于服务业，例如酒店、金融保险、医疗护理、餐饮等行业，服务机器人和人工智能软件的大量应用将导致日本服务业劳动者就业机会受到严重威胁。

（三）日本的劳资博弈关系

日本劳资博弈主要依托企业工会进行。日本大多数的工会以企业或事业单位为范围组织，被称为企业工会，许多是第二次世界大战后以工厂或公司为单位的“战时生产委员会”演化而来。不同于欧美发达国家的职业工会主义模式，日本工会采取企业工会主义模式，有利于工会因地制宜地制定符合自身企业特点的工会政策，而不局限于宽泛的行业工会政策，使得劳资关系相对更具有弹性。[①] 日本的工会具有较强的民主性和独立性，在当地劳动委员会注册的工会负责人必须由选举产生，工会的重大活动如罢工等也必须经会员投票才算合法。工会在经费和人员上具有较强的独立性，不允许接受雇主任何经济支持，可以收取会员会费。由于日本盛行终身雇佣制，许多企业工会并不发达，会员数量不多，活动也相对不活跃。除了企业工会，日本也有 100 个以上的产业工会，产业工会主要协调各个企业工会从事涉及整个产业共同问题的工会活动、指导与协助处理特殊的争议案件、进行代表劳动者的政治游说。此外，日本还有一个全国性的工会总联合会，成立于 1989 年，强调工会独立于政府、政党，致力于协助提高工资、缩短工时、改革税制、养老金及医疗制度等劳权目标。

除了依托工会，日本劳资博弈还通过若干非正式机制和劳动者参与民主

---

① ［美］班柏，赵曙明，李诚．国际与比较雇佣关系［M］．南京：南京大学出版社，2008：201.

管理的机制来进行。一些劳资争议通常采取非正式方式解决，资方往往采用家长管理模式，试图缓和与员工之间的紧张关系，强调团队的认同和情感。一些劳资矛盾往往通过参与民主管理的机制来化解，日本许多企业尤其是家族企业采取“禀议决策制”的管理模式，即任何新的制度和战略决策以前都必须同相关部门员工充分沟通和确认，通过逐级在各管理层次仔细梳理检查后，公司才做出最后的决策并施行。“禀议决策制”的决策程序是“自下而上”的，有利于吸引员工参与、集思广益，促进了自下而上的信息沟通，提升了员工的参与意识与责任感。此外，日本许多企业董事会的董事是毕业后长期在本企业工作、从普通员工晋升到高级岗位的劳动者，许多董事曾担任过工会管理者，通过提拔工会管理者作为劳动者利益代表，有利于提升员工的话语权。

二、日本劳资关系调节的主要困境

在新科技革命背景下，日本劳资关系的调节面临着僵化的终身雇佣制度下劳动法治困境、劳资集体协商机制困境和非正规劳动力权益保障困境等问题与挑战。

（一）劳动法治困境

日本调节劳资关系的法律法规体系主要包括《劳动组合法》《劳资关系调整法》《劳动基准法》《工会法》等。其中，《劳动基准法》是规范关于工资、劳动时间、休息日、带薪年假、工伤补偿、就业规定等基准和违法处罚的法律。不符合这个法律标准的劳动合同、劳动协约、就业规则等都是无效的，必须符合劳动基准法规定的标准。《工会法》细化规定了日本《宪法》中关于保障劳动三权（团结权、团体谈判权、争议权）的具体内容。虽然日本构建了一套综合、系统的劳资关系治理体系，但是劳资关系的调节更多地局限于企业内部，政府介入和调节劳资关系的手段有限，资方违反法律法规支配和控制劳动者的问题难以杜绝，例如日本政府虽然新出台了制约过劳问题的相关法规，但是难以改变长期以来终身雇佣制度和企业家长制度下资方的强势地位，政府为实现经济复苏而对资方一再退让，没有严格地执行劳动法律法规，也难以实现劳动者权益的改善。

（二）劳资集体协商机制困境

日本企业工会主义模式之下，主要依靠“春斗”模式来进行劳资集体协商。每年三、四月举行的“春斗”是“春季争取提高工资的斗争”的简称。日本集体协商的惯例是把工资谈判和其他劳动议题分开协商，“春斗”期间主要围绕工资问题，也有一些工会在“春斗”期间提出工资以外的工时、加班费、津贴、退休和年金等问题。每年“春斗”，“日本工会总联合会”和雇主组织“日经联”会先发布当年工资指导线和经济形势报告，为基层工会和资方提供客观的工资增幅标准指导，试图以全国统一政策和行业政策的权威性来规范私营企业的工资标准，制约私营企业压制工资增长、过度剥削劳动者的倾向；然后由各产业工会根据工资指导线确定本行业的工资增幅，同时各产业雇主组织也进行对策商议；最后由企业工会与雇主开展本企业员工工资的具体协商谈判，决定企业实际工资增长幅度，在一定程度上赋予了劳资双方通过企业工会自主决定工资增幅的权利，国家和产业层面的工资指导线只是外部参考标准。表面上看来，企业内部劳资之间通过集体协商能形成适应企业自身发展情况的工资标准，有利于避免对企业造成过重的负担，实现适度合理的工资增长，但是受到日本常年经济不景气的影响，“春斗”对劳资博弈的重要性逐渐降低，劳资协商的焦点逐步被转移到收入分配以外的次要议题，劳资协商的空间不断限缩。

（三）非正规劳动力权益保障困境

2018 年日本非正规就业者在总劳动力中占比达 32%，55 岁以上劳动者占比达 30%，劳动力高龄化、非正规化的趋势显著。日本政府规定在 500 人以上的企业工作且周工作时间达到 20 个小时的劳动者可以加入“厚生年金保险”和健康保险，将相当一部分非正规劳动者纳入社会保障体系中来，日本政府还组织针对非正规就业者的免费职业培训并且给予培训补贴。虽然日本政府通过年金制度、补贴政策和职业培训政策等在一定程度上加强了对非正规就业者的支持，但是许多非正规劳动者在中小企业从事临时性或短工时的工作，通常没有被吸纳为工会的会员，无法获得工会有效的组织，就业和收入均不稳定，平均收入不足正式员工的一半，且缺乏有力的社会保障，一旦失去工作就失去了收入来源。非正规就业者不稳定和不平等的职业状况导致大多数非正规就业者极易陷入生活贫困。非正规就业的迅速增长也为日本社会带来了贫富差距扩大、非婚非育现象增长的发展困境。

第五章

新科技革命视域下我国劳动关系治理面临的问题与挑战

21 世纪以来，新科技革命的进程不断提速，推动生产方式向智能化、网络化和数字化方向发展变革，也带动劳动关系向新的复杂格局发展，在劳动关系变革的过程中生成了一些新的矛盾问题亟待探索和治理。

第一节 劳动伦理与资本价值导向问题

在马克思主义视域下，劳动不仅仅是一个经济学概念，还是一个哲学概念。劳动不仅具有经济学意义的价值创造作用，更具有伦理意义的价值导向作用。劳动伦理是基于劳动本质和人的本质的伦理范式，自从有了生产劳动，就产生了规定、规范和调节这种活动的伦理原则。马克思从人与自然关系、实践、资本运动等几个维度来理解劳动过程中劳动者与产品、劳动、劳动价值及资本的关系，同时也从这几个维度揭示劳动伦理失序和道德失范的直接表现。第一个维度是从人与自然的关系去解读劳动者与劳动产品的异化的发生和劳动伦理扭曲，第二个维度是从实践的视域揭示了人自由自主的劳动被贬低为维持生存的手段，第三个维度是从生产关系的视域揭示了资本运动的过度扩张和资本价值引导失范的后果。

一、调节人与自然关系的劳动伦理问题

就人与自然关系而言，劳动伦理失序和道德失范表现为人与自然关系扭曲。马克思认为，劳动是人和自然之间的过程，是人以自身的活动来中介、调整和控制人和自然之间的物质变换的过程[①]。人是自然界的一部分，靠自然界生活，通过实践创造对象世界，改造无机界，证明自己是有意识的类存在物[②]。人不但通过劳动从自然界获取直接的生活资料，还从自然界获取进行自然科学活动和艺术活动的对象，以体力劳动和脑力劳动两种形式、在肉体生活和精神生活两个层面同自然界相联系。劳动是劳动者的最基本的权利，即劳动者通过劳动权利来确证自身的身份，劳动者如果失去了劳动权利，那劳动者本身就不存在，劳动者就无法确证自身的类本质。劳动者如果无法充分地发挥自身的劳动能力，劳动伦理对劳动者的调节作用就会失去基础。随着生产过程的现代化发展，分工愈发细化、生产服务流程愈发标准化，使得越来越多的劳动者被动依附于现代化的生产和服务过程，成为庞大生产过程的一颗标准的“螺丝钉”，无法自由自主地按自身意志直接改造劳动对象，仅能通过有限的分工、在有限的程度通过实践来创造或加工一部分产品，产品对劳动者而言，成为“一种异己的存在物”“不依赖于生产者的力量”的现象愈发显著，虽然产品是劳动者集体劳动的成果，但是劳动者的创造性和作为空间被大大地压缩了。劳动者尤其是非标准就业的劳动者被资本和市场裹挟，被迫从事着原子化、碎片化、长时间、高强度、不稳定、无归属感、无成就感的劳动，无法充分发挥自身的体力和智力来创造对象世界、改造无机界，人们在劳动过程中无法充分培育和发挥自身的创造性，无法充分发挥自身的

① 马克思．资本论：第 1 卷［M］．北京：人民出版社，2004：207—208.

② 马克思恩格斯选集：第 1 卷［M］．北京：人民出版社，2012：55—56.

体力和智力并按照美的规律来生产，只能用市场的“审美规律”、按照成本与价格的衡量规律来生产，成为生产的附庸而被动机械地劳动。劳动者通过劳动与自然进行物质变换和创造活动的空间窄化了，由此在人与自然意义上的劳动伦理发生了变形。不仅如此，一些资本在生产中不合理利用土地、森林、水资源和矿产资源，将自身对利润的欲求转变为对自然的侵占和掠夺，在无限度地耗用自然资源和无止境地破坏自然界的活动中破坏着对象世界。原本人应当能够有意识地改造自然、从事生产来理性地调节人与自然的关系，但是一些资本贪欲裹挟下的生产劳动却无法有效调节人与自然的关系，并进一步扭曲和破坏了人与自然的关系。

二、实践意义的劳动伦理问题

从实践意义上看，一些领域的劳动者处于低水平生存状态，劳动伦理失序和道德失范表现为劳动的实践意义被扭曲了。马克思认为，劳动应是使人区别于动物的实践活动，在生产属性和意义的区别上，“动物只生产它自己或它的幼仔所直接需要的东西，动物的生产是片面的”，“动物只生产自身”，而在本质意义上，“人的生产是全面的”“甚至不受肉体需要的影响也进行生产”“人自由地面对自己的产品”“按照美的规律来构造”[①]。劳动权的本质属于生存权，关系到劳动者的生存与发展，甚至直接影响社会生产力的发展和社会稳定。劳动权绝不意味着劳动者只付出“单向度”的劳动，却不获得应有的报偿，而是以劳动时间为基本尺度，获得“多劳多得”“多贡献多所得”的劳动收入。满足劳动者生存权和再生产需要的劳动收入，是实现劳动力再生产的必要条件。劳动者除了享有基本的劳动权来满足物质生存动机，还具有多重发展动机，包括交往动机、道德动机和参与动机等，除了实现生存和再生产的需要，劳动者还有进行社会交往、道德实践、参与政治、从事科学和艺术等发展需要，这些需要决定了劳动伦理和道德的复杂多重维度。但是，一些领域的劳动者尤其是从事低技能、低收入的非标准就业的劳动者，他们

① 马克思恩格斯选集：第1卷［M］. 北京：人民出版社，2012：57.

在低社会地位、低技能、低收入的状态下进行片面的生产，收入微薄地挣扎在维持生存的边缘线。他们仅能通过艰苦的劳动来满足基本的物质生存动机，无暇、无力参与其他社会实践，无法满足其他方面的动机需求，其劳动主体性地位也越发薄弱。因而在实践意义上，一些领域的生产劳动让劳动者陷入低水平生存状态，通过劳动满足生存需要成为仅有的价值追求，劳动应有的劳动精神、劳模精神、工匠精神等都无暇顾及、无从追求，成为空中楼阁。

三、资本价值引导的劳动伦理问题

资本是一个历史范畴，资本不仅仅是货币形态或物质形态的存在物，而是属于一定历史社会形态的生产关系。在特定的历史社会范畴下，现实社会不仅仅是资本和劳动的二元主体场域，而是包括资本、劳动、国家、社会等在内的多元主体场域。资本的运动方向和运动结果一方面是由资本内部的运动逻辑所支配的，另一方面又受到资本外部的规制所制约，二者在综合作用下形成了资本积累和扩张的现实运动形态。资本内部的运动逻辑是资本无止境地追逐利润并千方百计地实现资本增殖的逻辑，资本的运动并不是受资本内部运动逻辑全盘掌控的简单运动过程，而是在同劳动、国家、社会等多元力量互动的过程中，试图将外部规制和制约最小化、将内部增殖动力最大化的运动过程。在特定的历史社会范畴下，放任资本的无限扩张和过度扩张、缺乏对资本运动逻辑的约束，必然导致劳动伦理退位、让位于资本逻辑和资本意志，必然导致资本的逻辑凌驾于劳动伦理、国家规制和社会制衡之上，使得资本扩张逻辑成为主导性的价值，资本无限增殖和过度扩张的逻辑被合理化、正当化，进而形成对资本行为的过度宽容氛围、对资本监管的缺失乃至商品拜物教、货币拜物教、资本拜物教的伦理思潮。

（一）放任资本扩张、缺乏对资本约束所导致的劳资地位失衡和市场秩序混乱问题

例如在近年数字经济迅速发展过程中，出现了平台资本的过度扩张和垄断现象。平台资本是新兴的资本形态，由于平台经济是创新频度和密度较高

的经济形态，平台资本的组织形态、生产方式、商业模式和盈利模式的创新更迭速度很快，大大超前于对其市场竞争规则和市场规范制度的出台和修订速度，从而导致对平台资本扩张行为的规范和引导的“制度真空”，导致一些平台资本扩张速度过快、市场占比和集中度过高，从而形成了一定程度的市场垄断，在平台资本强大的垄断地位之下，大量依附于平台的个体劳动者处于零散、被动、失语、无协商渠道、无合法身份的尴尬处境，许多平台劳动者处于非正规劳动、过度劳动、福利保障缺失和劳动争议协商弱势的地位。除此之外，平台还滥用规模优势“店大欺客”、利用大数据“杀熟”、滥用市场支配地位限制竞争或进行不正当竞争等，这些垄断和资本无序扩张行为，严重背离了市场规则，损害了市场公平竞争的秩序，而且严重损害了劳动者、消费者与中小投资者的合法权益。

（二）放任资本扩张、缺乏对资本约束所导致的商品拜物教、货币拜物教、资本拜物教思潮隐患

随着一些领域资本的快速积累和无序扩张，商品生产和交换范围也不断扩大，在资本支配的现代商业宣传和品牌运营的作用下，商品被包装为资本的直接产物而不是劳动的产物，商品消费文化无孔不入地渗透到现代社会生活的方方面面，也无孔不入地渗透到人们的价值观念中，导致部分社会成员尤其是青年一代对商品的推崇和对以品牌为包装的资本的崇拜，形成了商品拜物教的思潮，同时淡化了商品背后的劳动价值和劳动者的贡献的认知，从而进一步用物与物之间的关系掩盖了人与人之间的社会生产关系，强化了商品的拜物教性质，进而形成了货币拜物教和资本拜物教。资本拜物教以更隐晦的形式用物与物的关系吸引了社会对资本的关注和推崇。马克思指出：“在论述资本主义生产方式甚至商品生产的最简单的范畴时，在论述商品和货币时，我们已经指出了一种神秘性质，它把在生产中由财富的各种物质要素充当承担者的社会关系，变为这些物本身的属性（商品），并且更直截了当地把生产关系本身变成物（货币）。一切已经有商品生产和货币流通的社会形式，都有这种颠倒……这种着了魔的颠倒的世界就会更加厉害得多地发展起

来。”“它使人和人之间除了赤裸裸的利害关系，除了‘冷酷无情的现金交易’，就再也没有任何别的联系了。”在资本逻辑主导下，资本变成一种非常神秘的东西，成为能直接推动社会生产力向前快速发展和推动物质产品极大丰富的直接力量，似乎一切效率和成就都不是劳动所创造的，而是由资本所创造的。在资本凭借强有力地位进行的宣传话语中，劳动和原材料、生产资料、劳动场所等一样都被包装成资本为出发点和源头所转化而生成的物质形态，劳动仅仅是被资本买断的生产要素，劳动者仅仅是出卖自身劳动力换取报酬并把劳动成果让渡于资本的中间力量。在资本的运动过程中，利润被分割为产业利润、商业利润、金融利润和房租等，由产业利润和商业利润形成的资本的收入，似乎不是来自劳动者的劳动所创造的价值，而是来自资本家自身的资本及其经营活动；而金融资本家的利润不仅和生产过程无关，而且也和劳动者无关，似乎是资本自身就具有这种增殖能力。于是人们在观念上形成一种错觉，似乎资本具有将一切人和物的要素转化为商品和财富的魔力，似乎资本本身就具有自行增殖的魔力，而这种错觉掩盖了劳动者在生产劳动中的价值创造作用和主体地位。

第二节　劳动法治问题

在新科技革命迅速发展的形势下，传统劳动关系发生剧烈变迁，新的劳动形态大量出现，劳动关系趋于复杂化、多元化与动态化，使得当前劳动法制不完善、不健全、调节滞后的问题更加凸显。

一、劳动立法有待完善

劳动法将调节劳动关系作为核心内容，是系统、科学、合理地协调劳动关系的重要依据和保障。我国劳动法律体系以《中华人民共和国劳动法》为根基，以《中华人民共和国劳动合同法》《中华人民共和国就业促进法》《中华人民共和国社会保险法》《中华人民共和国劳动调解仲裁法》等法律为补充，以《劳动合同法实施条例》《职工带薪年休假条例》《工伤保险条例》《失业保险条例》《社会保险费征缴暂行条例》等行政法规为配套，形成了一套系统综合调节劳动关系的劳动法律法规体系。随着新型劳动关系的迅速发展，现有的劳动法律体系不完善、不健全、调节有效性不足的局限逐步凸显，无法形成广泛覆盖、多形式、多层次的劳动法律体系。当前劳动立法和修法进程滞后，规范新型劳动关系的法规多以部门规章形式、以地区为统筹层次出台，存在地区差异化、立法层次低、高层次的立法建设相对滞后的问题。由于新劳动形态的大量涌现，劳动关系的复杂化、多元化和多重性的特征愈发明显，现有的法律体系已无法充分有效界定和指导新型劳动关系。现有劳动法如《劳动法》和《劳动合同法》等对于劳动关系的认定标准过于严苛，使得部分领域劳动关系缺失法律保障并呈现扭曲状态，在法律法规的“真空地带”和“灰色地带”空隙中迅速发展扩张，相关劳动争议的数量持续增长，如涉及网约车驾驶员、快递员、网络主播的维权案件从无到有、由少到多，并迅速成为广受关注、争议显著、影响广泛的争议问题。随着灵活化、非正式化的劳动者的组织形式和就业方式愈发多元化，原有《劳动合同法》已无法实现全面覆盖，出现了调整的失灵和缺位现象，《劳动合同法》对劳动合同的限制性条款已愈发不适用于灵活用工，导致许多灵活用工关系在法律规制范围之外非规范化地运行，许多新型劳动关系的特征无法适用于现有的劳动法制的规定，导致传统劳动法制对新型劳动关系的调整显得捉襟见肘。

劳动争议的调解和劳动者权益的维护前提是劳动关系的界定。目前对劳动关系的界定主要依据 2005 年劳动和社会保障部发布的《关于确立劳动关系有关事项的通知》，该法规主要依据三大标准作为判定劳动关系成立的依据：一是用人单位和劳动者是否具备法律主体资格；二是劳动者是否接受用人单位依据各项规章制度进行的劳动管理并在用人单位安排下从事有酬劳动；三是劳动者提供的劳动是否属于用人单位业务的组成部分。这些判定依据主要适用于传统的劳动关系，但在新型劳动关系中，许多劳动者同用人单位的关系发生了显著的变化，多种形式的灵活用工、弹性用工或者非标准劳动关系的人格从属性、经济从属性和组织从属性都不断地弱化，传统的三大标准判定方法无法完全适用于新劳动形态，导致劳动者的劳动关系和民事关系界定比较模糊，劳动关系或者劳务关系的事实无法被标准化和常态化地确认，劳动权益自然得不到有力的维护。随着劳动关系从属性的显著弱化，依据现有的劳动法体系界定劳动关系的边界出现了困难，凸显了劳动法调整效力有限的问题。许多新型劳动关系中的劳动者并不严格接受企业的劳动管理，而是具备了一定程度的劳动自主权，但又并非完全不受企业管理的约束。以网约车行业为例，滴滴司机有自主决定工作时间长短的自由、有自主决定是否接受订单的自由，也不同于滴滴公司的行政人员，无须接受企业内部行政管理约束、无需考虑是否帮助公司实现业绩，但是滴滴司机却需要在工作时配合完成个人身份识别审核并接受全程录音的监督，需要被动接受滴滴公司制定的订单分配规则、乘车费提成规则、补贴和奖励规则等；关于劳动者提供的劳动是否属于用人单位的业务组成部分的判定标准，平台企业对各自的业务服务定位同相关部门以及司法界的性质判定存在差异，例如滴滴公司的官网对其自身业务范围的界定包括出行服务即客运服务，而 2016 年交通运输部等七部委发布的《网络预约出租汽车经营服务管理暂行办法》将网约车经营服务定义为“以互联网技术为依托构建服务平台，整合供需信息，使用符合条件的车辆和驾驶员，提供非巡游的预约出租汽车服务的经营活动”。这一界定则将网约车公司的业务定性为信息整合和预约车辆服务，两种业务范围的界定也存在较大分歧，对于劳动关系的界定也带来了复杂的影响。因而新劳动形态的大规模出现和快速演化进一步放大了传统劳动关系界定标准的局限，不利于劳动者获得法律权益保障。

二、劳动司法有待规范

由于劳动立法和修法进程滞后，新型劳动关系的认定缺乏客观权威的规范，导致相关劳动争议诉讼的司法审判裁决标准各异、缺乏权威判例指导和解释。由于传统劳动法对劳动关系的认定标准并不完全适用于新型劳动关系，司法界对劳动关系认定的“从属性”的概念、内涵和类型的认识存在着一定差异，从而导致司法界对新业态劳动关系的判定标准各异，不同地域、不同层级的司法审判中对劳动关系认定形成了各自的认知，缺乏指导新型劳动关系判定及其争议调处的司法判例典型，导致劳动争议责任判定结果各异，制约和影响了司法权威性和公正性。

各地法院对新劳动争议的司法裁决判据各异、判决逻辑各不相同，例如一些地区高院判定劳动关系是否成立主要基于“人格从属性”（用人单位通过各项劳动规章制度和奖惩权等来管理约束劳动者），而另一些地区高院判定劳动关系则采用“人格从属性”和“经济从属性”（劳动者从事用人单位提供的有酬工作）的双重准则，还有一些地区高院则采取“人格从属性”“经济从属性”和“组织从属性”（劳动者提供的劳动是用人单位业务的组成部分）的三元准则。即使许多地区高院司法审判过程中坚持综合判断标准，如以“人格从属性”为主，并辅以其他从属性标准，但是综合判断标准本身就存在非标准性的争议，不同类型劳动关系综合判断的具体标准缺失，容易导致司法审判的主观性、不确定性和混乱性。例如对网约代驾事故纠纷的责任判定，有的地方法院判定是司机个人承担主要责任，司机与代驾平台公司之间是“服务合同纠纷”，有的地方法院判定代驾平台公司承担主要责任，并认定代驾行为是“职务行为”。由于新产业和新业态迭代发展快速，一些新型劳动关系的发展变化频繁，为劳动关系的认定和劳动权的维护带来了较大复杂性和难度，调整新型劳动关系越发显得捉襟见肘。

三、劳动执法有待健全

我国劳动执法机制有待健全完善，一方面是劳动执法力量不足，限制了执法全面性和有效性。由于当前法律法规对劳动侵权违法的处罚较轻，行政性的警告和罚款处罚等劳动行政处罚力度不足，导致用人单位违法成本低，一些用人单位铤而走险、知法犯法现象屡禁不绝，造成劳动侵权案件数量居高不下，加之劳动执法部门资源和条件有限，队伍建设投入不足，人手紧缺，人员配备无法满足执法工作需求，劳动执法人员疲于应付，执法效率低下，陷于被动执法的困境，导致劳动维权案件的执法主动性不足，执法主要依赖群众举报，举报途径单一，部分群众举报难、维权难。根据相关规定，劳动监察执法人员需要按照“两责令一申请”的规范执法，责令或申请执行的时限耗时较长，若申请行政复议、诉讼则更加冗长费时，导致部分弱势劳动群体被迫放弃维权，从而影响和制约了劳动执法的全面性和有效性。

另一方面，劳动保障监察部门和劳动人事争议调解部门之间存在职能交叉、协调不畅的问题。劳动监察执法主要监督落实劳动法所规定的工作时间、休息休假、最低工资、最高工时等方面权益，而劳动仲裁部门则主要调解劳资双方在劳动合同相关问题上的争议，但二者之间存在大量交叉重叠的部分，两个部门欠缺分工合作，导致有的地区出现劳动保障监察和劳动争议仲裁工作中互相推诿现象。当事人在选择劳动监察部门或劳动仲裁机构进行劳动维权上存在两难，维权缺乏明确的制度引导和支持，容易导致一案多投或互相推诿，增加了执法成本，同时影响劳动仲裁维权效果，浪费了行政资源并增加了行政成本。虽然劳动仲裁具有准司法性，但由于仲裁程序繁琐且调解不成后诉讼成本较高，不利于经济社会状况一般的劳动者尤其是农民工等劳动者的维权，而劳动监察执法相对行政强制力较高、有调查取证权，且劳动者维权成本较低，导致劳动者更倾向于求助于劳动监察执法部门，不利于对劳动执法部门的工作进行分流，减轻基层执法队伍的压力和负荷。

第三节　新型劳动关系治理的挑战——以网约车平台为例

网约车行业是新科技革命中快速崛起的新产业、新业态的典型代表。网约车平台利用大数据、新一代信息通信技术、人工智能技术等前沿技术推动生产方式的变革和劳动形态的转变，也推动了平台资本与网约车司机之间的新型劳动关系的演化发展。网约车平台资本的崛起与扩张集中反映了新科技革命发展中资本积累和扩张的新运动逻辑，形成了平台资本对劳动的新组织方式、分工机制与分配方式，也给新型劳动关系治理带来了新的挑战。

一、我国网约车平台的发展

网络预约出租汽车简称网约车，是移动互联网技术、大数据技术、人工智能技术等前沿技术应用于公共交通出行领域的产物，成为近年来共享经济蓬勃发展的典型创新模式，不但创造了大量就业岗位、吸引了大批劳动者兼职或专职任职网约车司机，形成了新形态的灵活就业模式，而且孕育并衍生出高科技资本、金融资本和汽车制造业资本交织发展并进行资本积累和扩张的新运动方式。我国网约车平台的发展总体经历了初创阶段、市场整合和垄断阶段、规范发展阶段几个阶段。

（一）网约车平台的初创阶段

2006 年我国出现首家专业租车网站以来，互联网用车服务模式开始萌发。2010 年前后，随着移动互联网技术的成熟发展以及智能手机的普及应用，互联网用车服务模式进一步向移动网络用车服务模式转型，出现了主要应用于智能手机上进行网络租车、网络拼车、网络代驾、定制巴士等服务的网约车平台软件。2010 年，国内第一家网约车平台“易到用车”开始运营，当时主要开展网络预约商务用车服务，提供网络预约的接送机、日租、半日租、时租及随叫随到等用车服务。2012 年，嘀嘀打车（滴滴出行的前身）和快的打车先后成立并分别开发了各自的网约车平台，当时两家公司都致力于运用智能手机来匹配出租车服务的供给和需求，让乘客通过手机上的网约车平台软件更方便、快捷地寻找和享受到出租车服务。此后，摇摇招车、百米打车、大黄蜂打车、嘟嘟叫车等类似网约车平台分别进入市场，形成了多元资本争相进入网约车行业的初创发展格局。

（二）网约车平台的市场整合和垄断阶段

2014 年前后，网约车平台发展进入了兼并重组和“补贴大战”的市场整合阶段，一些网约车公司进行了合并重组并获得了多轮资本融资，在巨额资本支撑下轮番出台激励策略来抢占市场份额。2013 年 11 月底，快的打车与大黄蜂打车签订合并协议，成为国内网约车领域的首例并购案。其后，许多网约车平台陆续获得了巨额资本投资，例如滴滴打车获得了腾讯、中信产业基金等投资方合计 1 亿美元的融资，快的打车获得了阿里巴巴集团巨额投资，两家公司携巨额资本开始大力度补贴乘客和司机，开展激烈的市场竞争，各自迅速抢占了大量的市场份额。滴滴打车面向乘客出台了各种优惠政策，包括新用户首单立减 15 元、乘客每单补助 10 元、乘客使用微信支付车费最高可获得 20 元补贴等。快的打车同样投入超过 1 亿元对乘客进行激励政策，规定新用户获得 30 元的话费返还，对使用支付宝付款的每单最少减免 13 元，每天可减免 2 次。同时，两家公司分别斥巨资对网约车司机进行补贴，滴滴打车对司机每单随机补贴 12~20 元，快的打车对司机每单奖励 10~15 元等。在“烧钱补贴”大战中，这两家获得巨额资本融资的网约车平台投入的补贴额累计超过 20 亿元，在市场整合阶段抢占了大部分的市场，迅速排除了其他市场竞争对手。截至 2014 年 12 月，中国打车软件的用户账户数为 1.72 亿个，其中快的打车的市场份额为 56.5%、滴滴打车为 43.3%，其他打车软件仅占 0.2%。[①]30 多家中小网约车平台几乎被滴滴打车和快的打车扫地出局，一些网约车平台被迫倒闭清算。

2015 年初，滴滴打车和快的打车合并，成为网约车行业的一场关键的市场整合行动，两大平台合并后几乎独占了整个网约车市场，将网约车发展带入了寡头垄断阶段 。2015 年 9 月，滴滴打车更名为滴滴出行并发布了全新版本的滴滴出行软件。其后，美国网约车巨头优步（Uber）进入中国市场，同滴滴出行开展了激烈的市场竞争。2016 年，优步推出打车 7 折、“拼车低至 3.5 元”、“每天 2 单，每单减 10 元”、“在特定区域上下车享受 5 折优惠”等价格优惠政策，滴滴出行则跟进推出了打车最高 5 折的优惠政策，掀起了网约车第二轮“补贴大战”，滴滴出行每周用于补贴乘客和司机的花费高达 7000

① 滴滴 + 快的垄断诉求：合击专车以及谋求更大融资［EB/OL］. 腾迅网，2015-02-13.

万—8000万美元，全年补贴花费将近40亿美元。[①] 2016年8月，滴滴出行收购优步中国，自此网约车市场整合发展阶段进入尾声，滴滴出行再次凭借资本运作结束了激烈的补贴竞争，将网约车市场从寡头垄断带向了滴滴出行一家独大的高度垄断格局。此后，网约车市场虽然不断地有新的平台进入市场，如美团、高德、携程、首汽、曹操以及嘀嗒等，但滴滴出行占据了市场的绝对优势，其他网约车平台要么被吞并、要么在微小的市场份额中艰难运营，难以同滴滴出行相抗衡，形成网约车市场"一超多小"的垄断格局。

（三）网约车平台的规范发展阶段

2016年7月，交通运输部、工信部等7部委联合发布《网络预约出租汽车经营服务管理暂行办法》，改变了原本各个城市对网约车管理各自为政、管理法规缺乏效力的局面，确立了网约车的合法地位、明确了网约车的主管部门及其职能，规范了网约车平台的资质和运营行为，从法人资格、信息联网、网络安全、支付手段、制度规范、运营办公条、申请程序等方面规范和约束网约车平台，同时对网约车辆和网约车驾驶员的资质也做出了相应的规定，初步将原先散乱无序、权责不清、约束力不足的网约车平台带向了制度化、规范化的发展阶段。2018年2月，交通运输部发布《网络预约出租汽车监管信息交互平台运行管理办法》，规定了网约车监管信息交互平台数据传输、运行维护、数据质量测评机制，要求各城市交通运输主管部门负责省级平台运行管理，并指导和监督本行政区域内的网约车监管信息交互平台运行管理工作，进一步将平台运营信息纳入监管范畴，提高网约车行业监管效能。

2018年12月，交通运输部发布《网络预约出租汽车和私人小客车合乘安全管理的紧急通知》，开始全面清退不合格车辆和驾驶员。交通运输部对网约车平台企业、网约车司机和网约车辆都进行了严格规范，要求网约车平台公司要取得《网络预约出租汽车经营许可证》，同交通主管部门进行平台数据联结、数据备份和信息报送，向通信和公安机关等主管部门备案，做好驾

① 滴滴&优步：从互撕到合并"烧钱补贴"伤不起？［EB/OL］. 搜狐网，2016-08-01.

驶员审核和信息报备；对网约车司机则要求具备《网络预约出租汽车驾驶员证》，同时网约车营运车辆具备《网络预约出租汽车运输证》。同时，大中型城市大都出台了各地网约车服务管理的政策，引导网约车发展进入了更健康有序、保障公共安全、更标准化和规范化的发展阶段。2020 年出台的《交通运输部关于加强和规范事中事后监管的指导意见》要求，推进信息化监管，对网约车、共享单车、汽车分时租赁等新业态包容审慎监管等具体措施，分领域量身定制监管规则和标准。2021 年 3 月，交通运输新业态协同监管部际联席会议提出要进一步加快网约车合规发展，统筹用好数字监管、信用监管、执法检查、行政约谈、通报警示等各种监管手段，督促企业加快整改，提升网约车合规化水平。截至 2021 年 1 月底，全国共有 218 家网约车平台公司取得网约车平台经营许可，共发放网约车驾驶员证 308.6 万个、车辆运输证 116.1 万个。随着近年交通运输部等部门加大对网约车平台监管力度，网约车平台发展进一步走向运营合规化、数据化监管和制度化约束的发展阶段。

二、网约车平台资本的崛起与垄断

滴滴出行从早年的微型创业项目发展成为在网约车市场独占鳌头的资本巨头，其资本积累和扩张历程反映了新科技革命背景下我国互联网创业资本在股权融资市场的资本运作中实现资本积累和扩张的新逻辑，即互联网创业者同股权融资的投资方共同结成多元复杂的高科技垄断资本的运动逻辑。

（一）滴滴出行的初创和原始资本积累

滴滴出行的前身嘀嘀打车成立于 2012 年 6 月，其创始人是曾在阿里巴巴集团任职的程维。在创业初期，智能手机尚未普及，程维提出了网约车的创业设想，试图开发一款在线呼叫预约出租车的手机软件，其后得到了天使投资资本的支持，开发出了预约出租车的软件，并同几家北京出租车公司签订了合作协议，逐步扩大了使用该软件的出租车司机规模。由于具备了网约车平台、一定数量的合作出租车公司及初具规模的网约出租车司机群体，嘀嘀打车获得了进入股权融资市场的资格，于 2012 年年底获得股权融资市场 A 轮

“金沙江创投”300万美元的融资额，打下了创业初期资本积累的基础。

（二）滴滴出行的高速发展和资本加速扩张

股权市场A轮融资以后，滴滴的资本扩张进入了加速期，该时期滴滴出行每一个新业务的推出和市场扩张行动，都同其在股权融资市场获得巨额风投资本的投资紧密相关（见表5-1和图5-1）。2013年4月，滴滴出行获得了腾讯的1500万美元B轮融资；2014年年初又获得了1亿美元C轮融资，其中包括腾讯的3000万美元、中信产业基金的6000万美元以及其他企业的1000万美元；2014年8月，滴滴推出了专车服务，进一步细分出行服务市场并增加了专职司机的数量；2014年12月，完成D轮7亿美金融资，投资方包括淡马锡、DST、腾讯；2015年1月，滴滴推出了专门为企业服务的滴滴企业版，开拓个人用户以外的企业用户市场。由于获得了巨额股权投资的支持，滴滴具备了在网约车市场并购竞争对手的充足实力，2015年2月，滴滴打车并购了其最大的竞争对手快的打车，主动结束了斥巨资补贴司机和乘客的市场激烈竞争格局。2015年5月，美国苹果公司向滴滴出行投资10亿美元，是当时滴滴获得的最大单笔投资，使得滴滴的股权结构中纳入了国外高科技资本。2015年5—7月，滴滴先后推出了快车、顺风车和代驾业务。2015年，滴滴出行进行了E轮融资，投资方包括新浪微博、中投公司、阿里巴巴、腾讯、淡马锡等，滴滴在这轮融资后获得280亿美元的估值。在巨额资本的支撑下，滴滴进一步将网约车功能细分为快车、顺风车、代驾等，将移动出行业务进一步扩大化与多元化。2015年9月，滴滴宣布公司名称正式变更为“滴滴出行”，并宣布完成总计30亿美元的新一轮融资。2015年11月，滴滴推出拼车服务。2015年年底，滴滴全年全平台订单总量达到14.3亿。2016年1月，招商银行、滴滴出行联合宣布双方达成战略合作，双方在资本、支付结算、金融、服务和市场营销等方面展开全方位合作，标志着金融资本同高科技资本的合流。2016年6月，滴滴获得F轮融资，投资方包括苹果、北京汽车、中国人寿、蚂蚁金服、招商银行、软银、腾讯、阿里巴巴等；同月，滴滴推出新的滴滴小巴业务。2016年8月，滴滴收购优步中国以后，双方相互持股，

Uber 持有滴滴 5.89% 的股权，优步中国的其余中国股东将获得合计 2.3% 的经济权益。经过多轮融资，滴滴获得了国内外多元资本的投资，其中，滴滴的国有背景投资方超过十个，包括中国投资有限公司、北京汽车、招商银行、交通银行、民航股权投资基金、平安创新投资基金、中金甲子、中信资本、上海国资委旗下的赛领资本、鼎晖投资、春华资本等。滴滴出行在多轮股权市场融资的助力下组成了国内外股权资本并存、金融与高科技资本交织、股权结构多元复杂、市场垄断地位稳固的高科技垄断资本。

表 5-1　2012—2016 年滴滴在股权融资市场的融资

时间	轮次	金额	投资方
2012 年 7 月	天使轮	数百万元人民币	天使投资人王刚
2012 年 12 月	A 轮	300 万美元	金沙江创投
2013 年 4 月	B 轮	1500 万美元	腾讯
2014 年 1 月	C 轮	1 亿美元	腾讯、中信产业基金等
2014 年 12 月	D 轮	7 亿美元	淡马锡、DST、腾讯
2015 年 7 月	E 轮	30 亿美元	新浪微博、中投公司、阿里巴巴、腾讯、淡马锡等
2016 年 6 月	F 轮	45 亿美元	苹果、北京汽车、中国人寿、蚂蚁金服、招商银行、软银、腾讯、阿里巴巴等

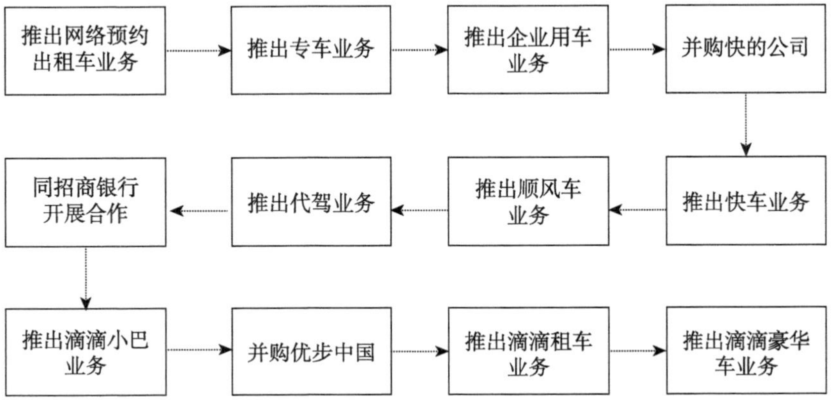

图 5-1　滴滴出行的业务进展路线图

三、平台资本的扩张逻辑

2016年收购了优步中国以后，滴滴出行进入了一家独大的垄断发展阶段，占据了国内网约车市场91%以上的份额。滴滴的资本运动逻辑就是新科技革命背景下的高科技垄断资本的垄断发展逻辑，主要包括资本的市场扩张逻辑、资本并购逻辑和资本垄断红利逻辑三个方面。

（一）资本的市场扩张逻辑

滴滴出行的资本市场扩张逻辑就是获得多轮股权融资、斥巨资补贴乘客和司机的经营逻辑。在资本初始积累阶段，滴滴获得天使投资资本的支持，初步具有市场基础和稳定的运营能力，由此获得进入股权融资市场的资格。在资本扩张阶段，在股权融资市场的前几轮融资中，成为若干知名股权资本的投资对象，如腾讯集团、中信集团、招商银行等，众多知名资本的投资行为又吸引更多的股权资本争相投资，形成股权投资的跟风现象，进而凭借多轮融资获得的强大资本支撑来补贴司机和乘客。滴滴的补贴策略是对司机和乘客的双重补贴策略。一方面是对司机的补贴，即对司机每单随机补贴10~20元不等的奖励，司机在获得乘客的乘车费的同时还能获得数额不菲的奖励，大力度的补贴吸引了大量司机蜂拥到滴滴平台，从而为平台在不同城市的稳定运营储备了充足的司机群体，保证足够的服务供给，进而迅速赢得新的市场份额。另一方面，滴滴对乘客也持续进行大力度的补贴政策，通过乘车费打折或奖励返还等补贴策略不断吸引新的客源，积累稳定的乘客群体，乘客也由于滴滴的车辆多、服务响应及时、乘车费优惠多而保持较高的用户忠诚度。通过对司机和乘客的双重补贴策略，滴滴的业务获得高速发展，在短期内迅速实现业务扩张。一是业务多元化扩张，即从初创期仅有预约出租车功能到综合了专车、快车、顺风车、代驾、自驾租车、巴士、共享单车和企业级约车等多元业务功能；二是市场份额扩张，从群雄混战到一家独大，从一线城市扩张到二三线城市、众多小县城乃至诸多国外城市。滴滴的市场扩张进程的一个鲜明特征是迥异于传统的资本营利逻辑，即滴滴多年来由于补贴策略而处于亏损状态，自 2012 年以来六年未实现营利，累计亏损 390 亿元，其中 2018 年亏损高达 109 亿元。但是凭借其在网约车市场享有绝对的市场份额，并没有影响股权资本对其未来营利的预期，因而能获得股权融资市场源源不断的注资，从而在业绩亏损状态下同时享有坚固的市场垄断地位。

（二）资本并购逻辑

资本并购逻辑是依靠资本支持来并购竞争对手，从而稳固已有市场、吞并竞争对手市场、扩大市场垄断地位的逻辑。

一是通过资本并购来暂停激烈的市场竞争、减少持续补贴策略导致的巨额成本支出。2014—2015 年，滴滴和快的两家公司开展了持久的“补贴大战”，两家网约车平台补贴累计超过 20 亿元，但是这种巨资补贴的模式被投资方视为不可持续的竞争行为，2014 年第一季度，腾讯基本停止了对滴滴的资金支持，两家平台公司都在“补贴大战”中“大伤元气”，其后以两家平台公司的并购结束了旷日持久、损耗巨资的补贴大战；2015—2016 年，滴滴和优步中国进行了新一轮的“补贴大战”，优步中国 2015 年在华亏损超过 10 亿美元，其后同样以两家平台的并购结束了这轮“补贴大战”；斥巨资同主要竞争对手进行多轮“补贴大战”，虽然为滴滴赢得了相当的市场份额和用户规模，但也导致滴滴出行六年多以来长期未实现盈利，不利于滴滴在股权融资市场获得较高的市值评估和业绩口碑，因而滴滴进行“补贴 + 并购”的竞争策略，通过“补贴”大战使双方都迅速积累了大量司机和乘客资源、逼退了其他中小竞争对手，只剩下两家平台占据几乎全部市场份额以后，再同对方进行并购谈判，以期结束巨额补贴的耗费，节约成本支出，改善投资报表，凭借绝对的市场垄断地位来吸引下一轮股权资本的投资。

二是通过并购获得了并购对象的司机群体、乘客、运营组织、品牌等多种资源，并进一步取得绝对的市场垄断地位，进而凭借垄断地位享有更高的市场估值、更主动的市场定价权优势，由此享有持久而优厚的垄断红利。滴滴和“快的打车”合并以后，虽然双方对外宣称合并后保持各自原先独立的品牌和管理团队，但事实是“快的打车”的经营团队退出，由滴滴主导“快的打车”的品牌运营和团队发展；同样，滴滴并购优步中国以后，获得优步中国的品牌、业务、数据等全部资产，滴滴与优步中国合并之后，滴滴的估值进一步提升到380亿美元，半年内增长了100多亿美元。因而通过并购，滴滴结束了“补贴大战”的恶性竞争，获得了更高的市场估值，提高了对司机和乘客双方的补贴议价能力，也具备了主动提高乘车费和提成比率的垄断权力。网约车资本发展到垄断资本的关键在于实现对出租车、私家车等服务提供者的控制，并获得对乘客的乘车费价格调整的主动权，从而获得垄断利润，这也是多年亏损的滴滴发展的理想愿景。

（三）资本垄断红利逻辑

滴滴的垄断红利并不体现在公司利润上，虽然长期宣称亏损，但是其垄断地位保证了有源源不绝的股权融资资本进入，不断地对公司进行注资。自2016年并购了优步中国、获得了垄断地位以后，滴滴仍然持续获得大量股权资本的青睐（见表5–2）。2020年，滴滴旗下共享单车平台——青桔单车先后获得君联资本及国外基金A轮超10亿美元融资以及君联资本、软银中国的1.5亿美元B轮融资，同年5月，滴滴出行自动驾驶部门获得软银领投的超5亿美元的融资。从天使轮至今，持续的资本注入使得滴滴不但不会因账面的亏损而停止运营，反而凭借持续的资本注入而实现可持续的业务扩张、对外投资扩张和跨领域投资营利的垄断红利。

表5–2　2017—2019年滴滴在股权融资市场的融资

时间	融资金额	投资方
2017年4月	55亿美元	中俄投资基金、银湖资本、软银、高达投资、交通银行、招商银行
2017年12月	40亿美元	Mubadala（阿拉伯）、软银
2018年4月	2.65亿美元	未来资产（韩国）
2018年7月	5亿美元	Booking（美国）
2019年7月	6亿美元	丰田集团（日本）
2020年	11.5亿美元	君联资本、软银等

一是持续业务扩张的垄断红利。自 2012 年创业以来，滴滴的网约出行业务范畴从预约出租车逐年扩展，成为涵盖出租车、快车、专车、豪华车、公交、代驾、企业级、共享单车、共享电单车、汽车服务等多元化的出行和运输服务平台。滴滴平台上聚集了数千万车主及司机，年运送乘客达 100 亿人次。新业务实现扩张的成效高度依赖滴滴出行平台的垄断优势，凭借平台所积累的规模庞大的用户群，滴滴每推出一项新出行业务，就凭借垄断性的平台规模优势迅速地实现市场扩张。同时，滴滴的资本垄断地位进一步强化了其吸引更多的股权资本投资支持其投资新业务领域的实力，每轮融资中获得新的资本注入后，滴滴会推出新的组织部门、新运营团队和新业务，借助资本支撑来保障新业务的市场推广成本，顺利推动新业务发展。

二是对外投资扩张的垄断红利。自 2015 年起，滴滴出行同全球多家境外网约车平台开展了投资、产品、技术等方面的战略合作，包括东南亚网约车平台 Grab、美国网约车平台 Lyft、印度网约车平台 Ola、欧非地区网约车平台 Taxify、中东北非地区网约车平台 Careem、巴西最大的本土网约车公司 99Taxi 平台等，2018 年进入中国香港、日本和澳大利亚的网约车市场。截至 2019 年，滴滴出行在亚洲、拉美和大洋洲共计有 5.5 亿个用户。2020 年 3 月，滴滴进入巴拿马市场，同年 8 月，滴滴开始在澳大利亚堪培拉运营。目前，滴滴国际化市场主要包括巴西、墨西哥、澳大利亚、日本、智利、哥伦比亚、哥斯达黎加等以南美洲为主的市场，主要通过其全资子公司在本地运营。无论是境外网约车战略合作、境外收购、境外业务上线合作，滴滴的对外投资扩张反映了高科技垄断资本在国内市场占据了绝对垄断地位以后，试图通过资本对外输出，来实现资本的全球扩张的意图，而这些对外投资扩张行动的达成，都高度依赖滴滴出行在国内市场的垄断地位，凭借垄断地位和资本全球扩张来为高科技垄断资本创造持续的资本积累和扩张的空间。

表 5-3 滴滴出行对外投资扩张行动

时间	国家和地区	合作方或投资对象	投资合作和业务情况
2015 年 5 月—2016 年 1 月	美国	Lyft 网约车平台	投资 11.5 亿美元并开展战略合作
2015 年 8 月—2017 年 7 月	新加坡	Grab 网约车平台	投资 30 亿美元并开展战略合作
2015 年 9 月	印度	Ola 网约车平台	投资 5 亿美元并开展战略合作
2017 年 1 月	巴西	99Taxi 网约车平台	投资 1 亿美元并开展战略合作
2017 年 8 月	欧洲、非洲	Taxify	投资并进行战略合作
2017 年 8 月	中东、北非	Careem	投资并进行战略合作
2018 年 4 月	墨西哥		直接开展网约车服务
2018 年 5 月	大洋洲		开展网约车业务
2018 年 9 月	日本		直接开展网约车业务
2019 年 6 月	智利、哥伦比亚		直接开展网约车业务
2019 年 11 月	哥斯达黎加		成立中美洲总部
2020 年 3 月	巴拿马		直接开展网约车业务

三是跨领域多元投资的垄断红利。滴滴出行的主营业务是网络出行平台服务，同时不断地拓展业务范围，进行跨领域多元投资。一方面发展从网约车出行服务衍生出来的周边商业服务，包括滴滴旗下的汽车服务平台“小桔车服”公司开展的汽车租售服务、加油站和养车服务等，其年化交易额已突破 600 亿元，覆盖城市 257 个、合作伙伴和渠道商 7500 余家。此外，还投资共享单车业务；另一方面，利用垄断平台优势，向滴滴用户附加增值服务，包括 2018 年 3 月开始的滴滴外卖服务、2019 年年初推出的滴滴“金融服务”、同网络职业猎头公司领英（Linkedin）展开的职业社交协同市场服务、与世界银行集团成员之一国际金融公司（IFC）开展的女性发展、数字普惠金融、绿色金融及跨国合作、2020 年进入货运和社区电商领域等，经营领域和业务涵盖范围愈发多元化。

表 5-4　滴滴出行的多元业务扩张

时间	行业	项目情况
2015 年 9 月	互联网社交	同美国互联网人力资源平台领英开展战略合作
2016 年 7 月	网络安全	投资网络安全服务领域并提供第三方网络安全检测服务
2016 年 10 月以来	共享单车	投资共享单车 ofo；上线青桔单车
2017 年 12 月以来	金融	投资第三方支付商“一九付”；同 IFC 合作开展普惠金融、绿色金融；2019 年推出滴滴金融服务
2018 年 3 月	外卖	在无锡、南京、厦门等城市推出外卖配送服务
2019 年 2 月	酒店	投资印度酒店 OYO
2020 年 6 月	货运	在成都、杭州等地开通货运服务
2020 年 10 月	社区电商	推出“橙心优选”电商平台

四、平台劳动关系的主要问题

2016 年滴滴出行平台共有 1500 万名专兼职司机，其中有近 200 万名司机将滴滴作为主要收入来源。① 随着共享经济的发展壮大，网约车司机这一新兴的职业群体迅速发展壮大。围绕滴滴出行平台，滴滴出行与滴滴司机之间形成了新的劳动与资本关系，劳资双方之间在契约关系、工时、收入分配、社会保障和群体整合等方面都形成了不同于传统劳动关系的特征，衍生出围绕着这些核心权益的劳资矛盾与冲突。

（一）劳资契约矛盾

网约车平台与司机之间的关系认定问题是网约车平台发展的焦点问题。由于当前尚未出台或修订相关劳动法律法规，尚未形成对这一新型的劳资关

① 滴滴总裁柳青：希望整合社会所有资源满足出行需求［EB/OL］. 人民网，2016-06-21.

系的权威指导意见和规范举措，网约车平台与司机群体对双方关系认定具有较强的复杂性，由此带来的劳资权责认定问题也存在着显著分歧，导致网约车劳资双方之间的契约矛盾难以实现有效调节。

1. 第三方合作模式下的劳资关系隐性化

滴滴出行在官方网站将自身定位为“一站式移动出行平台”，为“用户提供出租车、快车、专车、豪华车、公交、代驾、企业级、共享单车、共享电单车、汽车服务、外卖等多元化的出行和运输服务”，使“数千万车主及司机获得灵活的工作和收入机会”。这反映了滴滴出行不仅仅认为自身是提供网约车供需匹配服务的平台，也提供出行和运输服务，并为司机提供灵活就业机会。这意味着滴滴出行在一定程度上默认了自身是提供出行和运输服务的资方，并且是为劳动者提供灵活就业机会的资方。

在实际运营过程中，滴滴没有按照劳动法对灵活就业的规范要求来同司机直接签订劳动协议，而是采取第三方挂靠合作模式，寻找劳资关系的代理人，滴滴在各个城市同汽车租赁公司等第三方公司开展挂靠合作，同第三方公司签订合作协议，约定第三方公司负责司机的签约、租购车辆、注册、管理、汇集报送流水和账单等事宜，滴滴将税后车费提成额的一定比例作为挂靠合作费用支付给第三方公司。第三方公司靠收取加盟费、管理费、部分车费提成、保险收入、金融服务费甚至车辆违章的买分卖分、年检等来获得营利。通过这种第三方挂靠合作模式，滴滴变相地规避劳动关系责任，无须直接以公司名义同司机签订协议，导致滴滴出行与司机群体之间在形式上无直接协议或契约关系，通过挂靠第三方公司将其同司机的关系隐蔽化了，借助第三方公司形成了间接和隐性的契约合作关系。

2. 司机对滴滴的从属性和滴滴对司机的支配性

滴滴出行与司机之间是否构成劳动关系主要依据人身从属性，即劳动者对用人单位是否具有经济上及人格上的从属性，用人单位对劳动者是否具有较强的管理及制约的能力。滴滴出行虽然没有直接同司机签订劳资契约，但在实质上对司机行使了直接或间接的劳动支配。滴滴对司机的直接支配权力体现在车费分配、奖金分配和订单分配三个方面，在车费分配上，滴滴对司机的每一笔网约车车费强制提成20%左右，剩下80%左右留给司机；在奖金分配上，在滴滴出台的各种奖励政策规定导向下，司机要获得更多的业绩奖金，就必须全天在线较长时间并在业务高峰期在线，以此获得足够的订单数量，才能获取指定时间内同订单数相挂钩的奖金；在订单分配上，司机获得的每一次订单，必须依赖滴滴平台后台的派单机制，滴滴利用大数据算法，依据司机的等级、投诉率等来操纵控制派单规则，滴滴通过评分机制控制司机的劳动机会、劳动对象和劳动距离，对司机能否获得订单、获得什么样的订单及完成工作的方法、方式和态度产生了实际的控制和支配。评分机制表面上是乘客的权力，实际上滴滴平台是评分系统背后的隐性权力掌控者，滴滴决定不同评分的司机所能享有的奖励以及派单权，形成了对司机劳动的隐性支配和控制。

由此可见，滴滴出行对司机群体形成了事实上的劳动支配关系，双方绝不仅仅是间接、委托的劳务服务合作关系或信息服务合作关系，而在一定程度上具备了劳动法规定的劳动关系的构成要件。而滴滴司机则同滴滴平台、第三方公司之间形成了特殊的三方关系，滴滴司机处于双重约束关系中，不但受到滴滴平台的直接支配，还要接受第三方公司的审核、管理和协议约束，许多司机还要向第三方公司缴纳月租、保险、金融服务费、年检费和违章买分费用，在这种双重复杂支配关系中容易产生权责纠纷和矛盾分歧，由此导致劳资双方的契约关系矛盾不断增长。

3. 滴滴同司机的三种合作模式

目前滴滴同网约车司机之间的所谓的“合作模式”分为三种：一种是加盟车合作模式，即自带车辆的私家车主可以同滴滴指定的第三方公司签订协议，只要司机按照《网络预约出租汽车经营服务管理暂行办法》，取得了《网络预约出租汽车驾驶员证》，车辆规格符合规定并获得《网络预约出租汽车营运证》并获得平台审核通过，就可以平台“上岗”工作。第二种合作模式是租车合作模式，即无自有车辆的司机可以同滴滴指定的第三方公司租车后在滴滴平台工作，租车分为纯租赁模式和“以租代购”模式。前一种模式下司机可以按照自身需要挑选车辆并支付租车押金，同时按月向公司缴纳租车费。

后一种模式下司机要同第三方公司签订协议，约定连续三年缴纳租金，租满三年车辆自动过户给司机。这种“以租代购”的模式使得第三方汽车租赁公司不仅能获得卖车的收入，能在无需社保和工资的情况下让司机为公司服务3年。司机不但需要支付首付款、高额利息、金融服务费、办证费（营运证、从业资格证、安装GPS）、购置税和保险费等高额成本，而且第三方公司会对司机收取高昂的车辆维修费等。选择了“以租代购”的司机若无法获得持续稳定的车费收入，就难以按时缴纳月租，会面临着被收取滞纳金、被关闭平台使用权、甚至同第三方公司之间产生关于退车的违约金矛盾纠纷。第三种合作模式是专车合作模式，专车司机需要到滴滴指定场所进行专车服务培训，完成并通过培训后，对车型进行升级，还要接受50个订单的专车订单线上考核，平台对50单的服务进行监控考核，考核通过以后，司机转正开始从事专车运营。

三种不同的合作模式下的滴滴司机同滴滴平台之间的关系有一定的区别。加盟车合作模式的司机由于无需支付租车费，在平台工作相对较为自由，相当一部分自带车辆的司机是兼职从事滴滴，因而他们同滴滴之间的关系就更为灵活，司机可以自由选择工作时间，不用全天候、长时间地开车，特别对有本职工作收入的兼职司机，相对无需紧盯滴滴的评级和奖励政策来进行同行激烈竞争，因而滴滴对这类司机的支配作用并不明显。第二种租车合作模式的司机绝大多数是全职从事滴滴，第二种租车合作模式和第三种专车合作模式下，专职司机接受平台的管理、约束和支配的劳动关系特征比较显著，专车司机从属于滴滴平台的特征更明显。滴滴对专车司机的考核监管要求包括具有基础服务物料包、最近50个订单无投诉、接驾时间不得高于城市平均值2倍、乘客订单取消率小于25%、服务健康度达到88分等。此外，滴滴还对专车司机做出了严格的降级标准规定，如果专车司机满足以下两条：服务得分排名低于25%、服务星级低于4.7星，订单取消率高于25%、投诉率高于2%，滴滴将对其进行降级惩罚。由此可见，滴滴对专车司机的考核要求和奖惩规定实质上已经构成了明显的劳动支配要求。但是在现实中，滴滴却并没有同专车司机签订任何劳动协议，而是让专车司机同劳务派遣公司签劳务中介合同，这种同第三方的劳务中介合同无法为司机提供相应的人身安全保障和其他保险内容，也导致了现实过程中的许多权责纠纷。

交通运输部出台的《网络预约出租汽车经营服务管理暂行办法》中规定，网约车平台公司应当按照有关法律法规规定，根据工作时长、服务频次等特点，与驾驶员签订多种形式的劳动合同或者协议，明确双方的权利和义务。但这一法规仍然并未明确网约车平台公司与其驾驶员之间是否属于劳动关系，对网约车平台的契约责任的规范也较为宽松，允许网约车平台与司机签订多种形式的劳动合同或协议，即默认了网约车平台当前的挂靠合作模式之下同司机的间接合作关系，网约车平台可以同司机签订劳动合同，也可以签订类似合作协议等其他协议。由于相关法规政策缺乏对专职司机灵活劳动关系的强制性约束，导致专职网约车司机与网约车平台之间的事实劳动关系无法被确立和保护，也引发了相当一部分专职司机的不满，不利于维护专职司机的合法劳动权益，不利于网约车平台劳资关系健康、和谐和可持续性的发展。

（二）劳资工时矛盾

马克思认为，劳动这一人的生命活动是一种生产实践，是人能动地有意识地运用自身的生命力的活动，它虽然有极大的弹性和变动余地，但不能被无限度地耗用。工作日有一个最高界限，这个最高界限首先取决于劳动力的身体界限，如果工作日逼近人的身体和道德界限，将人的实践活动基本局限于生产实践之中，就会造成损耗劳动者的劳动力以及道德失调的后果。

2019 年，我国企业就业人员周平均工作时间为 46.5 个小时，2009—2019 年的年均周工时达 46.1 个小时（见图 5–2），均已超过了标准工时（40 个小时）和法定最高工时（44 个小时）。若以周工作时间换算，相当于年工作时间 2418 个小时，远超 OECD 国家的平均数（1744 个小时）。在传统产业，超时工作、过度劳动的现象仍然屡禁不绝，甚至有局部蔓延的趋势，对劳动者维护自身的休息权、健康权和社会发展权带来了严峻挑战。

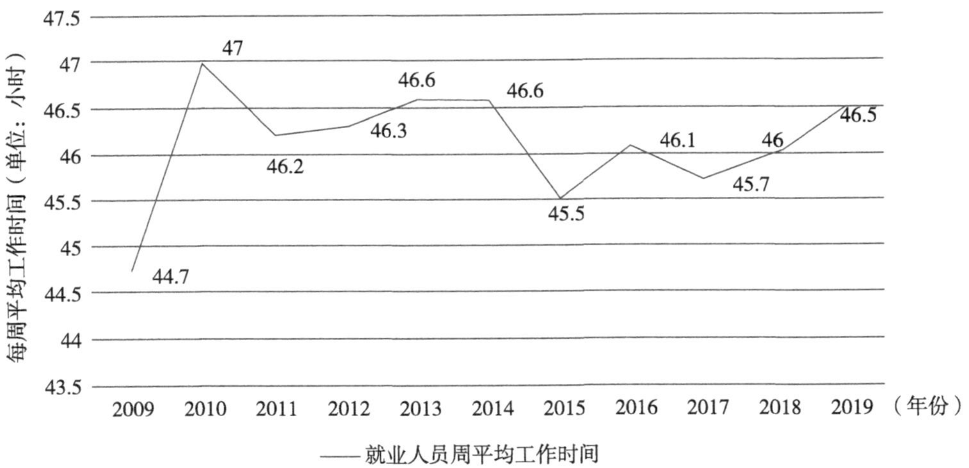

图 5-2　2009—2019 年我国就业人员周平均工作时间

注：根据《中国劳动统计年鉴》数据整理

根据 2018 年《中国社会统计年鉴》数据，2017 年第一产业的就业人员周平均工作时间最短，为每周 39.3 个小时，第二产业周平均工作时间最长，平均为 46.5 个小时，第三产业周平均工作时间则为 45.4 个小时。2017 年我国各行业中周平均工作时间超过 45 个小时的行业主要包括住宿和餐饮业、批发和零售业、建筑业、交通运输仓储和邮政业、制造业、居民服务和其他服务业、采矿业、农林牧渔、文化体育和娱乐业、房地产业及水利环境等 11 个行业（见图 5-3）。其中住宿和餐饮业的工作时间最长，是唯一周工作超过 50 个小时的行业，比排名末位的农林牧渔业高出近 30% 的工作时间。而批发零售业、建筑业、交通运输仓储业和制造业工作时间也相对较长，且由于从业人数较多，从而拉高了全部从业人员的平均工作时间。在一些中低技能劳动者密集的传统产业，劳动者基本工资低、被迫依赖加班来赚取收入的过劳现象屡禁不止，侵害着劳动者基本的休息权和健康权。

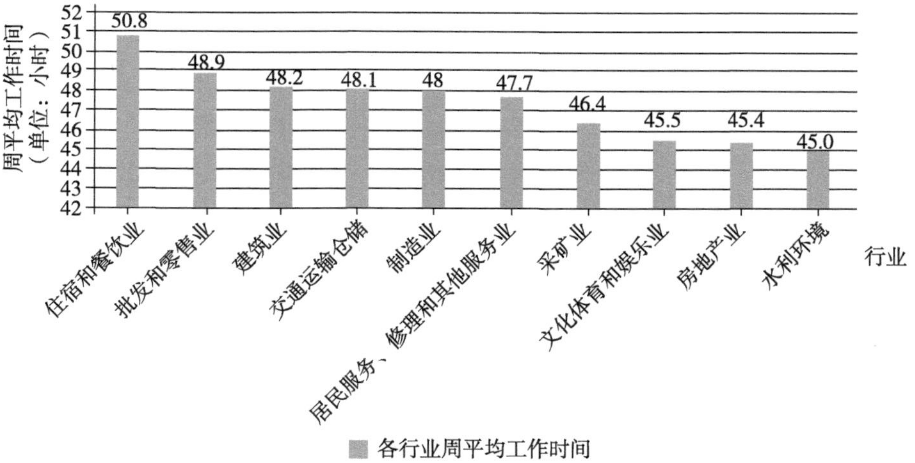

图 5-3　2017 年我国若干行业就业人员周平均工作时间

注：根据 2018 年《中国社会统计年鉴》数据整理

工作时间简称工时，是衡量劳动者在生产和服务中所创造的价值的重要标准，也是保障生产和服务维持一定的效率并充分满足消费者需求的重要条件。

1. 互联网平台的过度劳动现象——以“996”风波为例

近年来，国内许多互联网高科技企业开始实行“996”（早上 9 点上班，晚上 9 点下班，一周上班 6 天）工作制，一些企业内部大兴“自主加班”的企业文化，导致这种超长工时的制度和文化在行业内蔓延开来。一些互联网公司公开实行全员“996”工作制度，不但没有补贴或者加班费，还不允许员工随意请假。[①] 据不完全统计，至少有 80 多家互联网公司被指实行“996 工作制”，其中包括阿里巴巴、京东、百度、腾讯、小米等。[②] 高科技行业劳动者的过度劳动现象从无到有、从少到多，日渐蔓延。一些互联网公司甚至实行比“996”更残酷的工作制，如“9106”（早上 9 点上班，晚上 10 点下班，一周上班 6 天）、“9127”（早上 9 点上班，晚上 12 点下班，一周上班 7 天）、

① 苏季 .58 同城被曝实行全员“996”，回应：不强制［EB/OL］. 人民网，2016-09-02.

② 互联网公司“996”工作制［EB/OL］. 搜狐网，2019-04-14.

“716”（每周工作 7 天，每天工作 16 小时）等。根据行业研究报告，大多数互联网龙头公司在过度劳动的排行中“榜上有名”，京东、腾讯、百度等高科技互联网公司员工普遍下班时间晚于 21 点，周末加班现象普遍，每月加班累计达 5~20 天。① 其后，《人民日报》、新华社、中央电视台等主流媒体相继发布了相关评论，纷纷批评“996”工作制的不合法和不合情理，呼吁企业守法遵规和切实保障员工利益及身心健康。

“996”工作制下的超时劳动不同于临时加班，而是长期地过度支出工作时间，导致劳动者恢复和再生产劳动力时间不足，劳动力产生慢性、不可逆的损耗的劳动状态。根据《中国国民心理健康发展报告（2017—2018 年）》，32% 的 IT 职工感到压力较高或很高；接近四成心理健康水平不佳，远高于 26.2% 的全国平均水平。20.3% 的 IT 职工存在高于全国平均的焦虑倾向。过度劳动超过了身体负荷，就会增大劳动者发生“过劳死”的概率。超时劳动不仅会导致劳动者的身体、情绪、精神、人际关系等方面的损害，损伤劳动者再生产劳动力的能力，而且会降低劳动者创新创造的能力，压抑劳动者自由全面发展的意愿和潜力。

2. 网约车平台的过度劳动现象

网约车行业的主要劳动者——网约车司机拥有随时上下线的工作自由，可自由决定工作开始和结束的时间以及一日、一周工作时间的长短，但其劳动在一定程度上属于多劳多得的劳务活动，要自行负担汽油费、充电费、停车费、修理费、租车费及交通违规罚款等成本，因而要赚取能弥补成本并维持生存的收入，必须每天跑车达到一定时间并实现足够的订单数。活跃而充足的司机群体，在一定程度上是网约车平台为乘客提供充足的运输服务供给、迅速响应乘客需求、安排最近的车辆来接送乘客、提供超越竞争对手的快速优质服务的重要条件。一些网约车平台设计了复杂的收入分配和奖励制度，包括依评级优先派单机制、订单数奖励和峰值奖励机制以及租车优先派单和租金倒逼机制等，以此建构起一种引导司机长时间劳动的导向机制，导致网

① 2016 年度加班最“狠”公司排行榜 IT 篇公布［EB/OL］. 搜狐网，2016-12-07.

约车平台的过度劳动现象持续存在。

近年，一些网约车平台转型同第三方汽车租赁公司合作，要求司机需要向第三方汽车租赁公司租车才能加入滴滴平台，许多司机需要按月支付 4000 元以上的租车费，极大地加重了司机的经济负担。为了有能力按月按时缴付租金并能赚取足够的生活费，许多滴滴司机超长时间工作，相当一部分司机每天累计连续出车 12 个小时以上。同时，网约车平台为激励司机多出车而设置了奖励政策和派单机制，规定司机若一天内达到一定的订单总数就能额外获得奖金，滴滴的后台算法能实时掌握司机平均订单数，根据大数据统计结果来优先派单给订单数高的司机，由此利用司机对奖金和优先派单的期待心理来变相引导司机长时间出车。同时，许多新手司机和出车少、订单数不高的司机较难获得足够的订单数，也难以获得奖金，由此导致了相当一部分司机产生长时间劳动付出却得不到应有回报的矛盾心态，助推了滴滴平台与司机之间用工矛盾的增长。

一是依评级优先派单的机制。滴滴出行对司机群体进行分级管理，评级的评定依据司机的工作业绩量、服务分、被投诉率等来综合评定。每个季度发布一次车主等级，一共有八个等级，从高到低分别为城市英雄、城市先锋、城市行者、钻石、铂金、黄金、白银和青铜，不同等级的车主享受不同权利。滴滴平台智能派单的计算规则中加入了临近区域评级高的司机优先派单的算法，高评级的司机越是获得优先派单，就越能创造更高的业绩，也能获得更多的奖励收入，同时会引导司机为了保住高评级、获得更多的订单和奖励而继续长时间劳动。而相对评级较低的司机尤其是新手司机由于没有优先派单的机会，他们即使长时间工作、在更多乘客密集的区域活动，也难以获得足够的订单和更好的乘客评价来获得更高的评级，由此导致的司机群体两极分化现象也引发了平台劳资双方之间的矛盾。

二是订单数奖励和峰值奖励机制。虽然滴滴司机拥有随时上下线的工作自由，可自由决定工作开始和结束的时间以及一日、一周工作的长短，但滴滴司机的劳动在一定程度上属于多劳多得的“计件型工资”劳动，要实现能保证自身劳动力生产和再生产的收入，必须每天在线一定时间并达到一定的订单数。滴滴为鼓励司机群体设置了奖励政策，达到规定的订单总数就能获得成单奖、高峰翻倍奖、连环奖与金牌司机奖等奖励，滴滴的后台算法能实时掌握司机平均订单数，根据大数据统计结果来设计获得奖励所需要的日订单、月订单标准，还能根据高峰呼叫时期的司机数量和平均订单数来设立峰值奖励，由此来引导司机在周末、节假日等本应休息的时间劳动，利用司机对奖励的期待心理来激励司机长时间劳动。早期市场扩张阶段，滴滴设计的订单奖励相对较为容易达到，例如一天做满 20 单就可以得到 300 元的奖金，但是随着越来越多的司机的加入，滴滴获得垄断地位以后不断提高司机获得奖励的门槛，将订单奖提高到一天在规定时间内做满 30 单才有奖金，而一般司机尤其是评级不高的司机较难获得足够的订单数，也难以获得高额奖励，由此导致了相当一部分司机群体产生长时间劳动付出却得不到应有激励的矛盾心态。

三是租车优先派单和租金倒逼机制。随着政府对网约车运营从严管理和规范化管理，滴滴出行有意识地增加了同第三方公司的用车合作，引导更多网约车司机进入租车合作模式，并设计了租车司机优先派单的算法，引导更多的司机向第三方公司租用合规车辆，并向滴滴支付月租。根据不同的车型，租车的滴滴司机需要每个月缴纳 4000 元以上的租车费，成为许多租车的滴滴司机的沉重负担，为了有能力按月按时缴付租金并能赚取足够的生活费，许多滴滴司机被动进入超长时间工作的过度劳动状态。

在一系列引导司机长时间劳动的导向机制作用下，滴滴获得了庞大规模的活跃专职司机长时间在线劳动，也助推了平台与司机之间工时矛盾的增长。一方面是高评级司机与相对低评级司机之间的两极分化现象，高评级司机进入多劳多得的良性循环，低评级司机长时间劳动也无法实现多劳多得，导致许多低评级司机对滴滴平台的派单规则怨声不断，许多新入职司机在加入滴滴平台劳动的相当长一段时间内处于“空跑”状态，虽辛勤付出却凭空耗费了油费和赚取收入的机会成本；另一方面是滴滴的大部分导向性明显的激励机制导致大量滴滴司机过度劳动。劳动这一人的生命活动是一种生产实践，是人能动地有意识地运用自身的生命力的活动，它虽然有极大的弹性和变动余地，但不能被无限度地耗用。

同时，由于现有法律法规中对劳动时间的规定不适用于网约车行业，相关的劳动监管也尚未健全，导致滴滴司机超时劳动、过度劳动的现象缺乏管制。虽然滴滴出行在2019年6月推出了《滴滴网约车驾驶员防疲劳驾驶规则》，根据不同类型的网约车司机做出不同的防疲劳驾驶规定，例如快车司机在服务10个小时后要下线休息后才能继续接单，专车司机和豪华车司机则分别需要休息9个小时和6个小时。在英国，Uber网约车平台要求司机若连续工作满10个小时，需要强制下线休息6个小时后才能重新上线，美国Uber司机连续驾驶12个小时以后需要强制性休息6个小时，以防范司机过劳驾驶。相较于英美等国要求网约车司机休息6个小时的规定，滴滴司机仅下线休息20分钟的时间显然不足以缓解司机群体的过度劳动问题。在过劳状态下，大部分滴滴司机尤其是中青年全职司机处于全天超长时间驾驶和疲劳驾驶的状态，许多司机由于过劳导致腰肌劳损等职业损伤，严重过劳的司机甚至引发交通事故，给人身安全和公共安全带来一定隐患。

（三）劳资分配问题

借助人工智能、大数据和云计算等前沿技术，滴滴出行与司机群体之间形成了不同于传统劳资分配关系的全新的分配秩序，滴滴出行不仅具有单方制定网约车平台收入分配政策的权利，而且能间接地通过奖励政策、补贴政策、派单机制等来影响司机群体的收入结构变化。网约车司机的劳动收入主要包括车费收入、奖金收入、市场补贴收入等，滴滴平台与司机群体之间围绕着这些收入分配进行博弈，随着滴滴平台资本的不断壮大和市场垄断地位的巩固，劳资双方在收入分配方面的博弈实力不断分化，司机群体的收入分配话语权微弱，仅能利用局部群体整合来进行零星抗议，随着网约车市场的波动和司机群体收入下降的风险不断酝酿，劳资双方的分配矛盾不断积累和显化。

1. 分配机制问题

一是车费的提成分配矛盾。车费收入是司机群体的主要收入来源，由于司机群体依托滴滴平台进行调度和订单分配，滴滴对司机的每一笔订单都抽取一定的提成额，提成额的计算规则由滴滴出行掌控，提成额包括保险费、管理费和车费奖金的提成。滴滴出行的收入分配计算规则在 2016 年 8 月进行了修改，此前滴滴对司机显示的收入分配计算标准是：司机所得 =（里程费 + 时长费 + 超公里费 + 夜间费 + 其他费用）× 80%+ 附加费用。这一计算标准中，司机可以清晰地看到乘客所支付的车费总额，并得知其中 20% 的车费被滴滴提取了。2016 年 8 月以后，滴滴修改了司机端的收入分配计算公式，司机所得 = 新里程费 + 新时长费 + 新超公里费 + 新夜间费 + 其他费用 + 附加费用。修改计算规则以后，司机所看到的各种里程费、时长费、超公里费、夜间费等都是已扣除了提成额以后的结果，司机无法知道具体提成比率是否还是 20%。根据滴滴总裁陈熙 2019 年的公开发言，2018 年第四季度滴滴平台对司机的平均抽成比率为乘客支付车费的 19%，抽成率高于 25% 的订单和低于 15% 的订单各占 20%。

二是车费所得信息不对称引发的矛盾。修改收入分配计算规则以后，滴滴司机无法知道乘客具体支付的车费总额，无法知晓滴滴是否对乘客上涨车费，事实上，从 2016 年 9 月 15 日到 2017 年 4 月，滴滴平台将最低级别的专车里程费由 1.5 元 / 千米提升至 1.8 元 / 千米，时长费由 0. 25 元 / 分钟提升至 0.35 元 / 分钟，长途费与夜间费维持不变。但是滴滴对乘客车费的上涨无法体现像以往一样显示在司机的软件页面上，因而导致滴滴与司机之间对车费收入的信息不对称性，滴滴的价格调账状况和提成比例被计算规则隐性化了，司机无法知晓滴滴具体上调的费用，滴滴利用信息不对称避免了司机群体看到车费上涨后要求下调提成比率的博弈倾向。

三是影响车费的订单分配矛盾。司机能否获得足够的订单、获得何种里程的订单直接影响司机的车费收入多寡。滴滴出行平台的订单分配规则较为复杂，主要依据人车距离、司机等级和资质等参数进行依托大数据和最优算法的派单机制，主要包括“安全派单机制”和“全局最优派单机制”。其中，“安全派单机制”指的是滴滴平台系统能根据司机和乘客的实际情况，从乘客的性别、出行习惯、订单时间、订单距离、起止位置、司机的性别、驾驶习惯、历史订单信息、投诉记录等200多个参数分析，在后台大数据和云计算支持下迅速计算出司乘双方是否适合一起出行，并进行最优的匹配，比如在深夜为女乘客匹配女司机或等级高、投诉率低的男司机等。滴滴建立了乘客和司机的信用评级系统，全面评估平台司机的服务质量和信用等级，直接影响司机的接单量和接单性质，被投诉率高的司机取消进入平台的资格。滴滴对司机的评价采取五分制的绩效评价体系，让乘客对司机的服务进行最高5分制的打分，并能支持文字点评，还可以投诉司机。滴滴根据该评价分数设计出行订单分配规则，得分高的司机在相近的派车情况下优先接单，同时对分数较高的司机提供奖励措施，对分数较低的司机采取惩罚措施，当司机所获得评分较低时，将无法获得相应的奖励；如果分数太低，司机的账号会被停用。许多乘客在下车后会选择不评价或者随意评价，甚至存在一些司机刷单虚假提高评价分的恶意竞争行为。这种平台企业单方制定的分配规则虽然有利于多劳多得、有利于劳动者凭借优质服务提高收入，但是不利于新入职司机，使得新入职司机在巨大的“同僚”差距中陷入订单数量分配劣势、订单价格分配劣势，在司机的同等竞争中被边缘化风险较高。

滴滴派单规则并不是单一地为乘客匹配距离最短的车辆，而是综合计算以后的最优方案，例如乘客发出订单后，如果附近两辆网约车距离都很近，系统会把订单派给那位被投诉记录更少、评分更高的司机。“全局最优派单机制”是指在一定区域范围内综合若干位附近乘客的总体最优等待时间来匹配车辆，而不是分别给各个乘客匹配最短时间到达的车辆，例如设计让一个区域内两个乘客分别匹配等待5分钟的车辆，而不是为第一个乘客匹配等2分钟的车辆，而为第二个乘客匹配等10分钟的车辆。

司机群体则普遍不认同这两种派单机制，一是大部分司机群体倾向于按最近距离派单。由于司机要自行负担来回接乘客的路途上“空跑”的油费成本、过路费成本等，部分乘客会由于系统匹配的车辆距离较远而取消订单，导致司机“白跑一趟”，因而大部分司机都较为认同最短距离匹配订单的规则，许多司机都极不认同滴滴平台的“全局最优派单机制”。二是大部分司机群体认为滴滴的“安全派单机制”有歧视性和倾向性。尤其是许多新手司机和等级评定较低的司机，大多对滴滴优先派单给老司机和等级高的司机的机制十分不满。

由于派单机制的倾向性不利于新司机和等级低的司机，司机群体内部产生了剧烈的两极分化现象，订单多、投诉率低、服务分高的司机获得了大量的订单和奖金，而订单少、服务分低、有被投诉纪律的司机则被限制派单，也无法获得足够的订单来获取奖金。不仅如此，不同等级的司机在收入提现和油费等方面也存在两极分化现象，滴滴规定城市英雄、城市先锋、城市行者、钻石、铂金等前五个等级的车主可以享受车费收入每日提现等特权，而前三个等级的车主享受“专属客服”和加油打折等额外特权，低等级的车主则无法当日拿到车费收入，提现次数和金额都有限制。

随着大量的劳动力进入网约车市场，使得市场供给趋于饱和，一旦进入市场淡季，许多网约车司机无法获得足够的订单，租车的司机无法承担高昂的租车费用，引发大量司机群体短期集体退出市场、集体退车的市场乱象，引发司机群体对滴滴平台的不满和纠纷。根据深圳市公共交通管理局发布的全市网约车行业大数据，2019 年上半年深圳有 1579 辆网约车退出市场，相关部门发布网约车市场风险预警，过半司机月均收入仅 2500 元。2019 年 10 月，深圳、广州、东莞爆发了大批网约车司机集体退车潮事件。

2. 奖金分配矛盾

奖金收入是滴滴司机在车费收入以外的另一项重要收入来源。滴滴为了激励更多的司机保持在线并满足高峰期的运营供给能力，曾在业务扩张期设置了名目繁多的各种奖金政策，包括“抢单奖”“新人奖”“实时翻倍奖”“冲锋奖”“伯乐奖”等“平峰期冲单奖”“早高峰冲单奖”“晚高峰冲单奖”等（见表 5-5），2016 年以来，随着滴滴收购优步中国以后，获得了稳固的市场垄断地位，滴滴对司机的奖励政策不断限缩，奖金额度一再下调。例如，以往司机在规定时间完成规定订单数便会有上百元不等的金额奖励，如 2015 年滴滴司机一天完成 10 个订单能获得奖励 100 元，20 单奖励 200 元。2016 年年初，滴滴下调了奖励额度，降为一天满 10 单给予 40 元奖励，满 20 单奖励 90 元。2016 年 8 月以前，平峰时间段（9：00—16：30）达到 16 个订单的司机可以获得奖励 100 元，其后滴滴将这笔奖金降为 70 元。原本下午 1：00—3：30 完成 4 单奖励 16 元降为 12 元。早高峰冲单奖原本在早高峰 7：00—9：59，完成 5 个订单就能获得奖励 30 元，完成 8 单奖励 60 元。滴滴为了降低奖励成本支出，将平峰期冲单奖设为每天 20 单奖励 30 元，其后更进一步降到满 20 单 20 元。原本在高峰期内完成足够的订单难度就很高，且高峰期路面交通拥堵、司机油耗高，许多司机普遍反映最后一单很难派单，纷纷质疑滴滴后台对即将达到奖励门槛的司机开启了间歇性不派单模式，等过了奖励时间，才继续给司机派单。原本春节假期期间司机可以得到每单 4 元补贴，其后也被取消。滴滴一系列的降低奖金和后台设置派单门槛的做法导致许多司机的不满，2018 年初，广东省阳江市滴滴司机为抗议滴滴下调奖金而开展了集体停运的罢工事件，集中反映了司机对滴滴平台单方面强势下调司机奖金收入的不满和抗议。

表 5–5　滴滴奖励政策

名称	规则	调整情况
抢单奖	一天完成 10 个订单奖励 100 元，20 单奖励 200 元	2016 年下调为 10 单奖励 40 元，20 单奖励 90 元
新人奖	激活司机账号之日起 7 天内完成 2 个订单奖励 20 元，第三单再奖 30 元，第 5 单再奖 50 元	2019 年完成 2 单奖励 50 元，完成 5 单奖励 100 元
翻倍奖	早高峰期（6：30—10：00）每单 1.5 倍收入奖励；晚高峰期（16：30—19：00）每单 1.4 倍收入奖励；夜高峰期（19：00—22：00）每单 1.3 倍收入奖励；每单奖励 50 元封顶	2019 年调整为：早 / 晚 / 夜高峰期每单 1.6 倍收入，午高峰（12：00：00—13：59：59）时间段每单 1.4 倍收入，其他时间段 1.2 倍收入，并且每单奖励 25 元封顶
冲锋奖	成功推荐新司机加入并在 14 天内完成前 15 单的奖励 200 元 / 人	2016 年取消
伯乐奖	推荐人可获得被推荐司机前 5 个订单流水的 50%，每单最高奖励 100 元	取消奖励

续表

名称	规则	调整情况
平峰冲单奖	平峰时间（9：00—16：30）达到16个订单奖励100元，下午1：00—3：30完成4单奖励16元	16单奖金降为70元，4单奖金降为12元
早高峰冲单奖	早高峰7：00—9：59，完成5个订单就能获得奖励30元，完成8单奖励60元	5单奖金将为20元

由于高科技资本实力雄厚，集中掌握着企业设立、扩张、转型、解散等重大决策权力和用工、社保、分配等劳动事项权力，而许多灵活就业的劳动者由于受教育水平和专业技能水平较低，工会组织程度和集体协商能力不足，无法参与企业民主管理，在企业管理经营和重大劳动决策中处于失权和失语状态，一些劳动者陷入失业、半失业和贫困化的困境。许多在平台就业的劳动者群体缺乏工会、职工代表大会等组织的支持而处于离散的弱势状态，因而难以在收入分配决策中获得话语权、参与权和协商权。

（四）劳动保障问题

网约车运输服务属于公共交通出行服务，需要具备基本的交通安全保障条件，对于网约车司机群体而言，享有基本的交通保险、社会保险、劳动福利保障待遇是保障网约车行业稳健发展、实现网约车劳动正义的必然要求。在网约车行业发展过程中，劳资双方的关系认定失范、权责义务划分失调，导致劳资之间有关劳动保护和社会保障的矛盾有增无减，影响着行业的可持续发展水平。

1. 网约车平台变相规避缴纳社会保险的义务

现有法律法规尚未明确网约车平台同司机之间是否属于劳动关系，也尚未有权威的法律规范新经济组织对劳动者的劳动责任，仅有成都市政府于2019年7月出台了《成都市人民政府办公厅关于促进新经济新业态从业人员参加社会保险的试行实施意见》，规定新经济组织使用劳务派遣用工的，应与劳务派遣单位签订劳务派遣协议，约定派遣岗位和人数、派遣期限、社会保险、劳动报酬及支付方式等事项。成都市的新政是国内首个明确要求新经济组织对劳动者承担社保责任的政策，但是大多数城市乃至全国层面尚未明确新经济组织的劳动权责义务，因而也为网约车平台规避社保义务的行为留下了空间。滴滴出行不但没有直接同司机签订相关就业或劳务协议，而且变相规避了缴纳社会保险的义务，尤其是人身从属性较为明显的全职快车司机和专车司机。滴滴对这类司机直接或间接提出了许多劳动要求，在享有司机群体车费收入的分成的同时，却没有切实履行资方的义务，没有明确同这部分人身从属性较为明显的司机群体的劳动关系，从而也规避了为这类司机群体缴纳社保的义务，使得司机在承担油费、车辆维护费、保险费、租车费等成本的同时还要自行承担缴纳社保的支出。相较之下，神州专车平台不但同其司机签订劳动合同，而且为司机缴纳五险一金，其司机群体对职业的认同度和安全感较高。滴滴出行平台在同第三方合作模式下变相规避劳动契约义务，从而规避了社保缴纳义务，这种权责不对等、规避基本的资方责任的做法导致司机群体对滴滴的认同度和归属感较低，大量司机在自行承担包括社保成本在内的高昂劳动成本下职业流动率长期居高不下，不利于滴滴出行走上稳定可持续的发展模式。

2. 劳动安全保障问题

随着新产业和新业态吸纳了规模庞大的灵活就业劳动者群体，其劳动安全和职业风险问题开始浮现。以快递配送行业为例，近年我国快递和外卖配送行业发展迅速，全国快递企业发展到 2 万多家，快递日均服务用户超过 2 亿人次。[①] 由于该行业市场竞争激烈、服务时效性强、工作业绩压力大，劳动者需要限时完成特定配送任务而被动承载了较大的劳动强度和较高的职业风险，部分快递配送企业忽视安全责任，以业绩至上为导向，无视对外卖送餐员、快递员等劳动者的职业安全教育、劳动防护和劳动保障，许多外卖送餐

---

① 快递员外卖员多次交通违法或造成事故将被清退［EB/OL］. 新浪网，2018-03-26.

员、快递员在严苛的业绩要求、限时送达、劳动监控等多重压力下冒着交通风险在路上奔波，闯红灯、逆行、超速等交通违法行为较为普遍，因交通事故导致人身财产损害的案例逐年增加。还有一些快递公司为了快速扩张市场，采取签订加盟合同、承包协议、合作协议等方式将快递业务外包给快递员。这些快递员与快递公司既没有签订劳动合同，也没有最低工资或保底工资保障，获得报酬的方式主要依靠揽件和派件提成，这种加盟、承揽或合作关系之下，劳动关系难以被法律确认。司法判决中对快递公司同快递员的关系认定往往出现了承揽、雇佣、挂靠等不同结果，一些快递公司仅承担连带责任、补充责任甚至被判决无须承担责任，一旦快递员在工作中遇到交通事故，难以依法维权获得赔偿，难以承担高昂的治疗成本和赔偿费用，导致部分劳动者因事故致贫和返贫。一些以零工形式上岗的外卖送餐员和快递员每天自购3元工伤保险，甚至一些员工无力长期自费购买工伤保险，面临一定的工伤、疾病等经济社会风险隐患。

网约车平台的劳动安全保障问题主要体现为一些平台变相规避保险责任、逃避劳动保护义务。一些网约车平台采取加盟合作模式、一些司机以自有车辆在滴滴平台接单，由于没有变更车辆运营性质，只为车辆购买了私家车商业车险，这部分司机群体在从事滴滴客运服务的时候若发生事故，商业保险公司通常认定车主使用非营运车辆从事网约车营运业务，不属于非营运车辆商业险的保险范畴，因此不予赔付，导致许多司机理赔无门，自行承担了高昂的事故赔偿、医疗成本和车辆修理支出。采取租车合作模式的司机，通常第三方公司为车辆办理了营运许可证，并为车辆购买了营运车辆商业险，虽然在发生事故以后可以依法获得理赔，但是调查中发现，由于营运车辆商业险较为高昂，如购买了全险（主要包括车损险、第三者责任险、车上人员责任险、盗抢险和交强险等主要险种），全部保费需上万元，一旦理赔次数较多就要提高下一年度的保费，滴滴和第三方公司为了控制保费支出成本，强制规定司机若超出一定理赔次数就要自行承担多余的保费支出，这种规定导致司机负担心理较重，发生小事故时多数司机不愿找保险理赔而选择自行承担，导致司机被动承担了许多本应由资方承担的保险责任。

第四节　劳动关系协调机制问题

劳动关系协调水平决定着劳动关系的走向，影响着经济社会秩序的有序性和稳定性。当前，我国劳动关系调节机制、劳动人事争议调解仲裁机制和劳动保障监察机制等方面不完善不健全，影响和制约着我国劳动关系治理现代化的实现。

一、劳动关系调节机制问题

（一）协调劳动关系三方机制有待进一步强化

一是协调劳动关系三方机制的相关法律缺乏系统性，影响协调协商的成效。目前，有关协调劳动关系三方的相关规定零散地分布于《工会法》《劳动合同法》《劳动争议调解仲裁法》等法律中，相对缺乏系统性和全面性，而各省市有关协调劳动关系三方的规定则以“办法”“规定”等行政规章制度形式出现，法律效力和约束力有限，导致三方机制在实践中应用有限，实施效果不显著。

二是劳动关系三方主体地位不对等，行政主导性特征显著。三方协商顺利进行的前提条件是通过完善协调劳动关系三方机制来保证三方在协商中地位平等，才有利于协商的顺利进行以及协商成果的执行。但实践中协调劳动关系三方机制主要依赖于劳动行政部门的组织、召集和推动，行政主导性明显，而用人单位又通常凌驾于劳动者之上，导致劳动关系三方在协商中地位失衡，不利于充分反映劳动者和用人单位的自主意愿，不利于在平等自愿的协商氛围中推动协商成果的达成。

三是劳资双方代表性不强，工会的角色和作用有待强化。协调劳动关系三方机制的有效运转前提是劳资双方要选派有代表性的主体，三方机制实践中存在着国企代表为主参与协商、民营企业的代表性不足的问题，不利于充分反映民营企业的诉求和意愿。同时，也存在着基层工会独立性和专业性不强、无法代表劳动者全面充分地反映真实诉求的情况，在一定程度上制约了代表劳动者争取权益的能力。

（二）劳动合同和集体合同监管有待完善

截至 2020 年末，全国报送人力资源社会保障部门审查并在有效期内的集体合同累计 145 万份，覆盖职工 1.4 亿人。长期以来，集体合同的商签主要依靠行政主导的手段来介入和推动，形成了“包办式”的集体协商模式，不仅提高了政府介入协商的行政成本，而且不利于劳动者自主意见的表达和协商参与，长此以往也会让劳动者形成对政府的路径依赖心理。

企业劳动合同的监管和审核有待强化。现有劳动法律法规规定县级以上地方人民政府劳动行政部门依法对劳动合同制度的情况进行监督检查，包括监督检查用人单位制定的规章制度、订立和解除劳动合同的情况、劳务派遣情况、劳动者工作时间和休息休假情况、劳动合同约定的劳动报酬执行和最低工资标准情况、各项社会保险和缴纳社会保险费情况等。对非法用工现象集中的建设领域、工矿企业等行业领域缺乏严格和常态化的劳动用工审查，对劳动合同审查执行力度不足，未能及时掌握用人单位劳动用工情况变化并全面审核劳动合同条款和工资支付状况等关键内容，导致非法用工情况屡禁不绝。

（三）支持工会参与协商机制有待强化

根据第八次全国职工队伍调查数据，全国工会会员已达 3.03 亿人，其中农民工会员 1.4 亿人。截至 2019 年，全国各地基层工会总数为 261.1 万个，已建工会组织的基层单位的职工人数为 29412.8 万人。自 2018 年部署“八大群体”入会工作以来，截至 2021 年上半年，全国新发展货车司机、快递员等“八大群体”工会会员 874.3 万人，23 万家百人以上企业建立了工会组织。根据《中国劳动统计年鉴》历年数据，2009—2017 年我国基层工会总数从 184.5 万个增长到 261.1 万个，增长率为 41.5%。2009—2017 年我国各地非公企业建立的基层工会从 10.7 万家增长到 19.3 万家，增长率为 80%（见图 5–4），但是非公企业工会绝对数量少，仅占全国工会总数的6.8%，非公企业工会组织率低，工会组织发挥的作用较为有限，未能充分发挥工会组织参与协商的重要作用。

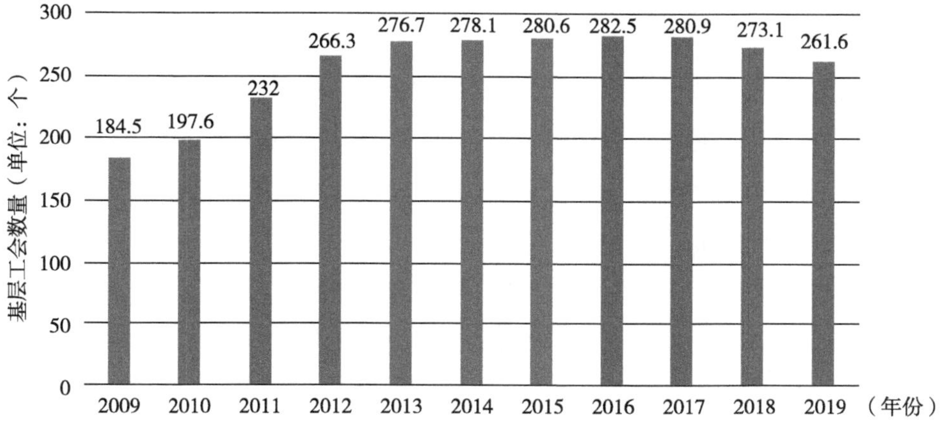

图 5–4　2009—2019 年全国工会数量

注：根据《中国劳动统计年鉴》2009—2019 年数据整理

长期以来，工会代表劳动者进行协商维权的职能在党政机构、事业单位和国营企业等组织发挥得较为显著，而许多民营企业要么对工会组织的认识存在诸多局限，反对建立工会组织，要么建立了工会却让工会成为“空架子”，工会经费无保障、工会活动开展也困难重重。在非公企业，职工代表大会制度整合劳动者的作用也存在诸多局限。规范建立和实施职工代表大会制度，是落实以职工为本，反映职工利益诉求的必然要求，也是职工主动依法科学维权，建立和完善维权机制的需要。然而，在许多非公企业中，职工代表大会制度的运行不够科学规范、流于形式、制度职能被架空，一些企业的一线职工代表比例过低，中层以上的代表比例过高，一些企业将工会会员代表大会、职工代表大会甚至股东大会同时召开，与会者身兼三个协商议事组织的代表，还有一些企业职工代表大会的运作不规范、不能行使职工代表法定效力，或是职工代表不具备相关法律法规和专业知识而无法在同资方商签集体合同或其他职工切身权益的事项中履职尽责。由于缺少工会组织在协商中的桥梁与纽带作用，缺少工会组织对职工困难和问题的咨询、调解、支持，无法发挥工会在基层职工与企业管理者之间的信息传递、意见代理和协商谈判作用，多数非公企业职工的群体整合和群体凝聚力较低，容易导致企业与职工之间在缺失信任和缓冲情况下矛盾升级，引发群体对立冲突。

在新产业和新业态的大多数企业组织中，工会组织建立困难，职工代表大会制度覆盖缺失或覆盖范围极为有限，工会组织不健全、工作条件和经费有限、人员配备不足、工会组织活力不强、活动开展有难度、代表职工参与协商的职能发挥流于形式。虽然自 2018 年起，全国各地逐步推动货车司机、快递员、护工护理员、家政服务员、商场信息员、网约送餐员、房产中介员、保安员等“八大群体”集中入会，将一部分劳工群体纳入了工会覆盖范围。但是仍有大量非“八大群体”的劳工未加入工会，许多新产业和新业态领域的劳动关系确认困难，灵活就业的劳动者流动率较高，新产业和新业态基层工会组建较为困难，难以发挥工会代表职工协商的职能，无法为职工参与企业民主管理增加话语权和议事权，劳动者由于缺乏工会或职工代表大会的支持而处于离散的弱势状态，由此影响了大量灵活就业的劳动者切身权益的保障。

二、劳动人事争议调解仲裁问题

劳动与资本之间互相产生、互相制约的关系决定了劳资矛盾的调节需要依靠制度化的组织机制和调解机制来规范。当前劳动人事争议调解仲裁机制的不完善，不利于促进劳资矛盾调节向可调可控、制度化的方向发展。

劳动人事争议调解仲裁组织在劳资双方矛盾调处中发挥着基础性的重要作用。近年来，全国各级劳动人事争议调解仲裁力度不断加大、调解处理案件逐年增多，发挥了调和劳资矛盾、促进劳资协商、同劳资诉讼相互协调、有序衔接的重要作用。根据《人力资源和社会保障事业发展公报》，2020 年全国各级劳动人事争议调解组织和仲裁机构受理劳动人事争议案件 221.8 万件，涉及劳动者 246.5 万人。2010—2020 年十年间全国各地调处劳动人事争议案件平均为 183.8 万件（见图 5–5）。同时，也存在着地方调解仲裁规范化、标准化、专业化、信息化水平不高，调解员队伍人手不足、专业性有待强化、调解积极性不高、调解工作制度不够健全、调解工作保障机制缺乏、劳动人事争议源头预防协商不足等问题，多元处理格局有待完善健全，服务能力有待进一步提高。

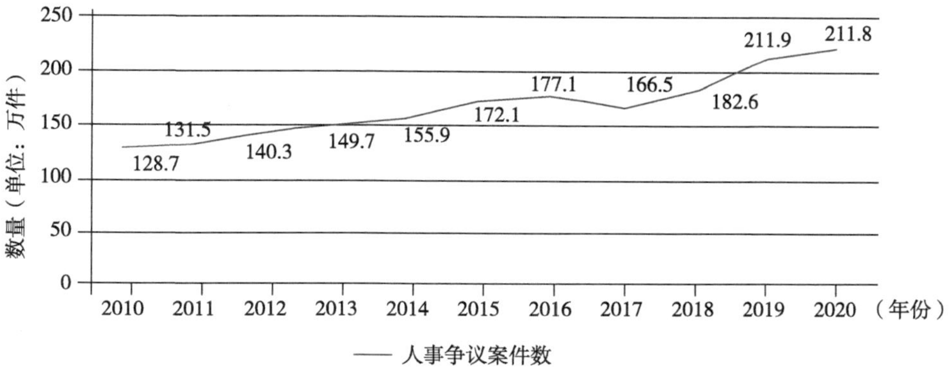

图 5-5　2010—2020 年我国劳动人事争议调解仲裁机构受理劳动人事争议案件

注：根据《人力资源和社会保障事业发展公报》数据整理

由于劳动人事争议调解仲裁机制不完善，不利于减少劳资双方非正式博弈和激进博弈。在一些新产业和新业态领域，劳动者缺乏诉诸调解仲裁的意愿、没有调解仲裁机构主动介入调解，劳资博弈普遍呈现出非正式博弈为主的局面。以网约车行业为例，网约车平台同网约车司机之间有关劳务提成、奖金、补贴、车租等矛盾多发，同时缺少调解仲裁机构的介入，网约车司机往往直接采取集体罢工、集结抗议、集体退车等形式。司机集体罢工、集体退车、集体抗议提诉求的现象频频发生，一定程度上反映了新产业和新业态中劳资矛盾协商调解渠道和支持的缺失。

三、劳动保障监察问题

自 2004 年《劳动保障监察条例》颁布施行以来，各级劳动保障监察机构加大了劳动保障监察力度，常态化地开展对用人单位用工情况和劳动关系的监督检查，督促用人单位办理社保登记和补缴社会保险费等，发挥了调处劳动矛盾的职责。根据历年《人力资源和社会保障事业发展公报》数据，自

2010年至2020年，全国各级劳动保障监察机构年均主动检查190.6万户用人单位，年均书面审查221.4万户，近年来，劳动保障监察机构主动检查和书面审查用人单位数量均呈现下降趋势，2020年主动检查用人单位数量减至112.2万户，比2010年减少了35%；2020年书面审查133.5万户，比2010年减少了25%（见图5-6）。总体而言，劳动保障监察机构采用主动检查和书面审查相结合的监察方式有待优化。由于劳动监察适用范围过于宽泛、行政性监察保障职能过于烦琐，客观上难以全面、综合、系统地实现劳动保障监察，加之组织数量有限、监察队伍规模有限，监察覆盖面有限，劳动监察保障力量疲于应付，缺位和失位的现象在一定程度上存在，仅能在有限范围和有限作用上起到督促企业履行劳动保障职责的作用，同时，针对新型劳动关系的劳动保障监察不足，对快递员、网络送餐员、网约车司机等灵活就业者和高科技行业劳动者的超时工作和过度劳动问题监管不足等，导致劳动者对劳动关系满意度不高，制约劳动法律法规政策的施行和劳动监察监督效果，导致一定领域劳资矛盾调节缺乏保障。

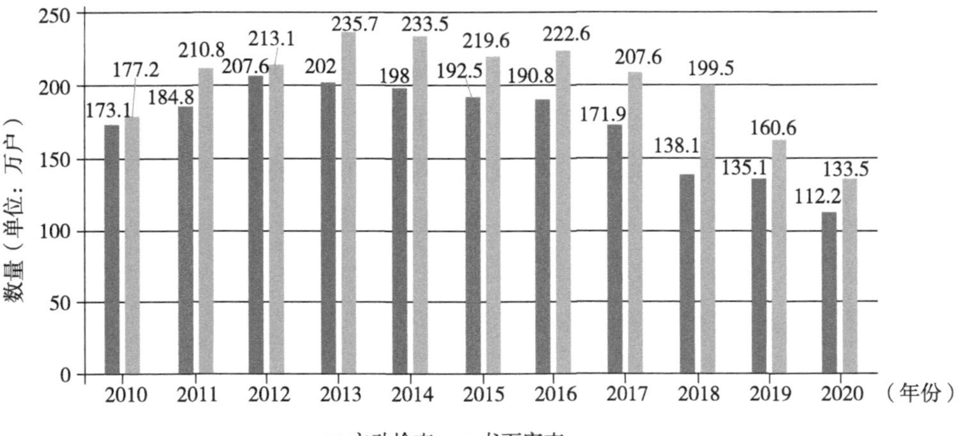

图 5-6　2009—2018 年我国各级劳动保障监察机构审查数量

注：根据《人力资源和社会保障事业发展公报》数据整理

第六章

新科技革命视域下劳动关系治理现代化的路径与机制

党的十九大宣告了中国特色社会主义进入了新时代，习近平新时代中国特色社会主义思想的确立为党探索劳动问题提供了科学的理论指导和思想指南，在正确把握新时代社会主要矛盾的基础上，将马克思主义劳动观同共产党领导下的劳动问题治理实践紧密结合起来，植根于中国国情和社会主义制度优势，形成了中国特色社会主义劳动治理理论与模式，推动了马克思主义劳动观中国化发展。党的十九届四中全会提出了坚持和完善中国特色社会主义制度、推进国家治理体系和治理能力现代化的总体目标。推动劳动关系治理体系与治理能力现代化是国家治理体系和治理能力现代化的重要组成部分，也是坚持和完善中国特色社会主义制度的必然要求。2020 年 10 月，党的十九届五中全会《决议》明确了贯彻尊重劳动、尊重知识、尊重人才、尊重创造方针，强调要保障劳动者待遇和权益，健全劳动关系协调机制。习近平新时代中国特色社会主义思想的确立为我们探索劳动关系治理提供了科学的理论指导和思想指南。在党的十九届五中全会精神的指引下，劳动关系的治理要以习近平新时代中国特色社会主义思想为指导，坚持以人民为中心的发展思想，立足于人民对美好生活的向往，进一步准确把握新发展阶段、深入贯彻新发展理念、加快构建新发展格局，以党的领导为核心，推动我国劳动关系治理体系与治理能力现代化，构建党领导下的现代、协同、高效的劳动关系治理体系，推动劳动伦理与资本价值导向现代化，促进劳动法制现代化，推动劳动关系矛盾调处机制现代化和劳动关系协调机制现代化，不断地发挥中国特色社会主义制度优势，推动劳动关系治理向现代化、法治化和科学化的方向发展。

第一节　劳动伦理与资本价值导向现代化

党的十九大的召开宣告了中国特色社会主义进入了新时代，我国社会主要矛盾已经转化为人民日益增长的美好生活需要和不平衡不充分的发展之间的矛盾。人民美好生活需要日益广泛，不仅对物质文化生活提出了更高要求，而且在社会价值伦理和精神风貌等方面的诉求也日益增长。在新时代的新历史方位和时代坐标之下，促进劳动关系健康有序发展不仅要求推动生产力发展并满足广大群众物质生活需求，更要主动引领符合社会主义核心价值观的积极、向上的劳动伦理，同时正确合理地引领和导正资本发展的价值观，推动弘扬中国特色社会主义社会的劳动伦理观与价值观。

新时代劳动关系的健康有序发展植根于中国特色社会主义的制度基础与制度优势。要坚持党的集中统一领导，坚持以强有力的、代表广大劳动者利益的党的领导为核心；坚持人民当家作主，密切联系群众，紧紧依靠人民推动国家发展；维护劳动者在生产中的主体地位，保障广大劳动者的合法权益，使劳动不断成为扩大、丰富和提高劳动者生活的手段。推动劳动关系治理体系和治理能力现代化必须以习近平新时代中国特色社会主义思想为指导，在新时代坚持劳动正义，践行社会主义核心价值观，倡导公正平等的劳动伦理，保障广大劳动者享有平等的劳动发展权，坚持维护劳动者的主体地位，约束资本盲目扩张和无序发展，以劳动正义引领新时代劳动关系健康有序发展。

一、弘扬公正平等的劳动伦理

马克思认为，人通过自觉自愿地与自然界进行物质变换的劳动使人成为真正的人，使人的劳动回归到人的类本质的向度，在劳动中获得人的身份和尊严。保障个体劳动权益的前提是获得平等的劳动机会，如此才能自主地运用自身的体力和智力来进行人与自然的物质变换，劳动发展权利才能实现保障。

马克思主义经典作家从历史唯物主义的高度来把握平等的本质，从生产力发展水平来认识不平等的根源，认为人类的不平等及由此带来的统治与被统治的关系是生产力发展到一定阶段的必然现象，是剩余产品出现、私有制和社会分工的结果。不同制度背景和不同生产力发展水平之下，劳动正义的具体内涵有所区别，会随着经济基础的变化而形成不同的劳动正义价值侧重点和价值诉求。劳动正义的实现是深深地植根于社会制度特征的。马克思主义学者约翰·罗默认为所有制形式和与市场体制是实现平等这个终极目标的手段。

劳动正义是评价劳动主体、劳动方式和劳动分配的尺度和价值准则。在马克思劳动正义思想的逻辑下，劳动正义是对劳动平等、劳动公平和劳动自由的价值追求，可以反映在劳动公平、劳动自由和劳动和谐几个方面。劳动公平是劳动正义的基本价值追求，劳动公平体现在劳动主体、劳动过程和劳动结果等方面。劳动主体公平是在劳动过程和生产关系中劳动主体享有人格平等；劳动过程公平是不能凭借权力或不正当手段谋取垄断地位，限制劳动者平等享有一定领域的劳动机会；劳动结果公平是依据劳动贡献分享劳动成果，并满足弱势群体对劳动成果的再分配需求。劳动自由，不仅意味着人类从大自然的胁迫和统治中挣脱出来，而且意味着从现实各种不合理的劳动奴役和劳动异化关系中摆脱出来。劳动和谐即劳动关系和谐，是劳动得以有序展开的前提，包含着人与自然、人与人之间的和谐。人与自然之间的劳动关系和谐，是指在人与自然之间进行物质变换过程中，要尊重自然规律，自觉守护生态环境，避免生态破碎，在自然可承受的限度和范围内实现人类的可持续发展。而人与人之间的劳动关系和谐，是指在人们的劳动交往关系中平等互利、合作共赢、共生共荣的存在状态，要求消除劳动关系中的剥夺、奴役和异化的不合理状况。

在坚持和完善中国特色社会主义制度的前提下，构建起一种促进每个人机会平等的制度，劳动的机会平等是经济社会生活各方面机会平等的基础。劳动的机会平等表现为以劳动为同一尺度，而劳动的数量和质量则完全取决于个人的能力与努力。要保障一切有劳动能力的人民享有平等的劳动发展权，要破除各行业在选人用人过程中的歧视现象，不因民族、种族、性别、宗教信仰等方面的差别来妨碍和剥夺个体的劳动发展权。同时，每个劳动者都应当有权利通过职业晋升、职业流动等渠道来平等地享有劳动发展权，要公平地让劳动者享有职业信息知情权、职业流动权、职业晋升等平等权利，在公平正义的职业发展制度支持中获得全面发展，在劳动全面发展的过程中实现人的全面发展，通过平等地参与劳动、发挥劳动能力、确证自身创造能力的活动来实现自身价值，通过个体的自主而有创造性的人与自然物质变换的活动来促进整体的、全面的人与自然物质变换活动的发展。习近平总书记指出，“全面建成小康社会，进而建成富强民主文明和谐美丽的社会主义现代化国家，根本上靠劳动、靠劳动者创造”。劳动光荣、劳动者光荣应该成为全社会的价值追求。要培育形成“劳动光荣”的价值观，引导全社会深刻认知社会财富的积累、资本的创造都离不开劳动，社会的进步和发展同样依托于劳动。要大力弘扬社会主义社会劳动价值观，引导公民认知劳动是一切有劳动能力的公民的光荣职责，将通过劳动为国家、为社会做贡献作为社会道德伦理评价的重要标准，形成崇尚劳动、尊重劳动者的社会主义道德伦理基本要求。

二、坚持维护劳动者主体地位

无论是早期的异化劳动理论还是后来的《资本论》，马克思对劳动问题的探索自始至终以工人阶级为主体，他的理论出发点、立论和理论旨趣都紧密围绕着工人阶级的主体地位，以此为基点阐述了劳动正义的应然与实然，擘画了理想社会的劳动愿景。马克思将劳动视为人能动地、创造性地调节人与自然之间物质变换的过程。“创造性”是马克思早期经常使用的一个术语，当马克思还是一个学生时，他写的很多诗歌就是对人的创造力的赞美和歌颂。他把工人的生产活动看作其创造力。这种创造性一方面是从事自然科学活动并将其成果应用于生产，即“按照任何一个种的尺度来进行生产，并且懂得处处都把固有的尺度运用于对象”，另一方面是创造艺术审美，即把自然界“作为艺术的对象，人的精神的无机界”，“按照美的规律来构造”，发挥“主体的、人的感性的丰富性，如有音乐感的耳朵、能感受形式美的眼睛”，通过这种创造艺术审美的活动来“确证自己是人的本质力量”。就本质意义而言，人的劳动不是脱离同自然界联系的重复枯燥的活动，而是充分发挥自身的体力和智力来把握自然规律和尺度的活动，不是盲从资本和市场的“审美规律”、片面地以成本与价格为衡量标准的活动，而是发挥感性和审美能力，按照美的规律来构造的活动。马克思认为，劳动是工人本身的生命活动，是工人本身的生命表现。这种生命活动能否自由自主地实现却和社会制度息息相关。一个国家的劳动者技能水平不仅在宏观上代表着国家的科技实力、产业竞争力和生产力水平，更从中微观层面反映着一个国家劳动者的生命力、幸福指数与美好生活水平。马克思的劳动观揭示了人在劳动中“使自身的自然中蕴藏着的潜力发挥出来”并创造价值的主体性。

正确认识劳动者在创造历史中的作用，坚持劳动者的主人翁地位，是辩证唯物主义和历史唯物主义思想的具体体现，也是无产阶级政党世界观和群众观的重要前提和出发点。习近平总书记指出，必须充分发挥工人阶级在全面建成小康社会、坚持和发展中国特色社会主义的主力军作用，焕发工人阶级的历史主动精神，调动劳动和创造的积极性，紧紧依靠工人阶级发展中国特色社会主义。[①] 马克思认为，劳动者“通过实践创造对象世界，改造无机界，证明自己是有意识的类存在物”[②]，资本是“积蓄的劳动”[③]，是劳动的结果。资本主义社会颠倒了劳动与资本的关系，劳动者的主体地位“被异化”，资本支配和剥削劳动，导致社会两极分化和阶级对抗不可调和的后果。马克思揭示

① 习近平．习近平谈治国理政［M］．北京：外文出版社，2014：44—45.
② 马克思恩格斯选集：第1卷［M］．北京：人民出版社，2012：66.
③ 马克思恩格斯选集：第1卷［M］．北京：人民出版社，2012：32.

了要终结这种本末倒置的异化关系，必须从制度着眼，形成一种能坚持劳动者主体地位的先进社会制度，并使得反映劳动者主体性的生产关系能同高度发展的生产力水平相一致。在共产主义的高级阶段，随着生产力的极大提高和社会产品的极大丰富，以雇佣劳动为基础的劳动关系将不再适应高度发展的社会生产力，自由的、实现全面发展的劳动成为人们生活的第一需要。

中国特色社会主义社会是一种能坚持劳动者主体地位的先进社会制度，中国共产党坚持历史唯物主义的劳动观，从根本上把握生产力与生产关系相互作用的规律，以此为基础积极推动生产力发展、合理调适社会生产关系，通过生产力的发展来解决生产关系矛盾，这也是无产阶级政党坚持正确的世界观、历史观与群众观的重要思想基点。在习近平新时代中国特色社会主义思想的指导下，党领导下的劳动问题的治理有了鲜明的时代色彩和制度特征，劳动问题的治理必须也必然鲜明地反映中国特色社会主义这个制度属性，将正确认识劳动者在创造历史中的作用、坚持劳动者的主人翁地位放在劳动关系治理的突出位置。

建党以来，中国共产党人始终坚持马克思主义的思想指导，植根于中国国情和经济社会发展的阶段性特征，在理论上不断丰富和发展马克思主义劳动观，始终坚持历史唯物主义和辩证唯物主义的世界观和方法论，历史地、客观地、辩证地探索劳动问题的本质与规律；始终坚持劳动者的主人翁地位，坚持保障劳动者的利益福祉和发挥劳动者在革命和建设中的主观能动性；始终坚持党在劳动问题上的领导地位，不断完善和健全劳动问题的领导方式和治理机制，在实践中探索出富有中国特色的劳动问题的实践发展道路。以习近平同志为核心的党中央继承和发展马克思主义劳动观，历史唯物主义地指出劳动创造中华民族历史，也必将创造中华民族的未来，指引了对劳动的历史意义及劳动创造的历史作用的正确认识。在这一唯物史观的基础上，习近平总书记呼吁全体党员深刻认识劳动是中国共产党人保持政治本色的重要途径、保持政治肌体健康的重要手段和发扬优良作风、自觉抵御“四风”的重要保障。共产党始终坚持辩证唯物主义的劳动观，正确认识和处理好中国特色社会主义制度下的劳动关系，要坚持劳动是创造价值的源泉、劳动是社会生产主要要素的基本劳动观，充分发挥广大劳动者的劳动生产力，推动整体社会生产力跃升，推动广大劳动者成为社会主义社会先进生产力的集中贡献者，不断创造着更多的物质财富和更丰富的精神财富，更好地满足人民大众对美好生活的需要。

劳动群众中的工人阶级，是中国特色社会主义事业的重要阶级基础。中国特色社会主义事业正是依靠无产阶级的奋斗与贡献，才克服了一个个艰难险阻，从胜利不断走向新的胜利。工人阶级是中国共产党领导下中国特色社会主义事业的重要阶级力量，中国特色社会主义不断取得新的胜利需要得到工人阶级的支持和拥护，必须以工人阶级为主要代表的劳动群众的利益为依归和出发点，必须抓住人民内部的主要矛盾。只有正确处理好人民内部矛盾问题，才能维护和保护好最广大的人民群众的利益；也只有这样，才更能维护和保护好在人民中占绝大多数的劳动人民的利益。必须始终把劳动者放在治国理政的重要位置，注重发挥广大劳动群众在生产实践和推动社会发展中的主体作用，提高广大劳动群众改革创新的能力。

在新一轮科技革命和产业变革的时代背景下，必须正确把握劳动者在生产中的主体地位和价值创造的核心作用，在迎接科技革命和产业变革机遇中以人为本、以劳动的价值创造为基，以劳动者为核心推动经济社会发展，在强化劳动者主体地位、提升劳动者职业技能、孕育劳动精神和工匠精神中增强社会主义现代化发展的核心竞争力。

三、反对资本垄断与无序扩张

资本的运动并不是受资本内部运动逻辑全盘掌控的简单运动过程，而是在同劳动者、国家、社会等多元力量互动的过程中，试图将外部规制和制约最小化、将内部增殖动力最大化的运动过程。对资本价值的引导和约束是当代社会多元主体互构的场域下约束资本无限增殖的内部运动逻辑、避免资本逻辑凌驾于劳动伦理之上的重要手段。

对资本价值的引导要处理好约束资本无序扩张同鼓励、支持非公有制经济发展之间的关系。长期以来，中国共产党人对非公有制经济的认识、定位和方针是一贯和明确的，即坚持基本经济制度并毫不动摇鼓励、支持和引导非公有制经济发展。党的十八届三中全会做出了全面深化改革的决定，提出发挥市场在资源配置中起决定性作用的重要论断，从功能定位、产权保护和政策待遇上提出激发非公有制经济活力和创造力的一系列改革举措；①党的十八届四中全会提出要强化对各种所有制经济的产权保护；党的十八届五中全会进一步强调要鼓励民营企业依法进入更多领域并引入非国有资本参与国有企业改革。2016 年，习近平总书记从协调推进“四个全面”的战略布局和适应经济发展新常态的新形势出发，强调非公有制经济和公有制经济相辅相成、相得益彰，而不是互相排斥、互相抵消，②主张进一步从中小企业融资、放开市场准入、完善公共服务、民间资本重组和简化审批等方面增强民营企业获得感，同时呼吁民营企业完善经营管理制度、激发企业家精神、守法经营、回报社会，积极投身光彩事业和公益慈善事业，自觉履行社会责任。2018 年 11 月，习近平总书记主持召开民营企业座谈会，进一步明确了毫不动摇鼓励支持引导非公有制经济发展的立场，从减轻企业税费负担、解决企业融资难融资贵问题、营造公平竞争环境、完善政策执行方式和构建亲清新型政商关系等方面鼓励民营经济走向更加广阔舞台。③

以公有制为主体、多种所有制经济共同发展是我国国家制度和国家治理体系的显著优势之一，既要发挥各种经济成分优势和长处，合理满足不同经济成分的利益需求，又要坚持社会主义核心价值观，坚持以人民为中心的发展思想，形成同社会主义核心价值观相契合、倡导和规范各种社会主体在追求利益过程中的伦理准则，为私人资本妥善处理好同国家、社会、劳动者之间的关系，给予一定约束和引导，形成资本遵规守法、有序发展的良性格局。

---

① 习近平．习近平谈治国理政［M］．北京：外文出版社，2014：79.

② 习近平．习近平谈治国理政：第 2 卷［M］．北京：外文出版社，2017：260.

③ 毫不动摇鼓励支持引导非公有制经济发展支持民营企业发展并走向更加广阔舞台［N］．人民日报，2018-11-02（01）．

（一）引导资本遵规守法、健康有序地投资经营

社会主义市场经济中资本运行的前提是遵纪守法，法治保证了市场秩序、确立了市场规则，资本才能健康有序地发展。要强化企业的基本法律法规意识和市场规则意识，要引导企业敬畏法律、尊崇法律、依法经营，引导企业在市场投资活动中、生产组织活动中、社会活动中全面依法守法，处理好企业与国家、企业与市场、企业与劳动者、企业与社会的关系，形成遵纪守法、恪守市场规则、遵从政策制度的基本发展秩序，创造企业与国家、市场、社会、劳动者之间底线安全、良性互动、融洽共处的生态。综合运用预防、监督、教育和保护等多种法律手段，将企业发展中遇到的问题纳入法律框架中化解，依法惩治企业投资经营中违背或损害国家利益和社会公共利益、损害弱势群体利益等不法行为，贯彻宽严相济的司法理念，以法治思维强化企业投资经营的公平性和正义性，依法规范市场秩序，大力打击惩处扰乱市场秩序等违法犯罪行为；坚决纠正执法不严、司法不公等问题，以法治保障为资本守法经营、依法运行创造良好条件。同时，加强对企业的普法宣传活动，常态化举办企业普法知识讲座、劳动法律法规讲座、投资经营风险警示活动以及法律咨询服务活动等，提高企业家守法经营、履行生产经营主体责任的意识。

（二）引导资本进行合理有序的生产劳动安排

应当旗帜鲜明地坚持劳动者的主人翁地位，引导资本恪守生产经营主体责任，高度尊重并切实保障劳动者享有更人性化、更有尊严、更体面的劳动权、休息权和社会生活权。一方面，引导和规范资本遵守劳动法律法规对工作时间的规定。坚决反对资本凭借强势地位过度安排生产劳动，严惩和防范资本利用劳动立法和劳动监察漏洞、过度延长工作日的违法违规现象，避免出现行业性、集体性过度劳动现象。另一方面，引导资本进行健康有序的分工安排。坚持马克思主义的劳动观，纠正部分资本家存在的技术至上、技术决定论的狭隘观念，全面树立和坚持劳动者是劳动价值创造者的本质认识，

克服认为智能机器能完全替代和超越劳动者的错误观点，科学认知智能机器的生产资料本质。要构建社会主义社会制度下正确认识技术进步、人与机器关系、资本与机器关系的科学合理的道德伦理范式，要引导资本形成推动科技进步的基本道德范式和调节“人机关系”的道德范式。保障劳动者获得新知识、习得新技术、掌握人机协同知识和技能、获得职业技能培训机会等权利，从道德伦理的层面制约资本试图以机器完全替代劳动者的错误动机倾向。坚持马克思主义科技进步观，坚持科技进步的社会主义发展观，将科技发展同以人民为中心的发展观紧密结合起来，同维护广大劳动者的地位和权益紧密结合起来。引导资本审慎处理好科技进步、产业发展和劳动权之间的关系，妥善处理好生产经营中的“机器换人”问题，反对资本简单粗暴地推行“机器换人”，引导鼓励资本审慎地运用智能生产资料，正确处理好“人机”分工，避免智能生产中低技能劳动者简单依附于机器、导致劳动力贬值现象，反对运用智能机器所导致的过度劳动和压低劳动报酬等不正义现象。避免部分企业的“机器换人”策略导致大规模失业、劳动地位下降、收入落差过大、职业发展空间封闭等不正义现象。坚持以人为本、捍卫劳动者不断自我发展并驾驭新生产资料的能力，保障劳动者分享“科技进步红利”的权利。

（三）提倡和弘扬企业社会责任

提倡企业承担社会责任的道德正义是强化企业对自身应履行的社会责任和义务的道德认知。在社会主义市场经济的探索中，一方面应引导资本履行和担当创造就业、鼓励劳动力与技术结合的社会责任和义务，克服资本的技术偏好所引发的负面效应，避免规模化裁员下岗或歧视中低技能人员等现象；防范私人资本对关系国计民生的技术的私有化和垄断化现象，防范和打击高科技领域的金融投机、过度炒作、“脱实向虚”的现象，避免技术发展中的私有化、垄断化、金融泡沫化所导致的创新乏力、“资进民退”和社会财富两极分化现象；另一方面应激发非公有制经济在科技创新中的活力和创造力，激励资本探索新生产方式和商业模式的主动性与积极性，鼓励资本聚焦实业、做精主业、大力创新，弘扬企业家精神，在技术创新和生产方式变革中提高生产率并吸纳就业，树立并激励一批关爱优待劳动者、积极履行企业社会责任、劳动关系和谐的正面典型企业，加大对其嘉奖和社会宣传示范，逐步树立起弘扬劳动正义、劳动和谐的社会氛围，引导资本妥善处理好劳动关系，尊重劳动的价值创造，善待专业技术人才和一线工人，强化企业的社会责任，守法经营、以德育才、回报社会。

（四）防控行业垄断的负面效应

列宁认为，生产和资本集中的高度发展形成了在经济生活中起决定作用的垄断组织。生产集中发展到一定阶段，可以说就自然而然地走向垄断。垄断本身与自身发展的一般环境具有不可调和的矛盾，必然产生停滞和腐朽的倾向。垄断会阻碍技术进步，还会产生不参与经营的食利者阶层，通过将体力劳动推给劳动者而坐收高额利润。为防范资本垄断，防止资本停滞和腐朽的负面效应，必须鼓励市场公平竞争、限制寡头垄断、维护创新活跃和可持续的行业发展生态。要防范私人资本对关系国计民生的技术的私有化和垄断化现象，打破个别资本对关键技术的垄断，通过行业政策和核心自主技术发展规范来打破技术垄断壁垒、公开技术信息、创造多元资本和市场力量良性竞争、共同推动自主核心技术进步的市场。要强化行业垄断调查和监管力度，及时改进新产业和新业态反垄断判定标准，避免涉及国计民生和公共安全的产业被个别资本或境外资本垄断，强化对涉及公共安全和民生性产业的信息汇总和监管。限制行业垄断性的恶意收购现象，保护中小企业和小微企业参与市场、自主经营的平等权利，制约个别资本滥用市场控制权、通过提价和限制进入等方式抑制竞争对手，打破公平竞争的政策与市场障碍，防止因垄断导致的劳动者话语权下降、职业流动空间缺失、商品价格上涨等现象，促进市场主体多元化，以反垄断保障劳动者的话语权和职业选择权。

第二节 劳动法治现代化

健全和完善适应新型劳动关系特征的劳动法律体系，从劳动立法、劳动司法和劳动执法三方面着眼推动劳动法制现代化，依法调处劳动关系矛盾，把劳动关系的建立、运行、监督、调处的全过程纳入法治化轨道。

一、健全完善劳动立法

健全完善的劳动法律体系是在宪法的原则框架下形成科学系统、结构严谨、层次分明、相互协调的法律法规体系，使各种不同层级、不同约束力的劳动法律法规组成有机统一的整体。劳动法是调整劳动关系的法律，是上层建筑的组成部分，在不同的历史时期或者不同的生产力条件下，其调整劳动关系的范围并不是一成不变的，要根据生产力发展的要求，综合政治、经济、文化、国情等客观因素而进行相应的调整。应因时制宜地推动劳动立法修法工作，完善包括劳动合同、集体谈判与集体合同、劳动标准、社会保险、劳动争议、劳动监察等劳动法律及其配套法规和规章，推动《基本劳动标准法》立法进程，促进对工资、工时、休假保障、劳动安全卫生、特殊劳动保护等基本劳动条件的保护，改变现有的劳动基准依赖《劳动合同法》规范的局限，明确区分《劳动基准法》《劳动合同法》《社会保险法》及《就业促进法》等法律法规之间的界限与联系，形成广覆盖、多层次、分类调节的劳动法律体系。

随着劳动关系多样化的发展，劳动法调整的劳动主体对象也愈发多元化，不应抽象地将劳动主体一视同仁地对待，劳动争议案件因劳动主体的分化而趋于复杂化，法律对劳动主体的倾斜保护也应从“抽象平等地保护”转向“具体差异化的调节”，用分类调节的法律给予各类劳动者以法律保障。在制度设计上，构建劳动基准保障与分类调节相结合的法律法规体系，以适应迅速发展变化的劳动关系发展实践。应扩大劳动法的覆盖面，让各种新形态的灵活就业者置身于法律保障范畴中，丰富劳动关系的属性分类，将劳动关系区分为标准劳动关系和非标准劳动关系，区分非全日制就业、短期就业、季节就业、待命就业、远程就业等弹性用工方式和兼职就业、派遣就业等非标准劳动以及独立就业、自营就业等劳务用工，将各类劳动关系纳入劳动法的框架进行分类调整，要依据劳动者的从属性差异对其进行类型区分，分别从工时、合同、保障、劳动保护等方面予以法律保障。以《劳动合同法》和《基本劳动标准法》为基准，调整各行业各类型劳动主体的分类，根据行业、地区的需求和实践制定部门规章，进一步细化分类保护的方式和手段。

针对新产业和新业态中部分劳动群体的劳动关系认定困难问题，促进对劳动者基本劳动权益的兜底保障。将密集出现、已形成一定规模的新劳动形态纳入劳动法律体系调节范围，既明确新型劳动关系内涵、构成要件和表现形式，强化对弹性化和多重化的雇佣关系、劳务合作分成关系等不同类型劳动关系的界定和规范；要健全完善劳动关系的判定标准和核心原则，弱化从属性标准，丰富和补充用以辅助判定的参考标准，包括考勤模式、考核方式、劳动报酬的构成、安排劳动的途径和方式、劳动惩罚权行使的方式、经营风险责任的承担、管理程度、规章制度的制定和适用等，科学精准地判定劳动关系。对依法应认定为劳动关系的劳动者，依法按照劳动法相关规定保障其各项应有权益；对不构成劳动关系的个体劳动者，加快制定和完善规范和调整企业和个体劳动者关系的法律规定，明确企业和个体劳动者之间的权利、责任和义务，包括各种类型的劳务合作关系的服务标准、服务项目、服务费率、商业保险、奖金津贴、安全卫生的劳动设备和环境、职业培训等相关权益，依法保障劳动者的合法权益。

二、完善劳动司法审判

随着灵活、松散、非正式的劳动形态的出现及其劳动力比重的增长，相关劳动争议案件的数量也在随之增长，传统司法审判主要坚持运用传统劳动关系判定标准，以抽象标准来分析具体案件，却无法随着实践发展而更新对抽象标准的解释，导致许多灵活就业的劳动者无法被纳入劳动法的保护。应加快制定和完善劳动争议案件的裁定标准，树立各类劳动者与用人单位的关系是否能纳入劳动关系的司法判例典型，用以指导各地相关司法审判，兼顾各地劳动关系判定的原则趋同和具体灵活性，既不随意扩大劳动法的适用范围，又不断提高对新型劳动关系司法审判的科学性和与时俱进性。在完善各类劳动关系法律判定原则和标准的基础上，树立保护劳动者权益的裁定标准。

健全劳动司法审判工作机制，把制度建设作为司法规范化建设的抓手，用制度规范司法行为。进一步细化无需自由裁量的司法行为规定，从制度上防止过度自由裁量的任意性司法和粗放式司法。进一步完善劳动争议案件管理工作机制，配备案件管理的应用系统，建立各种案件的程序化审查流程，对案件实行统一受理、统一分配、统一移送、统一归档、统一监管和案件信息公开，所有案件在办理程序上全程留痕。严格执行案件办理审批流程，对重大疑难案件坚持集体讨论研究制度，合理配置司法资源，构建繁简分流的多层次诉讼体系，完善便民利民工作机制，确保劳动者方便、经济地参与司法活动。

坚持司法为民，坚持严格、公正、廉洁的司法价值，坚持调解优先、调判结合的审判方针，妥善化解各类劳动纠纷。相较于立法权和行政权，司法权最根本的属性是公正。司法审判权具有公正性、中立性、亲历性、裁定性、独立性、终局性等综合特征。应完善法院的劳动争议案件审判工作机制，加强审判规范化建设工作，明确各类劳动争议案件裁判标准，及时公开发布各类案件裁判标准和尺度，积极推行审判方式改革，促进办案活动依法公开、民主、透明，以公开促公正，避免先定后审、开庭走过场、“人情案”和“关系案”，避免因地方司法机关的人、财、物从属于地方政府以及司法审判的行政化倾向等影响司法公正，避免庭审程序被“虚置”。完善保证司法公正的制度，强化合议庭和独任庭的职能，推动独立审判，减少外部干涉和压力，避免外部社会因素介入影响司法公正，应加强司法监察，建立健全司法人员履行法定职责保护机制，强化对司法从业者的职业道德教育，推动司法环境的净化，促进司法机关依法独立公正行使职权，确保司法权的统一性，保障劳动者的合法权益得到公正维护，推动客观公正的劳动司法审判。

三、提高劳动执法效能

积极适应新科技革命发展对劳动关系带来的变化和挑战，形成适应新科技革命下新型劳动关系的劳动执法体系，完善行政执法与刑事司法联动机制，筑牢劳动关系的“防护链”。

加强劳动执法能力建设，加强行政执法和法律监督，促进各项劳动保障法律法规贯彻实施。推进劳动综合执法，减少执法层级，落实属地监管责任，推进执法重心下移。进一步加强劳动保障监察网格化、网络化管理。加强对重点行业领域突出违法问题的专项整治，常态化针对农民工工资支付情况、人力资源市场、劳动用工等领域开展专项执法检查，进一步完善劳动违法违规问题举报投诉处理机制，提高举报投诉案件查处效率，加大劳动违法违规案件尤其是长期存在、屡禁不绝、影响深远的违法违规案件的处罚力度。将劳动执法的处罚对象纳入公民失信惩戒范围，对违法失信的用人单位予以公示和各种失信惩戒，强化社会警示和惩戒作用。完善针对突发的、公共性的、造成群体性影响的劳动争议案件的快速反应机制，及时、快速处理突发性群体劳动争议案件，根据具体情况界定和调解劳资双方的责任，根据突发事件对劳动合同和劳动权益的具体影响依法指导合同变更或解除，同时要督促用人单位采取积极措施尽量减少或避免损失扩大，鼓励双方通过协商合理分担损失，促进社会稳定。

强化劳动监察执法部门同劳动人事争议调解部门、司法部门、工会、银行系统等建立“分工明晰、职能清晰、配合协调”的联动机制，增强同劳动争议调解部门的分工合作，进一步区分劳动监察与劳动争议调解的受案范围，杜绝一案多投、重复浪费行政资源的现象，赋予调解机构调查取证权，提高案件调解审理效率，对劳动监察执法部门工作形成分工和分流，节约行政资源，提高维权执法成效。加强同司法部门的联动合作，健全监察执法与刑事司法衔接机制，建立起审判与执行既各自独立又相互配合的工作机制，提高向公安机关移送劳动侵权犯罪案件的立案率和审结率，在安全生产领域其是采矿业、建筑业和危化行业等重特大事故多发行业，由监察执法部门提起刑事诉讼、强化追责处罚，同时对发生集体劳动争议的违法行为强化行政处罚力度，情节严重的应依法追究民事和刑事责任。

强化劳动执法队伍建设，打造公正、清廉、严明的高素质执法队伍，规范劳动执法程序，健全执法自由裁量基准制度，全面落实执法责任制，推行行政执法公示制度、执法全过程记录制度、重大执法决定法制审核制度，保障劳动执法独立性，强化依法行政、秉公执法。改进执行方式，坚持公正、文明执法，推动集中执行与常规执行相结合、集体执行与独任执行相结合、强制执行与说服教育相结合。在劳动执法中坚持以被执行人履行义务为目的，充分运用法律赋予的强制措施促使被执行人履行劳动判决。

第三节　劳动关系矛盾调处机制现代化

劳动关系矛盾是否得到有效调处是衡量社会和谐程度和国家治理现代化水平的重要指标。劳动关系矛盾调处机制是对劳动过程中的劳资矛盾进行调节和治理的机制，涉及用工矛盾调处、收入分配制度、工会改革和三方协调机制等方面。推动劳动关系治理体系与治理能力必须大力推动劳动关系矛盾调处机制创新，切实维护劳动者的合法权益，促进劳动关系矛盾源头治理。

一、用工矛盾调处现代化

习近平总书记指出，必须充分发挥工人阶级在全面建成小康社会、坚持和发展中国特色社会主义的主力军作用，焕发工人阶级的历史主动精神，调动劳动和创造的积极性，紧紧依靠工人阶级发展中国特色社会主义。[①] 习近平总书记深刻论述了工人阶级在坚持和发展中国特色社会主义的重要地位和作用，在新时代应进一步明确紧紧依靠工人阶级发展中国特色社会主义的方针，

① 习近平．习近平谈治国理政［M］．北京：外文出版社，2014：44—45.

强化用工矛盾调处，切实保障包括工人阶级在内的广大劳动者的合法权益。

（一）规范企业用工、强化事中事后监管

规范派遣用工和非正式用工，重点规范建设市场用工秩序，全面推动灵活用工领域的劳动用工信息申报制度建设，强化劳动合同电子签约和备案制度，加强对重点行业领域和企业的劳动用工的动态管理。大力治理工程建设领域垫资施工、挂靠承包、违法分包、层层转包等违法违规行为，惩戒不具备合法用工主体资格的劳务用工行为，严惩不签订劳动合同、违规使用农民工现象，利用大数据技术提高对企业用工信息的实时监管和风险预警能力，将用工风险隐患化解在萌芽状态。加强规范新产业、新业态的灵活用工问题，防范企业挂靠第三方进行非正规用工的劳动风险，惩戒企业以灵活用工为由规避生产经营主体责任的行为，探索适应不同行业、不同规模用人单位、不同层次劳动者差异化特点的劳动用工规范，增强企业依法用工意识，提高职工依法维权能力。

（二）形成既坚持原则又兼顾自主性的工时安排标准

对待涉及公共安全和民生利益的新产业和新业态，加强劳动定额定员标准化工作，推动劳动定额定员国家标准、行业标准的制定修订，指导企业制定实施科学合理的劳动定额定员标准，出台规范行业工时上限的工时标准，规范劳动时间、劳动强度和劳动休息权，避免因为劳动者超时劳动、过度劳动导致人身财产损失、公共安全受威胁，同时强化工时标准的集体协商规范，既通过底线控制来保护劳动者最基本的休息权益和个体发展权益，又鼓励劳资双方通过平等协商在法律底线的范围内达成合理的工时安排；严惩长期严重违反劳动法、迫使劳动者被动过度劳动、剥夺劳动者合法休息权、休假权的企业，将其纳入信贷工作、行业补助政策和行业评先评优工作的“黑名单”，并责令其限期改正不合理的工时制度，否则施以罚款或停业整顿的惩戒措施。另一方面应加强企业社会责任的宣传教育，树立守法经营、善待人才、尊重劳动的正面企业榜样和企业家典型，设立企业工时排行的“红榜”

和“黑名单”，适当嘉奖工时安排合理、劳动关系和谐的企业，允许其优先享有政府抵扣税优惠、信贷政策激励等指标，引导企业家树立以人为本、尊重劳动的企业家精神，引导和激励更多的企业采取更加文明、高效和人性化的劳动时间安排，在守法经营的前提下适度安排劳动时间、劳动强度并采取合理的休息权、休假权和职工集体活动机制，给予劳动者充足的休息权、休假权、人际交往空间、享有家庭生活的空间和发展业余兴趣的空间，让劳动者在适度劳动、尊严劳动、体面劳动的工作状态中全面发展自身才能，提高劳动者对企业的归属感和认同感。

对待不显著涉及公共安全的其他行业，应鼓励劳资双方自由自主协商，避免行政过度干预限制新产业和新业态发展，引导和鼓励构成劳动关系的劳资双方通过个体协商、集体协商、仲裁协商等多元方式达成双方满意的工时安排，引导企业吸纳职工参与民主管理，借助民主管理来促进合理的工时安排，尤其要引导新产业和新业态的企业重视建设工会、职工大会和职工代表制度，在企业民主管理、董监事会纳入职工代表或工会代表参与决策协商，通过民主管理机制促成劳资双方达成彼此满意的工时安排；另一方面，对不构成劳动关系的企业与个体劳动者，应通过劳动政策改革、行业发展规划、劳动监察、行业自律等方式来矫正和惩戒过度劳动的现象，规范部分企业不合理的劳动分工规则、劳务提成规则和绩效奖励规则，避免形成集体性、行业性的超时工作和过度劳动的风气，引导和鼓励企业转向注重提升劳动者技能、优化服务质量，形成民主共商、和谐合理的工时安排。

（三）强化安全生产责任，创新安全生产机制

要在重点行业和重点领域建立安全生产的强制性规范要求，强化第三方介入安全生产的联防联控机制，引入保险机构、安全生产设备企业和专业救援救助社会团体等第三方参与安全生产联防联控，从技术、设备、救援救护、事故鉴定和法律诉讼等方面同企业开展合作，并强化安全生产制度和程序的设计和规范，加强安全生产事故预防和设备流程改造。针对煤矿开采业、化工等安全生产事故多发的行业领域，严禁煤矿开采业超层越界开采、超能力

生产、隐瞒采掘工作面、违法违规承包和用工等违法违规行为，严惩企业的事故瞒报、迟报行为。另一方面，要加强企业劳动保护和职业病防护责任意识，重点强化制造加工业劳动者职业性尘肺病等呼吸系统疾病预防、化工行业劳动者职业性化学中毒预防和医疗行业从业者的职业性传染病预防和劳动防护，加大企业对劳动者的劳动保护投入、强化劳动防护措施，降低职业病发生风险和伤害程度，切实维护劳动者的健康权益。要督促企业履行工伤保险责任、提高商业保险保障。对特定劳动风险较高的企业，应探索建立工伤保险长效机制，并结合商业保险形成多元保障体系；根据不同行业和职业特征提供多元多层次的医疗保险、工伤保险、商业保险的产品供给，向灵活就业人员提供职工医疗保险补助，推动建立覆盖新产业灵活就业劳动者的工伤保险，或同保险公司合作推出低费率的商业性职业伤害险，由企业或政府提供部分保费补助，对高危行业的劳动者实行强制缴纳工伤保险或职业伤害险，加大新业态从业者的职业安全保障。对发展规模较大、用工数量较多的企业，应强化其工伤保险缴纳责任、制定适度的缴费基数标准；对同个体劳动者进行劳务合作的平台企业，鼓励其承担部分劳动保障责任，尤其在个体劳动者为该平台开展劳务服务期间为其提供适应职业特征的职业伤害险、意外伤害和疾病身故保障等保障；同时，提高灵活就业劳动者的参保意愿，加大对劳动者的医保政策宣传，提高政策知情度，便利参保渠道和服务，简化个体劳动者参保的流程、手续，提高保险异地和跨行业转移接续的便利度，制定适宜的保费费率。

二、收入分配制度现代化

国家主席习近平在2017年世界经济论坛年会中指出，“施瓦布先生在《第四次工业革命》一书中写道，第四次工业革命将产生极其广泛而深远的影响，包括会加剧不平等，特别是有可能扩大资本回报和劳动力回报的差距”①。新科技革命对完善劳动收入分配带来了风险和挑战，需要坚持按劳分配为主、

① 习近平．共担时代责任 共促全球发展［R］.2017年世界经济论坛年会，2017.

多种收入分配方式并存，构建和完善初次分配和再分配机制，以公平合理的收入分配机制避免劳资收入分配两极分化趋势，缓解劳资收入分配矛盾。

（一）完善公平合理的初次分配机制

初次分配是指社会成员通过运用自身的体力和智力，进行生产劳动或投入生产要素而获得的、尚未经过诸如税收等项目扣除的直接收益。在国民经济生产过程中，每个劳动者所投入的劳动的数量和质量、所投入的生产要素不尽相同，因而不同的劳动者的生产贡献是有差别的。初次分配规则就是依据社会成员各自不同的具体贡献相应地进行有所差别的直接分配。劳动者和其他社会成员的贡献不限于经济领域的物质产品，还包括对社会、政治、文化等方面的付出及相应的产品。就一定意义而言，初次分配规则最为直接地、直观地体现了社会公正原则。

广义的生产要素包括劳动、资本、土地、原材料、能源、技术、经营管理、教育等一系列同生产过程有关的因素。其中最为重要的生产要素是劳动、资本、科技和管理等要素，其他的生产要素直接或间接地归并于这些因素。在各项生产要素中，劳动的作用是最为重要的，其重要性远超资本的贡献。在新科技革命背景下，科技要素通过劳动力作用于生产过程，其在收入分配中所占的比例逐步增加，但科技创新从本质上说仍然是一种“劳动”而不是资本。无论是凭借直接劳动还是科技或资本等要素进行分配，根据劳动贡献进行合理分配的规则都是初次分配规则的重要前提和基础。社会主义社会的发展是以人为本位的发展，以人为本位发展的重要内容是无数个体得到充分的发展。人类的理想社会将是以每个人的自由发展作为一切人自由发展的条件的联合体。每个个体的自由发展以自由平等地参与生产劳动并获得公平合理的收入分配为重要标志。如果离开每个具体的个体人的自由发展，以人为本位的社会发展将无法实现。公平合理的初次分配机制有利于从个体自由发展的层面来促进整体社会的自由发展，公平合理的初次分配机制也为个体的具体发展状况提供了一种客观合理的衡量尺度。公平合理的初次分配机制对于经济社会正常运转和社会秩序稳定具有极为重要的意义。在社会主义市场经济条件下，公平合理的初次分配机制有利于高效地激发社会活力，有力地优化资源配置效率，极大地提升了社会高质量发展成效。同时，初次分配机制作为社会正义体系的一个重要环节，通过国民经济各环节直接或间接地影响着各领域各环节的社会公正问题，也为社会再分配的实施提供了必要的物质积累。

不公平合理的初次分配机制一方面表现为社会成员的付出与收益之间的不对称性，并且这种不对称性被合理化和默许，分配机制的评估和监督机制处于失灵状态，这种不对称性持续下去，意味着一部分社会成员付出少或不付出就能获取较多的收益，同时多数社会成员付出多而收益少或无收益，即存在付出与收益之间的反向分配关系，必将引发利益受损社会成员的反弹与不满。如果社会成员无论付出多少都只能获得平均收益，那么社会分配存在着平均主义现象，即能力弱、贡献少的社会成员无形中占据了本该属于能力强、贡献大的社会成员的收益。无论是反向分配关系还是平均主义分配，都是分配的不对称性现象，都不利于初次分配机制的可持续发展。

针对传统生产劳动领域的不合理初次分配现象，尤其是拖欠侵占农民工工资问题，要加强欠薪源头治理，健全工资支付保障机制。贯彻落实《保障农民工工资支付条例》，修订完善相关配套政策措施，严格落实责任追究制度，压实属地政府和行业部门监管责任。对欠薪问题重拳治理，对违法违规分配、巧取豪夺占有劳动者应得报酬的企业，加大对其监督惩处力度。健全行政执法与刑事司法衔接机制，以法治手段推动根治违法违规分配问题。督促企业劳务管理精细化、规范化发展，提高劳动合同或协议商签率，依法按月足额支付工资，健全工资支付监控、工资保证金和欠薪应急周转金制度，探索建立欠薪保障金制度，落实清偿欠薪的施工总承包企业负责制，实行工资专户管理、银行代发、农民工实名制管理和农民工工资专用账户管理等制度。对拒绝履行给付报酬义务的企业组织，应综合施以罚款、社会公布、赔偿劳动者、取消申请或享受政府补助和优惠政策资格等惩戒机制。

针对新科技革命背景下新型劳动关系领域的初次分配问题，应探索制定新产业和新业态的行业定员定额标准，根据新产业和新业态的新劳动方式制定适宜的劳务服务收费标准、最低工资（工时收入）标准、平台服务费上限标准、劳务提成行业上限标准等，规范新产业和新业态下的分配机制，引导企业健全企业工资分配制度或劳务分成制度，建立以劳动价值、劳动技能、劳动绩效为基准的收入分配制度，应探索在若干已可明确界定为劳动关系的新产业和新业态领域实行基本工资制度，保障劳动者凭借基本工时的劳动来获得维持生活的基本收入，提高行业稀缺、关键岗位和重要工序环节的劳动者的收入分配待遇，建立针对技能人才的工资正常增长机制，设立不低于企业管理人员收入的中高技能人才收入标准，设立多层级技能工资和技能津贴，制定技能人才按贡献参与收入分配的机制，依法推进工资集体协商和劳务分成集体协商，防范和矫正企业凭借市场垄断地位和内部竞争机制来随意压低工资或提高劳务分成，鼓励企业实行职工代表制、职工董事制、职工监事制等制度来强化职工代表参与企业分配决策的民主管理机制，以切实保障和提升劳动者在企业分配决策中的话语权。

（二）形成合理的再分配和第三次分配机制

在社会主义市场经济体制下，初次分配客观上会在社会成员之间形成分配结果的差异。为了不使收入分配差距扩大化进而造成两极分化，为了保障经济社会的持续健康发展和社会稳定，需要政府综合运用税收、社会保障制度等再分配机制，用以调节初次分配所产生的差距，兼顾公平与效率。公平与效率是相辅相成、互相促进的，如果过分追求效率就会牺牲公平，而过分强调公平又会损害效率。体现社会主义性质的公平，不是普遍贫穷的、平均主义的公平，而是走向共同富裕的分配公平，这就要求通过高质量发展和创新发展不断提高生产效率。与此同时，只有切实维护和实现社会公平，各方面的社会关系才能协调，人们的积极性、主动性、创造性才能充分发挥出来，才能促进社会的全面发展、生产力的增进和经济效率的提高。因此，科学合理的再分配机制就是政府借助税收等机制对全社会收入进行再次调节的过程，通过再分配机制调节收入分配的差距凸显对弱势群体的补偿取向。中国特色社会主义分配正义的实现要实行以补偿为标准的再分配机制，体现包容性增长原则和共享式发展原则。为此，则必须完善税收、社会保障、公共服务等各项缩减差距的再分配机制。

完善税收层面的再分配机制有利于直接调节过高收入并对低收入群体进行转移支付。应对形成行业垄断并获取超额垄断利润的企业征收高额税收以限制垄断发展的负面影响，将部分税收形成再分配的基金池以形成对低收入劳动者群体的转移支付，或以基金的形式来对部分在中小微企业灵活就业的低收入劳动者进行补助，以提升灵活就业劳动者抗击经济社会风险的社会保障水平；应探索提高灵活用工的劳动者如自雇佣劳动者、劳务承揽者、兼职劳动者等的税收扣除额度，给予其个人税收的优惠或扣减，提高其社会福利和生活标准。社会保障制度同样应作为“保低”和促进包容性增长的重要再分配调节手段，应着重提高灵活就业的劳动者和新产业新业态劳动者的社保待遇，改变城镇职工养老保险内部差距较大的局面，实现社保制度的再分配公正效应。要进一步完善对低收入群体和弱势群体的社会救济、失业保险、就业补贴等各项制度，为低收入群体的再发展提供保障。

第三次分配，又称道德分配，是指在社会伦理道德的影响下、在自愿基础上社会成员将部分可支配收入进行捐赠或开展其他慈善行为来调节收入分配的机制。“十四五规划”提出要发挥慈善等第三次分配作用，改善收入和财富分配格局。建立和完善第三次分配机制对于促进收入分配正义具有重要的意义。第三次分配的水平不但反映了社会伦理道德水平、价值观念与和谐程度，而且反映了全社会尤其是中高收入群体关注和参与公益并整合社会资源来协同进行社会治理的能力。虽然第三次分配遵循自愿原则，但是同样可以通过一定的激励和引导机制来鼓励企业家、中高收入群体积极参与第三次分配，制定完善“慈善事业促进法”等相关法律法规，明确慈善组织的性质、慈善活动的程序、慈善活动的监督机制、慈善事业的主管部门，规范慈善事业的进入、评估、监管、公益产权界定与转让、融投资、退出等行为，针对企业家的公益慈善行为进行退税、抵税等机制的设计，鼓励企业家设立帮扶和支持中低收入群体的基金会等，推动第三次分配成为提高中低收入者收入、缓解收入分配差距的重要机制。

三、工会改革发展现代化

习近平总书记指出，要坚决履行维护职工合法权益的基本职责，把竭诚为职工群众服务作为工会一切工作的出发点和落脚点，帮助职工群众通过正常途径依法表达利益诉求。[①] 应当坚持中国特色社会主义工会发展道路，不断深化工会改革创新，充分发挥工会组织的参与、建设、维护、教育作用，以工会为重要载体促进解决广大职工最关心、最直接、最现实的利益问题，切实维护广大劳动者的合法权益。

（一）加强党领导下的非公企业工会建设

坚持“党建带工建”，在党的领导下推动非公企业工会组织不断发展壮大。加强各类企业尤其是非公有制企业的党建工作，扩大非公有制企业中党组织的覆盖面，依托党建联建和党群共建促进非公企业工会组织建设，实现资源共享，促进工会资源与党建资源形成联动，对凝聚职工形成正向引导，积极提升劳动者的工会入会率。通过制度建设引导更多的工会经费向基层非公企业工会和新产业、新业态劳动群体倾斜，让工会资源普惠更多基层劳动者，鼓励上级工会以经费补助和支持非公企业和新产业新业态工会的发展。推动工会组织形式创新和制度创新，大力推动非公企业工会改革，清除建会盲区和盲点，在有条件的非公企业设立实地实体型工会，探索推动建立市场工会、非公工会、小微企业工会、园区工会、楼宇工会、商圈工会、跨企业的区域性工会等工会组织形式，依托村居、园区、街面、楼宇、服务站等组织，加大力度吸纳未建工会的非公企业职工入会，利用网络新媒体渠道开辟网络入会通道，推出工会的手机软件、微信公众号等平台，吸引更多年轻、有意愿、活跃的职工入会。以新产业和新业态从业人员，尤其是就业规模庞大、劳动关系复杂的灵活就业人员为重点，积极推动网约车司机、快递员、网约送餐员等劳动群体入会，设立企业工会的责任清单，引导新产业和新业

---

① 庆祝“五一”国际劳动节暨表彰全国劳动模范和先进工作者大会隆重举行 习近平发表重要讲话［N］. 人民日报，2015-04-29（01）.

态的大规模企业建立示范性优秀工会，鼓励中小企业成立规范的工会组织，尤其对用工规模庞大、行业垄断性显著和劳动者流动性较强的企业，引导其在一定经营年限内成立工会组织并规定工会的最低入会率。

（二）促进新产业、新业态的行业工会建设

推动新产业、新业态领域劳动力密集的重点行业，按照联合制、代表制的原则，建立产业工会领导下的行业工会联合会。健全完善新产业、新业态的行业协会或商会组织，在行业协会或商会组织整合行业力量的基础上，推动产业链成熟、企业联系密切的产业组建行业工会联合会。构建完善新产业、新业态的行业工会联合会同行业协会或商会组织（或行业龙头企业）共同参与的工资集体协商机制。针对新产业、新业态的行业特征，重点围绕行业岗位工种、工时、劳动定额等关键权益协商确定行业劳动标准和工资标准，提高新产业、新业态行业的工资集体合同或协议的商签率。应由政府部门牵头促进新产业、新业态的行业工会或企业工会同产业链相关联的其他大中型企业工会进行联合建会和结对合作，推动组织联建、活动联办、场地联用，实现以强带弱、资源共享和组团服务，降低新产业、新业态工会发展成本，弥补劳动密集型和低收入灵活就业者工会经费不足的局限，借助大中型企业工会的资源，在劳资矛盾申诉、调解、法律援助、社会支持等方面进行结对扶持，形成共建和资源共享，强化新产业、新业态劳动者的维权支持。探索依托网络新媒体形成线上线下相互链接的工会工作新模式，鼓励行业工会组织劳动者开展同业线下活动、区域活动，并加强同业联系和工会会员的社会资本，推动新产业、新业态行业工会组织成为整合劳动群体的中坚力量。

（三）提高工会参与协商的成效

要不断推动工会工作机制创新，强化工会同用人单位协商的地位、资源和话语，提高工会代表劳动者进行协商谈判的成效。各级工会组织应当常态化对包括新产业、新业态劳动群体在内的各行业劳动权益开展调查研究，全面掌握不同行业（工种、群体）的职工队伍发展状况、职工权益维护和服务

需求，利用大数据分析形成科学的工作报告或建议案，向上级政府及人大、政协汇报提交，切实反映行业职工的利益诉求。完善行业工会、企业工会同用人单位的制度化协商机制，在集体协商的基础上重点推动有关劳动合同、收入分配、工时安排、劳动保障等的协商谈判，在有条件和有必要的时候引入有公信力的律师、仲裁机构、专家、社会团体等第三方机构参与协商协调，有利于改善工会的协商地位、协商信息支持，降低工会的协商成本，避免协商中出现零和博弈的结果，促成劳资双方彼此让步，探索各自利益既不受损又能实现整体收益最大化的最佳协商方案。应当在适宜条件下探索同行业企业工会联合协商、上下游企业工会联合协商等多元联合协商机制，推举具有代表性的协商谈判代表，发挥工会干部、董事监事会中的职工代表等的沟通协商作用，增强劳动者协商议事水平和谈判实力，建立维护职工群体内部互信和稳定的保障机制和心理机制，提高工会代表劳动者的统一意志和利益需求进行协商谈判的成效。应当利用新科技革命的发展机遇，提升高学历、高技能、高素质的劳动者代表在协商中的话语和权利，争取更多有利于劳动者的发展机遇、权利、利益和福祉。

推动劳资合作博弈是构建和谐劳动关系的题中应有之义。应当形成建立在劳资互信基础上的制度化博弈机制，借助律师、仲裁机构、政府部门等第三方角色的沟通作用和职工代表、工会代表、董事监事代表等的沟通协商作用，采取工会联合、同业联合、跨地域联合等多元联合机制，推举或重组出具有广泛代表性的博弈谈判代表作为唯一合法的集体谈判代表，增强整合水平和利益谈判实力，强化劳资双方的互信，鼓励劳资双方在理性和互信的基础上充分协商，达成互利性妥协、彼此让步和非零和博弈的协议成果，建立维护互信和稳定的保障机制、心理机制和第三方调和机制，促成劳资双方常态化地进行合作型博弈，保持劳资双方保持均衡状态。劳资合作博弈的基础是劳动者群体整合到一定程度、劳资之间保持高效的沟通以及企业对技术升级和劳动者技能培训进行持续投入等。劳资双方达成合作博弈的条件在于使劳动者相信当前工资和保障的安排会为企业带来持续的市场竞争优势和利润增长并最终惠及劳动者，同时使资方相信当前工资和福利待遇上的安排会为企业赢得稳定而有竞争力的劳动力队伍并获得市场竞争和利润增长；在合作型劳资博弈关系下，如果双方能够保持均衡合作的稳定关系，通过协商谈判达成对工资、工时和劳动强度的共识，则将维持相对稳定的收入分配方案和较高水平的劳动生产率。企业采用新技术提高了生产效率，并增强了其针对工人的权力，但在工会力量制约和劳资协议的约束下，企业会保持一定克制，并按照一定规则随效益提高上调工资。

应当创新劳资合作博弈的机制，在分配博弈上探索既设立第三方指导标准，又鼓励劳资自主博弈的合作博弈机制。通过分行业工资指导标准的权威性来规范和指导私营企业的工资标准，有利于制约部分私营企业长期工资零增长、压制劳动者获得合理的收入报酬的倾向，为基层工会和资方提供客观的工资增幅标准指导，为劳动者创造工资逐步稳定增长的预期和保障。同时国家和产业层面的工资指导线只是起了总体和最低参考标准的作用，在一定程度上仍然赋予了劳资双方通过企业工会自主决定工资增幅的权利，有利于避免对企业造成过重的负担，鼓励企业内部劳资之间通过集体协商自主确立科学合理的工资标准和绩效分配标准，实现适度合理的工资增长和多劳多得的绩效收入增长，有利于增强劳动者在生产中的主动性和积极性，有利于提高技术创新创造的效用，有助于企业积累和赢得市场竞争优势，有利于高效化解劳资矛盾和冲突，减少罢工、群体纠纷等对劳动力市场和经济社会稳定的冲击。

四、三方协调机制现代化

劳动关系三方协调机制是我国劳动关系调整机制的重要组成部分，是社会主义市场经济条件下治理劳动关系的有效途径，对于维护劳动关系双方的利益，最大限度地保护、调动和发挥广大职工的积极性，促进我国劳动关系的和谐稳定具有重要的意义。一方面要建立省、市、县多层次的三方协调机制，要从本地区实际出发，完善劳动关系三方协调机制的工作制度和流程，明确各方职责，强化规范运作。在三方协调机制中，政府处于服务者和协调者的角色，在符合法律和我国实践的情况下，人力资源社会保障部门应当为劳资双方提供服务，促进相互之间的有效协商与合作。三方协调机制中的三方法律地位应当平等，权利义务应当对等，三方共同研究解决有关劳动关系的重大问题，共同研究分析经济体制改革政策、国民经济和社会发展规划对劳动关系的影响，提出政策性意见和建议，定期通报交流各自协调劳动关系过程中的情况和问题，针对劳动关系全局性、倾向性的重大问题进行协商，对具有重大影响的集体劳动争议和群体性事件进行调查研究，对劳资争议、集体合同等劳动关系调整工作进行咨询和指导，鼓励双方通过协商达成共识。

要完善劳动关系三方协调机制的组织形式和运行方式，健全由人力资源社会保障部门会同工会和企业联合会、工商业联合会等企业代表组织组成的三方机制，将劳动关系协商协调成效等列入党政部门的综治考评内容，充分发挥政府在三方机制中的组织作用、平衡协调作用、监督作用和服务作用。促进三方机制向基层延伸，根据实际需要推动工业园区、乡镇（街道）和产业系统建立三方机制，提高乡镇、街道三方机制覆盖面。积极扩展参加三方协商的主体覆盖面，促进企联、企协、外企协会等企业主体参与协商。推动各级三方组织加强协调合作，改善协商方式，探索建立协商会、恳谈会等形式的民主协商制度，共同研究解决涉及职工权益维护等劳动关系的重大问题，积极预防和妥善处置劳动关系领域的突出矛盾，各级三方组织定期围绕各自工作重点和基础劳动关系状况，就有关用工、收入分配、休息休假、劳动条件、安全卫生、福利保障、劳动定额标准、劳动纪律等劳动关系关键问题和重要劳动权益问题，进行常态化、制度化的密切沟通与协商，鼓励三方通过会议等形式将重要集体事项决议由政府公告实施，有效维护广大职工的合法权益。

在三方协调机制框架下推动劳动合同制度和集体协商。强化对劳动合同、集体合同、工资集体协商等重要事项的三方协商。规范劳动合同管理，全面贯彻落实《劳动合同法》，积极指导和督促企业建立健全劳动合同制度，加强对企业实行劳动合同制度的监督和指导，依法规范劳动合同订立、履行、变更、解除、终止等行为，切实提高劳动合同商签率，强化劳动合同履行。加强对中小微企业劳动合同制度的监督和分类指导，完善劳动用工备案制度，健全集体合同制度，发挥集体合同制度对劳动合同制度的校正、补充和支持作用，利用集体合同来约定和保障工资水平、劳动条件、集体福利等职工整体利益。在三方协调机制框架下指导企业建立健全职工代表大会制度，规范制定企业规章制度，依法保障职工的民主政治权利。以推进工资集体协商为抓手，促进企业建立职工工资正常调整机制。积极开展区域性、行业性集体协商，主动适应乡（镇）、街道（园区）非公有制中小企业快速发展和劳动关系深刻变化的需要，加快建立区域内、行业内劳动关系协调机制，扩大集体协商覆盖面，增强集体合同实效性。

第四节　劳动关系协调机制现代化

习近平总书记指出，构建和谐劳动关系，是建设社会主义和谐社会的重要基础，是增强党的执政基础、巩固党的执政地位的必然要求，是坚持中国特色社会主义道路、贯彻中国特色社会主义理论体系、完善中国特色社会主义制度的重要组成部分，其经济、政治、社会意义十分重大而深远。[①]构建和谐稳定的劳动关系，必须要以习近平新时代中国特色社会主义思想为指导，坚持以人民为中心的发展思想，健全党领导下的劳动关系协同治理机制，完善劳动人事争议调解仲裁机制，构建规范化的劳动保障监察机制，将劳动关系的治理纳入系统化、规范化、科学化的轨道。

一、强化劳动关系协同治理

构建和谐稳定的劳动关系，党的领导不可或缺，党是把握劳动关系发展方向、整合劳动关系治理职能、引领劳动政策改革的核心枢纽。各级党委和

---

① 全国构建和谐劳动关系先进表彰暨经验交流会在北京举行［N］. 光明日报，2011-08-17（03）.

政府要加快健全构建和谐劳动关系的领导协调机制，各级党委要统揽全局，把握方向，及时研究和解决劳动关系中的重大问题，加强企业党组织建设，加强党对劳动关系工作的全面领导，建立健全党对劳动关系工作的领导体制机制，增强党在劳动关系中的政治领导力、思想引领力、群众组织力和社会号召力，增强劳动关系治理中的科学发展本领，善于贯彻新发展理念，增强劳动关系治理中的做好群众工作的本领，创新群众工作体制机制和方式方法，推动工会、共青团、妇联等群团组织在劳动关系协同治理中增强政治性、先进性与群众性。加强企业等用人单位中的党组织建设，充分发挥党组织统揽全局的作用。在党的领导下统筹各相关职能部门协同发力，形成适应新科技革命发展趋势的现代、协同、高效的劳动关系协同治理机制。

劳动关系的治理要坚持和完善党委领导、政府负责、社会协同的劳动关系协同治理机制，推动党领导下人力资源与社会保障、总工会、发展改革委、工业与信息化、统计、医保、卫健、住建、公安、法院、检察院、工会、妇联、网信、工商、综治等部门协同发挥作用。在协同治理模式下，各部门之间形成沟通顺畅、职能分明、协作互补的关系，劳动关系治理对象涉及面广、关系复杂、影响深远，单一治理主体无法独立解决所有的问题，需要依靠其他协同治理主体的信息和资源，在不同的主体之间形成了谈判协商和资源交换的过程，即协同治理主体相互协作的过程。这种协作能否顺利进行，除了受各治理主体的信息和资源的限制之外，还受协作环境和规则的影响，各职能部门要共同协商达成治理劳动关系的共同规则，包括信息共享规则、共同决策规则、职能分工规则、协同配合规则等，避免各部门之间权责边界不清、互相推诿、各自为政、协调合作能力不足等问题，各治理主体间要形成合力、构建和谐的治理关系，在多元因素作用下达成协同治理机制下的良性协同效应。

一方面应整合人力资源与社会保障部门、总工会、统计部门、网信部门等机构协同配合，常态化地开展劳动关系的专项统计调查，加强对劳动关系动态的信息报送、调查研究、跟踪和统计，完善劳动舆情治理机制和重点劳动关系调处机制，通过信访、工会、仲裁部门和司法部门实时收集劳动关系的主要矛盾和突出矛盾信息，重视快递员、网络送餐员、网约车司机等劳动密集型行业的劳资矛盾，有针对性地重点调处群体性的劳动合同矛盾、欠薪调薪矛盾、工伤赔付矛盾、减员裁员矛盾等主要矛盾；推动人力资源与社会保障部门联合网信部门积极开展网络劳动舆情治理，运用新一代信息通信技术、大数据技术、云计算等技术强化劳动舆情信息收集和分析，高效把握劳动关系网络舆情动态并及时进行舆情治理，对引发舆论争议的社会谣言，要翔实披露事件真相并惩戒谣言传播者；推动新业态企业向劳动主管部门常态化提供行业数据，发布安全形势、行业发展建议等政策报告，整合平台经营数据来强化对行业发展形势和安全信息的掌控，以此作为公共政策创新的重要依据。

另一方面，应协调整合人力资源与社会保障、总工会、公安、法院、检察院、网信、综治等相关部门，共同建立并完善劳动关系风险防控机制，通过设立常态化的劳动关系监测、劳动关系预警、劳动风险干预、劳动风险管控等机制和举措，切实加强对重点行业、重点企业的劳动关系监管和风险管控；加强对舆论关注的劳动争议事件类型、行业类型、群体特质等的分析研判，将重点领域、关键群体的劳动舆情分析与劳动公共政策改革紧密结合起来，不断革新劳动关系矛盾调处的方式和方法，提高跨部门协同解决矛盾的治理效率，对引发舆论热议的劳动违法违规事件，提升劳动关系应急处置能力，要及时核实并主动公开问题来龙去脉，高效化解相关矛盾纠纷；对引发社会普遍关注的劳动诉求，要高度重视并积极反馈改革进展，改善社会心理预期和社会心态。

二、健全完善争议调解仲裁

一是要积极发挥劳动人事争议调解仲裁在化解劳动争议的第一道防线作用。坚持“预防为主、基层为主、调解为主”的工作方针，健全党委领导、政府主导、人社部门牵头、有关部门共同参与的专业性劳动争议调解工作机制，健全人民调解、行政调解、仲裁调解、司法调解联动工作体系。推进各级劳动人事争议仲裁委员会建设，提高省、市、县三级仲裁委调整组建率，推动乡镇（街道）、区域性、行业性劳动人事争议调解组织建设，促进各级劳动人事争议仲裁机构实体化建设。推动非公有制企业建立和完善劳动争议协商调解机制，指导推动大中型企业在总部设立劳动争议调解委员会，鼓励企业根据需要在分支机构设立劳动争议调解委员会，鼓励制造业在车间、工段、班组设立调解小组，建立企业内部多层次的劳动争议调解组织，逐步形成覆盖非公有制企业劳动争议分类处理、分级负责、上下联动的工作机制。指导推动小型微型民营企业由劳动者与企业共同推举职工代表担任调解员，负责本企业劳动争议预防调解工作。指导企业探索建立多种形式的劳动争议协商解决机制。充分发挥企业劳动争议调解委员会或调解员促进劳资双方沟通协商的作用，采取召开劳资恳谈会、劳资协商会以及设立意见箱、开展问卷调查等方式，就劳动条件、劳动报酬、职工福利等涉及劳动者切身利益的问题听取职工意见，及时了解掌握并认真研究解决职工的合理诉求。完善职代会、厂务公开等民主管理制度，依法保障职工的知情权、参与权、表达权、监督权。

二是充分发挥商会（协会）预防调解劳动争议的作用。指导行业性、区域性商会（协会）建立劳动争议调解组织，当前要重点推进制造、餐饮、建筑、商贸服务和民营高科技等行业商会（协会）劳动争议调解组织建设。商会（协会）要依托劳动争议调解组织，切实加强对本行业、本区域内非公有制企业劳动争议预防调解工作的指导，积极开展劳动保障法律法规政策咨询服务和劳动争议调解工作，搞好企业劳动争议预防调解培训，协助企业与当地调解仲裁机构进行沟通。

三是加强非公有制企业劳动争议调解与仲裁工作的衔接。各地劳动争议仲裁机构要大力开展非公有制企业、商会（协会）劳动争议调解组织调解协议的仲裁审查确认工作，对于争议双方当事人持生效的调解协议书向仲裁委员会提出的审查申请，要及时受理、快速立案，对程序和内容合法有效的调解协议依法出具调解书，不断提高企业、商会（协会）调解组织的社会公信力和调解协议的执行力。要积极开展劳动争议调解建议工作，对当事人未经调解直接申请仲裁的劳动争议案件，在征询双方当事人同意后，可向当事人发出调解建议书，引导其在企业、商会（协会）等劳动争议调解组织解决争议。要积极稳妥开展委托调解工作，研究制定委托调解的基本条件，完善委托程序，制定规范的委托调解文书，将适合调解的申请仲裁案件委托商会（协会）、乡镇街道劳动争议调解组织处理。

强化人社部门对仲裁工作指导职责，更好发挥仲裁委组成部门作用，加强对仲裁办案全过程的规范化管理，开展“互联网+调解仲裁”工作，积极推进数字仲裁庭、智能仲裁院和“互联网+仲裁”服务平台建设，加大线上、线下服务结合力度，利用技术手段优化案件处理流程。发展壮大仲裁员、调解员队伍，加强专业性劳动人事争议调解工作，加大基层调解规范化建设力度，充实基层调解人员和仲裁办案工作人员。出台劳动争议终局裁决制度适用规范，提高终局裁决适用比例，充分发挥仲裁前置作用。加强裁审衔接，统一仲裁送达方式，进一步提高案件处理效能，提高调解仲裁公共服务能力和社会公信力。

促进劳动争议调解仲裁机构与时俱进地跟踪把握新科技革命发展趋势，常态化地调研跟踪新型劳动关系发展状况，健全劳动仲裁机构同企业组织、行业协会的联络沟通制度，畅通劳动关系相关利益方的沟通联系渠道，实时掌握辖区内企业发展和劳动关系动态，密切关注劳动密集型企业运营情况，关注其用工情况，及时掌握企业拖欠工资、规避劳动合同、推卸劳动责任等情况，督促企业妥善处理与员工的争议，弥补劳动者相关社会资本不足的缺陷，提升劳动者的劳动仲裁支持力度，提升仲裁调解工作效能。同时，要与应急、综治、总工会等机构共同加强群体性劳动争议预警机制建设，发挥劳动仲裁柔性化和非对抗性的优点，有效调处因签订集体合同发生的争议和集体罢工事件，及时上报可能存在引发集体劳动争议案件的欠薪、倒闭等事件，将劳动争议化解在萌芽状态，在源头上防止矛盾激化和事态扩大；要发挥工会组织在调解协商中的重要作用，切实维护各类劳动者群体利益，尤其是扩大灵活就业的农民工、劳务派遣工、劳务承揽者、兼职就业者、自由职业者等的利益诉求表达和维权渠道。

三、完善劳动保障监察机制

积极适应新科技革命发展对劳动关系带来的变化和挑战，创新劳动保障监察管理理念，改进监察管理方式，形成规范化、系统性、分领域、多层次的劳动保障监察机制。

（一）完善分行业、分层次的劳动保障监察

对待涉及公共安全的行业领域，坚持从严监管，对涉及公共安全和公共利益的行业的用工问题、收入分配和劳动保障问题从严监管，避免监管缺失导致的劳资冲突和公共安全事件；对不明显涉及公共安全的行业领域，采取适度包容审慎监管，探索适应新业态特点、有利于公平竞争的公正监管办法，分领域制定监管规则和标准，在严守安全底线的前提下给予新业态经济活动一定的发展空间。

（二）加强对重点领域和关键群体的劳动保障监察

强化对突出劳动违法问题的专项整治，严肃查处劳动违法案件，形成对劳动违法行为高压态势。重视妇女、老龄群体、低学历群体、农村户籍群体等遭遇的群体性失业、就业歧视、欠薪、无劳动保障等劳动权受损问题，对欠薪案件尤其是欠薪逃逸案件，同政法委、人社局、公安局、检察院、法院等部门建立联动办案机制，完善劳动保障监察执法与刑事司法衔接工作制度，协同进行案件调查、联合侦办、审查批捕、审判和追讨补偿工作，依法严厉打击恶意欠薪的违法犯罪行为，维护劳动者合法权益；加强对新业态的劳动监察，推动落实新产业和新业态劳动者最低工资或劳务收入的行业标准监管，推动对灵活就业者和高科技行业劳动者的超时工作和过度劳动问题的监管，推动企业依法落实劳动者的工作休息权、补休调休权和节假日、年休假权。

（三）强化对新产业和新业态的劳动监察

科学合理界定新产业和新业态用人单位的劳动责任，明确其应尽的职责、

义务以及免责的领域，制定新产业、新业态企业社会责任清单，常态化地定期明察暗访，尤其加大对其用工形态、劳资契约、劳动时间、劳动报酬、劳动争议等劳动监察频率和力度，规范和惩戒新产业和新业态中超时劳动、高强度劳动、危险劳动、不合理劳动报酬分配、就业歧视、隐匿劳动关系、不规范用工、规避劳动保障责任等问题，及时纠正违法违规用工现象，及时化解劳动矛盾和纠纷，加强对违法违规企业的惩戒力度，向社会披露其违规信息。强化平台自主协同监管机制，提高劳动监察部门掌握劳动用工情况的主动性。

（四）创新劳动监察方式和手段

建立举报投诉案件省级联动处理机制，以劳动保障监察管理信息系统为支撑，依托咨询服务电话、互联网和各级劳动保障监察机构受理举报投诉窗口，逐步实现“一点举报投诉、全网联动处理”，为劳动者提供公开、便捷、高效维权服务。运用大数据、信息通信技术、云计算、人工智能等手段实时报送和监管平台用工情况，积极推动“互联网＋监察”、大数据劳动监察、智能化劳动监察等，强化新技术新设备和技术人员的配备，强化对新产业、新业态的劳动安全访查、企业违法用工信息搜集和劳动者投诉信息核查。协同劳动社会团体组织、工会组织、劳动维权律师团队、社区组织等参与劳动监督，针对问题突出、关系复杂和影响广泛的劳动问题开展研讨会和调研活动，加强社会力量对劳动者群体的社会支持，增强社会化的劳动监督协同作用。

四、促进劳动者自由全面发展

应当坚持实现劳动者自由全面发展的马克思主义立场，将提升劳动者的能力与素质同劳动者对自由全面发展的需求结合起来，将和谐劳动关系的构建同人的自由全面发展理想目标紧密结合起来，在推动劳动者职业技能提升、创新能力强化、职业成长空间拓展的过程中，高度重视劳动者的个体意愿、个人才能和兴趣所向，从自由和全面两个层面来构建劳动者职业发展和个人发展的理想前景。

（一）健全适应新科技革命的教育体系

健全和完善面向新科技革命发展趋势和职业人才需求的基础教育体系、高等教育体系和职业教育体系，通过线上和线下教育相结合、教学和科研相结合、基础教育与高等教育和职业教育相结合的方式来全面提高新时代的人才素质。

一要加大基础教育投入，在中小学教育中开展新一代信息技术软件和STEAM（跨学科综合教育）教育，建立智能化、网络化学习平台，开设新科技革命相关前沿技术普及课程、在线学习课程、技术应用选修课程等。二要推进高等院校和大专院校教育改革，形成适应新科技革命发展趋势和职业人才培育需求的师资培养、专业设置、课程标准、教学要求等方面的系统改革方案，形成面向新科技革命和产业变革的基础理论学科教育和应用学科教育体系，增设大数据、云计算、物联网、人工智能、机器学习、统计学等专业和研究中心，强化相关专业的教材编写、在线课程制作、培养体系制定、师资引进和扩大招生等，增加相关专业教师岗位、增设专业实验室，扩招相关领域的硕士和博士人才。三要大力强化职业教育，建立和完善大中专职业院校人才培养体系，健全和完善以职业院校为基础、学校教育与企业培养紧密联系、政府推动与社会支持相互结合的职业技能人才培养体系。紧密结合新科技革命发展和产业转型升级趋势加大对新产业和新业态各领域的职业人才培育和输送，优化职业培育体系结构，扩大职业院校招生规模、围绕市场急需紧缺职业开展职业技能教育和培训；围绕先进制造业、战略性新兴产业、现代服务业、平台经济等新产业和新业态开办职业技能课程和培训；加大人工智能、云计算、大数据等新职业新技能教育和培训力度，大力推广“工学一体化”“互联网 +”等新培训模式，鼓励建设互联网职业教育和培训平台，支持职业院校实施学历证书和职业技能证书的“双证”或“多证”职业学历培养和职业资格联合培育工作，扩大职业院校教师编制和职业技能培训人员招收规模，保障教师人员的合理待遇。

（二）提升劳动者数字化技能与创新能力

劳动能力是劳动者凭借自身的体力和智力来中介、调整和控制人与自然之间物质变换的能力。劳动能力是人类在漫长的历史演化进程中实现自身区别于动物的标志所在，也是人类适应、利用并改造自然的过程中更好地处理人与自然、人与生产力、人与生产资料的关系的过程。在新科技革命的语境下，提升劳动能力既是劳动者认识和掌握新科技革命相关专业知识的过程，又是劳动者不断发展人与自然关系的认知过程；既是劳动者提升创新、创业与创造能力的过程，又是劳动者不断地发挥人类智能来不断推动人与生产力的关系的过程；既是劳动者掌握和应用新机器、新技术的劳动能力发展过程，又是劳动者正确处理好人与生产资料的关系的过程。

要从劳动能力和创新技能出发，保障劳动者在劳动生产过程和个人发展中的适度自由。避免劳动者在新科技进步和新智能机器应用的背景下陷入新的劳动异化境地，避免企业将劳动者看作智能机器的“附庸”而进行过度简单机械的分工，避免劳动者围绕智能机器进行简单重复机械的劳动而陷入劳动不自由、劳动力贬值、劳动过程无法自由支配的状态，不应借助智能机器的应用使得劳动变成为资本致富、为劳动者维持生存的谋生工具，要充分培育和发挥职业技能人才的主体性、发展性与全面性。马克思的劳动观揭示了人在劳动中“使自身的自然中蕴藏着的潜力发挥出来”并创造价值的主体性，这一主体性的前提有助于我们在新一轮科技革命和产业变革的时代背景下克服“技术决定论”和“技术至上”的思维误区，正确把握劳动者在生产中的主体地位和价值创造的核心作用，在迎接科技革命和产业变革机遇中以人为本、以劳动的价值创造为基，以劳动者为核心推动经济社会发展的要素资源配置，在劳动者的职业技能提升和工匠精神孕育中形塑发展的核心竞争力，开拓以人才为核心支撑的可持续发展前景，推动劳动素质和技能的全面发展，使劳动者回归到借助劳动自由发挥自身的体力和智力、享有劳动的成就感和满足感的本质状态。要从拓宽新产业新业态的产业发展空间和打造更友善的创业创新激励机制两个层面来全面提升劳动者创新、创业与创造能力，提升劳动者在构建和谐劳动关系中的话语与地位。

（一）要提升劳动者数字化技能

劳动者掌握和应用新机器和新技术的劳动能力，是适应和把握新科技革命发展趋势的必然要求，也是构建和谐劳动关系、实现劳动者自由全面发展的关键所在。要加大政府支持力度，重视中低技能劳动者的劳动能力提升。人力资源和社会保障部门牵头学界和商业培训组织，开设新科技革命相关的技术发展和应用课程、新业态各种劳动形态的职业技能课程、新业态适用的政策法律课程、劳动权益保护和维权课程等，推动待就业群体和灵活就业劳动者群体在新产业和新业态领域提高求职成功率和就业稳定性、拓宽职业成长空间，创造公共就业服务政策创新的更大成效。人力资源与社会保障部门、科技部门、工业与信息化部门、行业协会等部门和组织形成合力、联合开展面向中低技能劳动者的技能培训工作，重点针对过剩产能行业劳动者、转型升级行业劳动者、被新机器和新自动化技术替代的制造业和服务业劳动者，开展转岗再就业培训和职业技能提升培训，依托高等院校、职业院校、市场化培训机构等，整合组织优秀师资、教材和培训活动，结合劳动者自身兴趣和特长开展基础数字化技能培训、自动化技术培训课程等各行业职业培训课程，提升劳动者顺利实现转业转行转岗的人力资本，以扶智来推动扶贫助困，提高重点人群适应新科技革命和产业变革的就业能力。

此外，要加强新产业新业态人才储备、创新职业技能专业人才培育机制。应对制造业人才缺口、服务业人才缺口和创新人才缺口，建立涵盖智能制造、现代商贸物流、现代服务业、基础科研等各领域专业人才储备和输送通道，形成专业人才、创新型人才、高素质人才的人才辈出、人才结构合理、储备充足的劳动者队伍。健全和完善以企业为主体、职业院校为基础、学校教育与企业培养紧密联系、政府推动与社会支持相互结合的新产业新业态专业人才培养体系，加快国家级高技能人才培训基地、公共实训基地、技能大师工作室等技能人才服务平台建设，推行工学结合、校企合作、职业培训包教学，推行企业新型学徒制等新培养模式，鼓励企业与技工院校、职业院校、职业培训机构、企业培训中心等教育培训机构形成人才培养合作，采取企校双师带徒、工学交替培养等模式共同培养学徒，通过新型学徒制培养符合企业岗位需求、以中高级技术工人为主、善于应用新技术、新设备、新工艺的人才队伍；面向传统产业举办产业转型升级人才专场招聘会，改善传统产业的新型职业人才供给困境；创新职业培训方式和培训补助方式，实行国家基本职业培训制度，增强职业培训的统筹规划性、权威性和实效性，引导企业和劳动者以自主提出培训需求，再向政府申请培训补贴的方式，提高培训补助的针对性和成效。积极建立终身职业技能培训制度，围绕经济发展需求和劳动者个人发展需要，将职业技能培训覆盖城乡全体劳动者，贯穿劳动者学习工作终身生涯。广泛开展各级各类职业技能竞赛，推动企业岗位练兵、技术竞技活动，更好更多地培养造就新型职业技能人才。应实时把握新旧动能转换、产业转型升级中的技术密集型产业和劳动密集型的劳动力供需结构，提升重点领域、关键群体的劳动公共就业创业服务效率。常态化发布平台经济等新产业新业态的就业供需信息、行业发展政策、职业技能发展态势等信息，完善适应新科技革命态势的人才评价机制和职业技能评定机制，为新型职业技能人才队伍培育创造更大的发展空间，提升人力资源优化配置和管理规则科学化水平。提升公共就业服务信息分析能力，根据新科技革命动态变化趋势健全和完善公共就业统计体系，设立适应新产业、新业态和新就业岗位的统计指标体系，完善统计口径和调查方法，更全面地监测、收集和统计新产业新业态领域的就业创业情况，利用大数据、云计算、信息通信技术等建立覆盖广泛、动态灵活的就业服务网络信息系统和就业舆情分析系统，提高对新劳动形态规模、行业变化、失业率、流动率、职业技能水平等重要公共就业服务信息的掌控水平，构建覆盖新产业和新业态从业者的求职服务、职业培训服务、终身教育服务、职业指导服务等服务资源体系。

（二）要激发创新创业活力，以更友善的创业成长平台、更广阔的创业发展空间来吸引和带动更多劳动人才的创业实践

要鼓励市场公平竞争、限制寡头垄断、打造创新活跃和可持续的行业发

展生态，大力宣传示范性强的成功创业典范，开设创业指导课程并提供创业辅导，吸引和支持大量青年创业人才开展创新发明和创意设计活动，形成年轻化、创新力强、市场转化率高的创业模式，带动青年创业人才队伍的集聚和发展。要营造富有活力的创新创业环境，加大对新产业和新业态创业融资政策支持力度，引导银行和其他金融机构联合组建面向技术型小微企业的创业基金，以创业基金、产业基金、风投基金、新三板改革等强化对创业人才的创业资本支持，鼓励国际风投基金和天使投资基金对小微企业创业者的投资，建设一批新科技革命前沿领域的创新创业服务孵化平台体系，鼓励行业龙头企业、行业园区打造集孵化器和加速器于一体的创客空间，对政策鼓励发展的新兴产业的创业人才给予更多的创业支持，建立政府资助、企业主导、产学研用合作的公共试验平台建设，推动科研大数据开放共享，推进产业数据中心建设，强化产学研合作共同研发产业共性技术等，推动产学研三方协同合作，加速创新及其应用，建设跨界融合的创新服务平台，提高对创业人才的系统支持，形成吸纳创业人才的良好创业生态。打破人才、知识和资本流动障碍，实施吸引创业人才的激励政策，依据产业技术稀缺性、模式创新性和创业经济社会效益建立针对创业人才的落户、住房、奖励、子女教育等激励制度，输送青年高技能人才赴海内外研修培训，鼓励青年创业创新人才参与世界技能大赛等竞赛，为高级和稀缺技能人才成立技能大师工作室，为职业技师培育成立技师工作站、高技能人才培训基地并给予各类职业技能创新项目资助等，创造“劳动者素质红利”，强化劳动者与前沿技术结合的意愿、能力与利益，推动劳动者在科技进步中获得更公平的分配，提高劳动者在生产中的话语权和社会地位，形成崇尚职业技能人才、大师和劳模的社会风气，激发出更大的创新创造活力。

（三）促进劳动者全面发展

要从全面发展的角度来促进劳动者的自由全面发展。新科技革命发展趋势下的劳动者不是囿于职业发展的单面向的人，而是拥有社会关系、进行社会交往并实现社会发展目标的人，人的全面发展不是单一职业领域、单一职业技能的发展，而是劳动者在具备一定专业技能的基础上，通过劳动付出来创造劳动成果、获得劳动收入、实现人的再生产并进行社会关系的生产，人在实现了基本生存以后，能够根据自己的兴趣爱好自由地从事多方面的活动和发展多方面的能力。

就社会层面而言，全体劳动者的自由全面发展是有前提条件的，那就是随着“生产力的大大提高，才有可能把劳动无例外地分配于一切社会成员，从而把每个人的劳动时间大大缩短，使一切人都有足够的自由时间来参加社会的理论的和实际的公共事务”①。要推动形成促进劳动者自由全面发展的职业生态体系。随着人工智能等前沿技术与生产过程深度结合，促使劳动力结构逐渐从体力向脑力和智力、从低技能向高技能、从规则性向非规则性转型，从单一能力向复合能力、从传统技能向数字化技能升级转型，进一步提升脑力劳动、复杂劳动和创新劳动的比重，培育具有较高学历和较强专业性、综合能力和创新能力的知识型、技能型、创新型劳动者大军，不但将人们从环境恶劣、高风险、高重复性或者需要高强度体力的劳动中解放出来，而且使人获得更多发展自身智力成本和休闲的机会，促使人能够在更大程度上实现自由全面发展。

人的全面发展还要求以企业民主管理、企业文化建设等制度设计来鼓励正规就业的劳动者在履行劳动职责和义务的同时享有更充分的劳动自主权、职业兴趣发展权、人才流动选择权、职业规划权、民主管理权和决策参与权等，在劳动者能力发展的同时提升企业发展的人力资本实力；要通过非正规就业的工会组织建设、社区组织建设、行业职业协会发展、业缘趣缘组织发展等渠道来强化非正规就业劳动者的社会资本，强化其社会纽带，孕育其职业潜能，培育和拓展劳动者的职业兴趣和专长，提升劳动者的综合素质素养。

---

① 马克思恩格斯选集.第3卷[M].北京：人民出版社，1995：525.

参考文献

［1］马克思，恩格斯．马克思恩格斯选集：第1—4卷［M］．北京：人民出版社，2012.

［2］马克思，恩格斯．马克思恩格斯文集：第1—10卷［M］．北京：人民出版社，2009.

［3］马克思．资本论：第1—3卷［M］．北京：人民出版社，2004.

［4］马克思，恩格斯．马克思恩格斯全集：第2卷［M］．北京：人民出版社，2005.

［5］马克思，恩格斯．马克思恩格斯全集：第12卷［M］．北京：人民出版社，1998.

［6］马克思，恩格斯．马克思恩格斯全集：第16卷［M］．北京：人民出版社，2007.

［7］马克思，恩格斯．马克思恩格斯全集：第20卷［M］．北京：人民出版社，1971.

［8］马克思，恩格斯．马克思恩格斯全集：第21卷［M］．北京：人民出版社，2003.

［9］列宁．列宁选集：第1—4卷［M］．北京：人民出版社，2012.

［10］毛泽东．毛泽东选集：第1—3卷［M］．北京：人民出版社，1991.

［11］邓小平．邓小平文选：第2卷［M］．北京：人民出版社，1994.

［12］邓小平．邓小平文选：第3卷［M］．北京：人民出版社，1993.

［13］江泽民．江泽民文选：第1—3卷［M］．北京：人民出版社，2006.
［14］胡锦涛．胡锦涛文选：第1—3卷［M］．北京：人民出版社，2016.
［15］习近平．习近平谈治国理政：第1卷［M］．北京：外文出版社，2014.
［16］习近平．习近平谈治国理政：第2卷［M］．北京：外文出版社，2017.
［17］习近平．之江新语［M］．杭州：浙江人民出版社，2007.
［18］习近平．摆脱贫困［M］．福州：福建人民出版社，1992.
［19］中共中央文献研究室．习近平关于科技创新论述摘编［M］．北京：中央文献出版社，2016.
［20］本书编写组．中国共产党第十九次全国代表大会文件汇编［M］．北京：人民出版社，2017.
［21］中国共产党第十九届中央委员会第四次全体会议公报［M］．北京：人民出版社，2019.
［22］中共中央文献研究室．建国以来重要文献选编：第10册［M］．北京：中央文献出版社，1994.
［23］吴宏洛．劳动关系新论［M］．北京：社会科学文献出版社，2011.
［24］吴宏洛．转型时期的和谐劳动关系［M］．北京：社会科学文献出版社，2007.
［25］吴宏洛．中国就业问题研究［M］．福州：福建教育出版社，2001.
［26］曹亚雄．马克思的劳动观的历史嬗变［M］．北京：中国社会科学出版社，2008.
［27］常卫国．劳动论［M］．沈阳：辽宁人民出版社，2005.
［28］杨伟国．转型中的中国就业政策［M］．北京：中国劳动社会保障出版社，2007.
［29］蔡昉，都阳，高文书，等．劳动经济学——理论与中国现实［M］．北京：北京师范大学出版社，2009.
［30］张车伟．中国人口与劳动问题报告［M］．北京：社会科学文献出版社，2017.
［31］蔡昉，张车伟．中国人口与劳动问题报告［M］．北京：社会科学文献出

版社，2016.
[32] 周延云，闫秀荣 . 数字劳动和卡尔・马克思——数字化时代国外马克思劳动价值论研究 [M] . 北京：中国社会科学出版社，2016.
[33] 崔玲 . 劳动关系与经济增长的相关性研究 [M] . 北京：首都经济贸易大学出版社，2014.
[34] 刘金祥 . 基于二元所有权架构的企业劳动关系研究 [M] . 北京：中国劳动社会保障出版社，2008.
[35] 李春建，马丽 . 内格里的非物质劳动理论及其当代意义研究 [M]. 重庆：重庆出版社，2016.
[36] 亚当・斯密 . 国富论 [M] . 郭大力，王亚南，译 . 北京：译林出版社，2011.
[37] 托马斯・皮凯蒂 .21 世纪资本论 [M] . 巴曙松，等译 . 北京：中信出版社，2014.
[38] 托马斯・皮凯蒂 . 不平等经济学 [M] . 赵永升，译 . 北京：中国人民大学出版社，2015.
[39] 哈特，奈格里 . 帝国——全球化的政治秩序 [M] . 南京：江苏人民出版社，2003.
[40] 保罗・斯威齐 . 资本主义发展论 [M] . 北京：商务印书馆，1997.
[41] 于尔根・科卡 . 资本主义简史 [M] . 上海：文汇出版社，2017.
[42] 戴维・哈维 . 新帝国主义 [M] . 初立忠，沈晓雷，译 . 北京：社会科学文献出版社，2009.
[43] 尼克・斯尔尼塞克 . 平台资本主义 [M] . 广州：广东人民出版社，2018.
[44] 阿纳托・卡列茨基 . 资本主义 4.0：一种新科技革命背景下的诞生 [M] . 胡晓姣，杨欣，译 . 北京：中信出版社，2011.
[45] 埃里克・布莱恩约弗森，安德鲁・麦卡菲 . 第二次机器革命 [M]. 北京：中信出版社，2016.
[46] 贝弗里・西尔弗. 劳工的力量——1870 年以来的工人运动与全球化 [M] . 张瑞，译 . 北京：社会科学文献出版社，2012.

[47] 托达罗 . 经济发展 [M]. 北京：中国经济出版社，1999.
[48] 舒尔茨 . 论人力资本投资 [M]. 北京：北京经济学院出版社，1990.
[49] 文森特·莫斯可，凯瑟琳·麦克切尔 . 信息社会的知识劳工 [M]. 曹晋，罗真，等译 . 上海：译文出版社，2014.
[50] 杰奥夫雷·帕克，马歇尔·范·埃尔斯泰恩 . 平台革命：改变世界的商业模式 [M]. 北京：机械工业出版社，2017.
[51] 曼弗雷德·魏斯，马琳·施米特 . 德国劳动法与劳动关系 [M]. 倪斐，译 . 北京：中国商务出版社，2012
[52] 雷蒙德·瓦尔特曼 . 德国劳动法 [M]. 沈建峰，译 . 北京：法律出版社，2014.
[54] 约翰·普利亚诺 . 机器人来了：人工智能时代的人类生存法则 [M]. 北京：文化发展出版社，2018.
[55] 马丁·福特 . 机器人时代：技术、工作与经济的未来 [M]. 北京：中信出版社，2015.
[56] 神崎洋治 . 机器人浪潮：开启人工智能的商业时代 [M]. 北京：机械工业出版社，2016.
[57] 雷·库兹韦尔 . 人工智能的未来 [M]. 杭州：浙江人民出版社，2016.
[58] 卢克·多梅尔 . 人工智能 [M]. 北京：中信出版社，2015.
[59] 程恩富 .《资本论》在当今时代的重大价值 [J].《资本论》研究，2017(1).
[60] 程恩富 . 关于《资本论》的研究对象等若干问题的讨论 [J]. 政治经济学评论，2017（3）
[61] 程恩富 . 当代垄断资本主义经济金融化的本质、特征、影响及中国对策——纪念列宁《帝国主义是资本主义的最高阶段》100 周年 [J]. 社会科学辑刊，2016（6）.
[62] 程恩富，胡乐明 . 构建国家主导的企业职工权益保护体系 [J]. 毛泽东邓小平理论研究，2010（6）.
[63] 李建平 .《资本论》抽象形态劳动价值论的基本内容探索 [J]. 福建师范大学学报（哲学社会科学版），2015（5）.

[64] 李建平. 劳动价值论研究的新开拓 [J]. 福建师范大学学报（哲学社会科学版），2003（1）.
[65] 吴宏洛. 资本逻辑与劳动伦理 [J]. 当代经济研究，2011（2）.
[66] 吴宏洛. 论我国私营企业和谐劳动关系的构建——基于马克思资本与雇佣劳动关系的论述 [J]. 马克思主义研究，2008（10）.
[67] 谢富胜. 资本主义劳动过程与马克思主义经济学 [J]. 教学与研究，2007（5）.
[68] 刘凤义. 劳动关系研究中的马克思主义分析框架——兼谈资本主义劳动关系的演变 [J]. 马克思主义研究，2012（9）.
[69] 刘冠军，邢润川. 科学价值:“无人工厂”之利润的真正来源——一种马克思主义劳动价值论角度的理解 [J]. 科学技术与辩证法，2004（6）.
[70] 何云峰. 挑战与机遇：人工智能对劳动的影响 [J]. 探索与争鸣，2017（10）.
[71] 涂永前. 人工智能、就业与我国劳动政策法制的变革 [J]. 河南财经政法大学学报，2018（1）.
[72] 李锐. 资本与劳动关系视域下的马克思异化劳动理论 [J]. 社会科学家，2016（6）.
[73] 赵华灵. 解析马克思的生产组织与劳动力产权理论 [J]. 生产力研究，2008（17）.
[74] 汪行福. 当代资本主义批判——国外马克思主义的新思考 [J]. 国外理论动态，2014（1）.
[75] 王帆，甘玲. 马克思主义“劳动观”的思想理论来源 [J]. 社会科学家，2017（4）.
[76] 高飞. 马克思劳动思想的双重逻辑 [J]. 长阳学刊，2016（1）.
[77] 唐正东. 马克思劳动价值论的双重维度及其哲学意义 [J]. 山东社会科学，2017（5）.
[78] 董晋骞，高冉. 马克思“异化劳动”自反性思想研究 [J]. 江海学刊，2017（2）.

[79] 邹升平 . 从马克思劳动异化学说到共享发展理念 [J]. 经济纵横，2018（7）.
[80] 张嘉昕，王芳菲 . 国外马克思主义的劳动关系理论 [J]. 国外马克思主义研究，2018（5）.
[81] 周春梅 . 构建和谐劳动关系的困境与对策 [J]. 南京社会科学,2011（6）.
[82] 程延园，王甫希 . 变革中的劳动关系研究：中国劳动争议的特点与趋向 [J]. 经济理论与经济管理，2012（8）.
[83] 孙乐强 . 马克思劳动价值论的革命意义及当代价值 [J]. 理论探索，2017（3）.
[84] 王文臣 . 论马克思劳动批判理论与“共享”发展理念的双重统一及其意义 [J]. 东岳论丛，2018（1）.
[85] 毛勒堂 . 劳动正义：马克思正义的思想内核和价值旨趣 [J]. 毛泽东邓小平理论研究，2017（3）.
[86] 杨云霞 . 习近平中国特色社会主义和谐劳动关系思想研究 [J]. 理论视野，2018（6）.
[87] 周思成 . 关于新自由主义的危机——热拉尔・杜梅尼尔访谈 [J]. 国外理论动态，2010（7）.
[88] 程延园 . 我国劳动争议的发展变化与劳动关系的调整 [J]. 经济理论与经济管理，2003（1）.
[89] 李坤刚 . 论劳动关系的稳定性和流动性——兼论我国劳动合同制度的完善 [J]. 法商研究，2000（6）.
[90] 常凯 . 劳资冲突处理法制化：构建和谐劳动关系中一项急迫的政治任务 [J]. 中国党政干部论坛，2006（12）.
[91] 董保华 . 和谐劳动关系的思辨 [J]. 上海师范大学学报（哲学社会科学版），2007（2）.
[92] 黄阳华 . 工业革命中生产组织方式变革的历史考察与展望 [J]. 中国人民大学学报，2016（3）.
[93] 张建云 . 大数据互联网与物质生产方式根本变革 [J]. 教学与研究，

2016（11）.
［94］张轶，冯科 . 新经济背景下资本雇佣劳动关系转变研究［J］. 新经济，2017（7）.
［95］纪玉山 . 探索智能经济发展新规律，开拓当代马克思主义政治经济学新境界［J］. 社会科学辑刊，2017（3）.
［96］王阳，李爽，张本波，顾严 . 第四次工业革命对就业的挑战与建议［J］. 经济纵横，2017（11）.
［97］吴欢，卢黎歌 . 数字劳动、数字商品价值及其价格形成机制———大数据社会条件下马克思劳动价值论的再解释［J］. 东北大学学报（社会科学版），2018（3）.
［98］纪雯雯 . 数字经济与未来的工作［J］. 中国劳动关系学院学报，2017（6）.
［99］何玉长，宗素娟 . 人工智能、智能经济与智能劳动价值——基于马克思劳动价值论的思考［J］. 毛泽东邓小平理论研究，2017（10）.
［100］王永章 . 马克思劳动价值在人工新科技革命背景下的指导意义［J］. 北方论丛，2018（1）.
［101］贾根良 . 第三次工业革命与工业智能化［J］. 中国社会科学，2016（6）.
［102］夏永红，王行坤 . 机器中的劳动与资本——马克思主义传统中的机器论［J］. 马克思主义与现实，2012（4）.
［103］张车伟，王博雅，高文书 . 创新经济对就业的冲击与应对研究［J］. 中国人口科学，2017（5）.
［104］王俊，苏立君 . 互联网资本主义下西方国家去工业化的强化趋势及就业问题［J］. 政治经济学评论，2017（2）.
［105］姜奇平 . 分享经济需要怎样的发展思路［J］. 新经济导刊，2016（5）.
［106］王文珍，李文静 . 平台经济发展对我国劳动关系的影响［J］. 中国工人，2017（1）.
［107］黄再胜 . 数字劳动与马克思劳动价值论的当代阐释［J］. 湖北经济学院学报，2017（6）.
［108］吴清军，李贞 . 分享经济下的劳动控制与工作自主性——关于网约车司

机工作的混合研究［J］. 社会学研究，2018（4）.
［109］胡凌 . 分享经济中的数字劳动——生产、分配和法律回应［J］. 中国劳动，2017（8）.
［110］杨文华，何翘楚 . 平台经济业态下去集体化劳动关系的生成及治理［J］. 改革与战略，2018（1）.
［111］孟现玉 . 平台经济下劳动关系认定标准的重塑［J］. 河南财经政法大学学报，2018（3）.
［112］张成刚 . 共享经济平台劳动者就业及劳动关系现状—— 基于北京市多平台的调查研究［J］. 中国劳动关系学院学报，2018（3）.
［113］姜奇平 . 分享经济的政治经济学及其政策含义［J］. 中国信息化，2016（4）.
［114］刘君 . 顺应互联网时代发展构建我国共享经济的新型劳动关系——关于构建新时代网络劳动关系的思考［J］. 工会信息，2017（24）.
［115］刘皓琰，李明 . 网络生产力下经济模式的劳动关系变化探析［J］. 经济学家，2017（12）.
［116］刘根荣 . 共享经济：传统经济模式的颠覆者［J］. 经济学家,2017（5）.
［117］唐亚汇，李凌 . 分享经济：理论辨析、模式比较与规制思路［J］. 经济学家，2017（12）.
［118］杜鹏，张锋，刘上，裴逸礼 . 从有产者游戏到互联网劳工——一项关于共享经济与劳动形式变迁的定性研究［J］. 社会学评论，2018（3）.
［119］熊伟，贺玲 . 劳动关系确认理论之反思——以网约车平台公司与注册司机之关系认定问题为视角［J］. 西南民族大学学报，2018（9）.
［120］蒋大兴，王首杰 . 共享经济的法律规制［J］. 中国社会科学,2017（9）.
［121］周嘉昕 .“第四次工业革命”：一个马克思主义的分析［J］. 天津社会科学，2017（1）.
［122］张其仔 . 第四次工业革命与产业政策的转型［J］. 天津社会科学，2018（1）.
［123］杜传忠，郭美晨 . 第四次工业革命与要素生产率提升［J］. 广东社会科

学，2017（5）.
［124］孙乐强．后金融危机时代的工业革命与国家发展战略的转型［J］．天津社会科学，2017（1）.
［125］王天玉．劳动法分类调整模式的宪法依据［J］．当代法学，2018（2）.
［126］滕小玢，郑静英．论劳动就业与社会保障监察执法［J］．法学研究，2019（6）.
［127］涂永前．应对灵活用工的劳动法制度重构［J］．中国法学，2018（5）.
［128］谢德成．新时代劳动法的功能拓展与制度调适［J］．当代法学，2019（4）.
［129］陈俊洁．我国劳动执法体制功能的失位与重塑［J］．政法论丛，2015（3）.
［130］阳蔚霞．劳动监察执法困境的法律制度根源［J］．学习与探索，2020（1）.
［131］张鹏飞．人工智能与就业研究新进展［J］．经济学家，2018（8）.
［132］贾帆联，林洁，易双云．浙江工业企业“机器换人”情况调查［J］．政策瞭望，2013（8）.
［133］刘湘丽．第四次工业革命的机遇与挑战［J］．新疆师范大学学报（哲学社会科学版），2019（1）.
［134］王莅．马克思讨论“机器问题”的三种语境［J］．贵州师范大学学报（社会科学版），2016（4）.
［135］鲁品越．智能时代与马克思生产力理论［J］．思想理论教育，2017（11）.
［136］张新春．人工智能技术条件下资本主义劳资关系演化与启示［J］．当代经济研究，2018（12）.
［137］王明明．和谐社会视阈下劳动关系的构建途径［J］．理论观察，2018（4）.
［138］王维平，高耀芳．《资本论》劳动伦理思想的建构逻辑及价值［J］．湖湘论坛，2019（2）.
［139］赵云伟．劳动正义：一个政治经济学分析框架［J］．中国劳动关系学院学报，2013（5）.
［140］贺汉魂．按劳分配的正义追问——重读马克思按劳分配思想［J］．上海师范大学学报（哲学社会科学版），2019（5）.
［141］吴育林，吕培杰．论新中国 70 年民生发展对马克思劳动正义观的实践

与创新［J］. 云南师范大学学报（哲学社会科学版），2019（3）.
［142］毛勒堂 . 马克思的劳动正义思想及其当代启示［J］. 江汉论坛，2018（12）.
［143］班小辉 . 德国迷你工作制的立法变革及其启示［J］. 德国研究，2014（2）.
［144］胡颖，李向东 . 日本非正规雇佣的变化趋势、对策及启示［J］. 江苏理工学院学报，2016（6）.
［145］史庆 . 美国工会建会中的劳资博弈［J］. 工会理论研究，2019（4）.
［146］陈融 . 论集体劳资行动在美国的合法化进程及其启示［J］. 学术界，2014（2）.
［147］徐志强，吴芳 . 德国劳资共决制度立法及对我国建构和谐劳动关系的启示［J］. 中国劳动，2015（8）.
［148］孟钟捷 .1918—1924 年阶级合作模式的尝试与一战后德国劳资关系的起伏［J］. 复旦学报（社会科学版），2011（3）.
［149］刘容 . 日本企业劳资关系的核心理念——经营家族主义［J］. 辽宁师范大学学报（社会科学版），2016（2）.
［150］程多闻 . 工会路线变动与战后日本劳资关系转型［J］. 日本研究，2017（2）.
［151］刘容 . 制度变迁理论视域下日本企业劳资关系的演化规律及启示［J］. 西部论坛，2018（6）.
［152］Terranova T. *Free labor: Producing Culture for the Digital Economy* [J]. Social Text, 2000, 63(18).
［153］Leonardi E. *The Imprimatur of Capital: "Gilbert Simondon and the Hypothesis of Cognitive Capitalism"* [J]. Ephemera, 2010(10).
［154］Lazzarato M. *The making of indebted man* [M]. Los Angeles: semiotext, 2012.
［155］Aroles J. *Book Review: Trebor Dcholz(ed.), Digital labour: The Internet as playground and factory* [J]. Work Empoyment Society, 2014(28).
［156］Ritzer G, Jurgenson N. *Production, Consumption, Prosumption: The Nature*

of Capitalism in the Age of the Digital "Prosumer" [J]. Journal of Consumer Culture, 2010, 10(1).

[157] Rostow W. *The Fourth Industrial Revolution and American Society: Some reflection on the Past for the Future* [M]// Furino A, Ed. Cooperation and Competition in the Global Economy: Issues and Strategies. UK: Ballinger, 1988.

[158] Sang-Chul Park. *The Fourth Industrial Revolution and Implications for Innovative Cluster Policies* [J]. AI & Society，2018(33).

[159] Caruso L. *Digital Innovation and the Fourth Industrial Revolution: Epochal Social Changes?* [J]. AI & Society，2018(33).

[160] Chiacchio F, Petropoulos G, PichlerI D. *The Impact of Industrial Robots on EU Employment and Wages: A Local Labour Market Approach* [J].Bruegel Working Paper, 2018.

[161] Vermeulen B, Kesselhut J, Pyka A, Saviotti PP. *The Impact of Automation on Employment: Just the Usual Structural Change?* [J]. Sustainability, 2018(10).

[162] Autor D H. *Why are there still so many jobs? The history and future of workplace automation* [J]. Journal of Economic Perspectives, 2015(29).

[163] Kurzweil R. *The Singularity is Near: When Humans Transcend Biology* [M]. New York: Viking Press, 2005.

[164] Bonciu F. *Evaluation of The Impact of The 4th Industial Revolution on the Labor Market* [J]. Romanian Economic and Business Review, 2017(12).

[165] James B. *Our Final Invention: Artificial Intelligence and the End of the Human Era* [M].New York: St. Martin's Press, 2013.

[166] Collins R. *The End of Middle-class Work: No More Escapes* [M]// Wallerstein I, Collins R, Mann M, Derluquian G, Calhoun C(eds). Does capitalism have a future? Oxford: Oxford University Press, 1993.

[167] Hemous D, Morten O. *The Rise of the Machines: Automation, Horizontal Innovation and Income Inequality* [M]. London: The Centre for Economic

Policy Research, 2014.

[168] Autor D H, Salomons A. *Robocalypse now: Does Productivity Growth Threaten Employment?* [J]. ECB Sintra Forum on Central Banking Papers, 2017.

[169] Cockayne D. *Sharing and Neoliberal Discourse: The Economic Function of Sharing in the Digital on-Demand Economy* [R]. Geoforum, 2016.

后　记

马克思认为，人并不是抽象的栖息在世界以外的东西。人就是人的世界，就是国家，社会。哲学家们只是用不同的方式解释世界，问题在于改变世界。马克思从具体的、联系的人的角度来揭示人的本质，为人们指明了把主观与客观、自身与世界、理论与实践联系起来的光明方向。劳动问题同样是将主观与客观、自身与世界、理论与实际相联系的基本问题。马克思主义专业博士学习的砺练为我打开了一扇通往真知的大门，创造了以劳动问题为理论基点，不断向外、向深、向实延伸耕耘的机会。

作为一个哲学社会科学理论工作者，发现问题、剖析问题、解答问题、延伸问题已成为思维的惯性和研究的乐趣所在。无论是在研究所从事论文写作、进行学术交流、开展课题研究，还是在研究中心进行学术命题的构思、富有挑战性的思想探源、跨界跨部门理论研讨的组织工作，都离不开对具体的、客观的、实践的对象的思考，延续并积累着对真理、真知的探求乐趣。

本书的写作出版仅仅是对劳动问题探索的沧海一粟，却已成为在马克思主义学术海洋中遨游的重要基点。首先要感谢博士生导师吴宏洛教授的悉心指导，感谢陈祥健书记、吴肇光研究员等福建社会科学院领导和同事们的关照与鼓励，感谢福建社会科学院的出版资助。同样要感谢光明日报出版社曹美娜女士和其他出版社老师们认真严谨的工作。

最后，衷心感谢我的家人，他们的默默支持和鼓励是我持续努力的坚强后盾和动力之源。

孙 璇

2021 年 12 月